JN222538

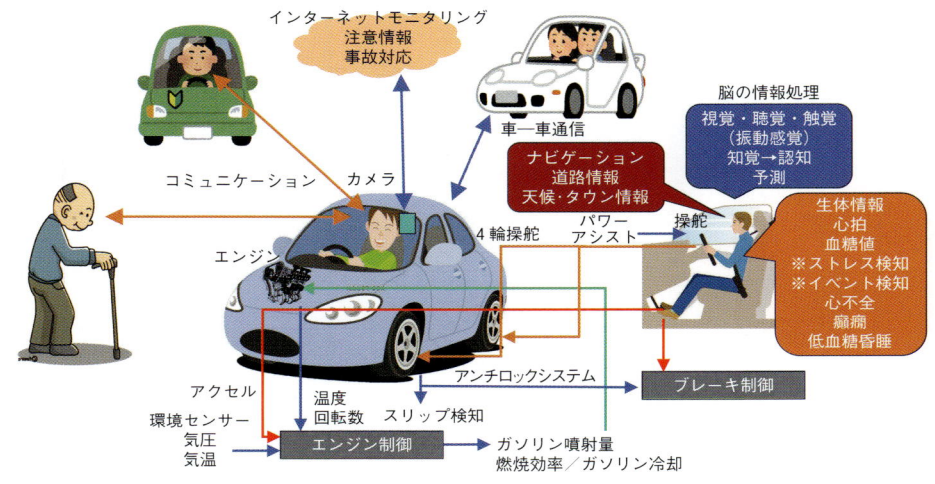

〈口絵 1〉　図 1-2　自動車運転における情報の活用

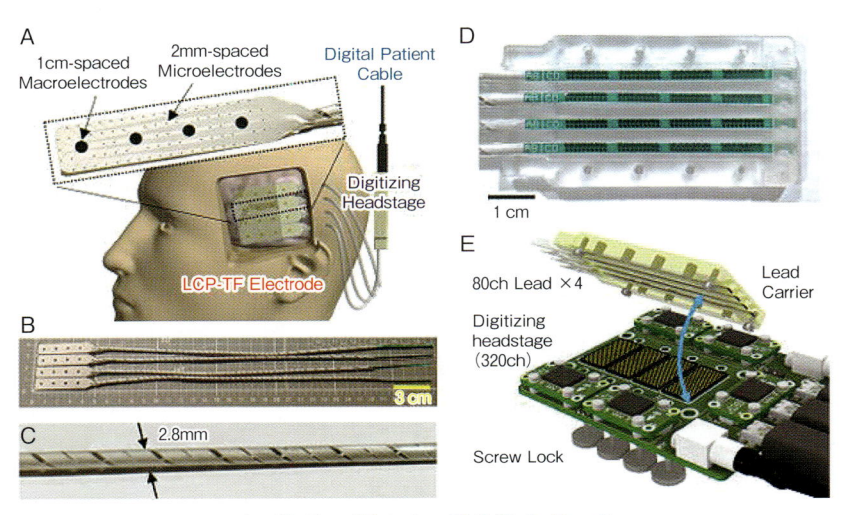

〈口絵 2〉　図 1-3　埋め込み EcoG

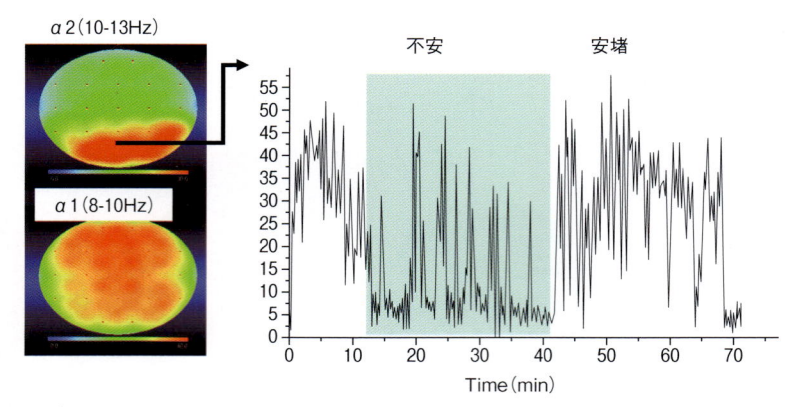

〈口絵3〉　図6-9　後頭部脳波アルファ波（α2：10-13 Hz）の強度揺らぎと
　　　　　　心理状態との関係

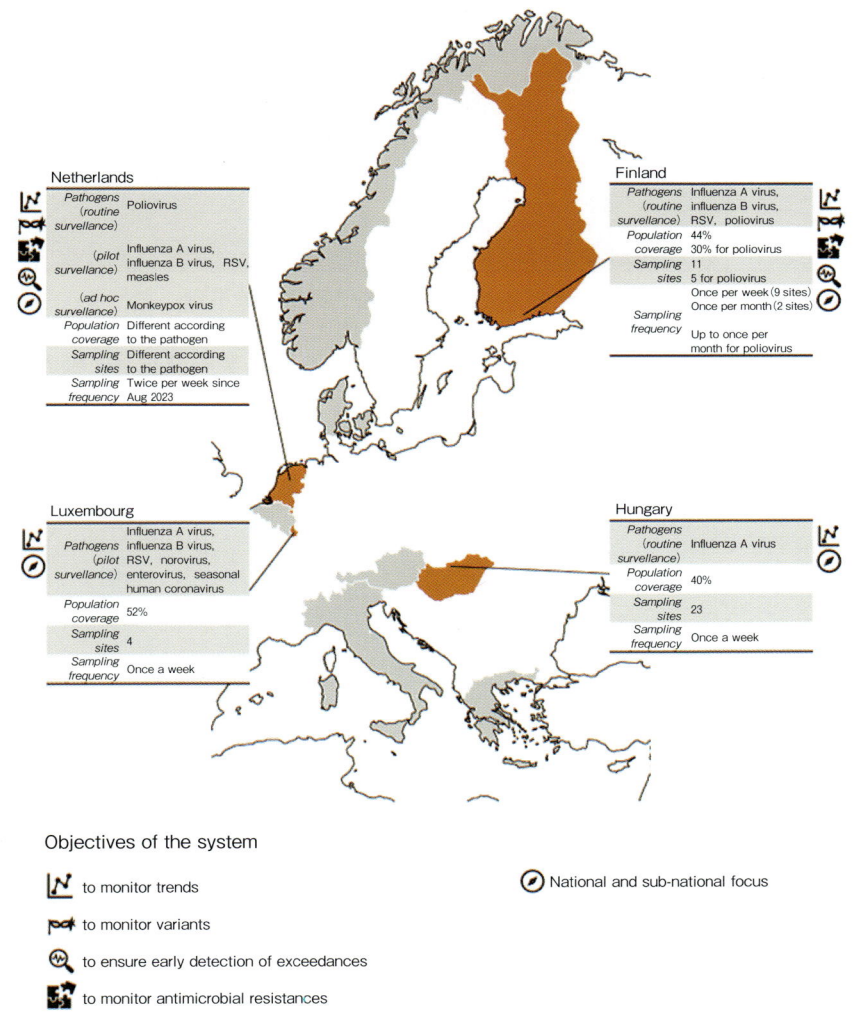

Netherlands

Pathogens (routine surveillance)	Poliovirus
(pilot surveillance)	Influenza A virus, influenza B virus, RSV, measles
(ad hoc surveillance)	Monkeypox virus
Population coverage	Different according to the pathogen
Sampling sites	Different according to the pathogen
Sampling frequency	Twice per week since Aug 2023

Finland

Pathogens (routine surveillance)	Influenza A virus, influenza B virus, RSV, poliovirus
Population coverage	44% 30% for poliovirus
Sampling sites	11 5 for poliovirus
Sampling frequency	Once per week (9 sites) Once per month (2 sites) Up to once per month for poliovirus

Luxembourg

Pathogens (pilot surveillance)	Influenza A virus, influenza B virus, RSV, norovirus, enterovirus, seasonal human coronavirus
Population coverage	52%
Sampling sites	4
Sampling frequency	Once a week

Hungary

Pathogens (routine surveillance)	Influenza A virus
Population coverage	40%
Sampling sites	23
Sampling frequency	Once a week

Objectives of the system

- to monitor trends
- to monitor variants
- to ensure early detection of exceedances
- to monitor antimicrobial resistances
- National and sub-national focus

〈口絵 4〉　**図 9-2　IoT による感染モニタリング**　下水からコロナウィルスを検知し，感染状況を推測する。

出典：Guido Benedetti et al., A survey of the representativeness and usefulness of wastewater-based surveillance systems in 10 countries across Europe in 2023, Euro Surveill. 2024 15；29(33)：2400096. doi：10.2807/1560-7917. ES.2024.29.33.2400096.

〈口絵 5〉　図 9-3　eSports をフィジカル空間で実現する事例　左パネル：商用施設（上新電機株式会社　三宮 1 ばん館 eSPORTS アリーナ KOBE 三宮）　右パネル：大学内施設（近畿大学 esports Arena）

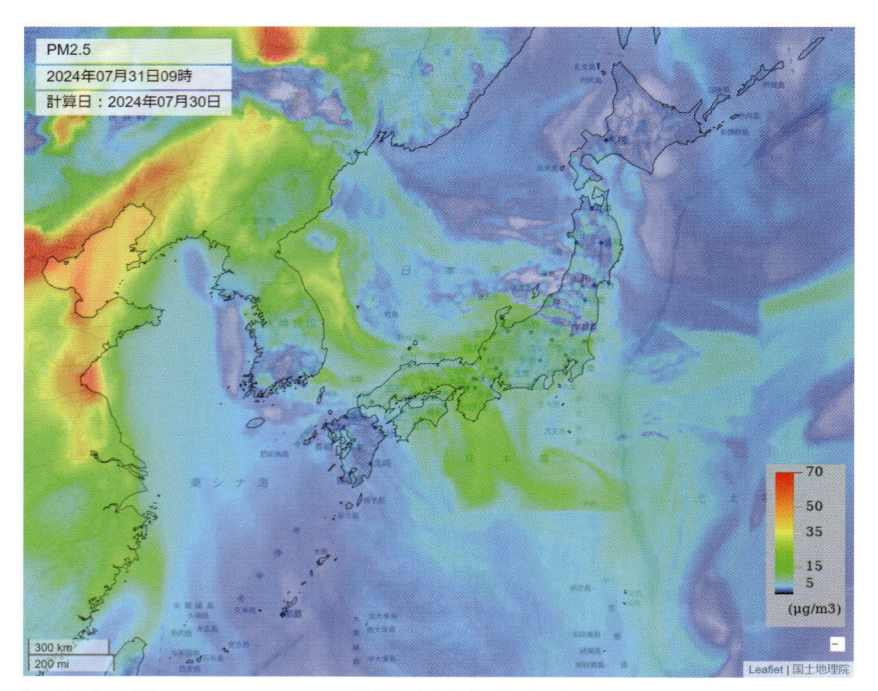

〈口絵 6〉　図 10-11　PM2.5 の予測（大気汚染予測システム VENUS，国立環境研究所）

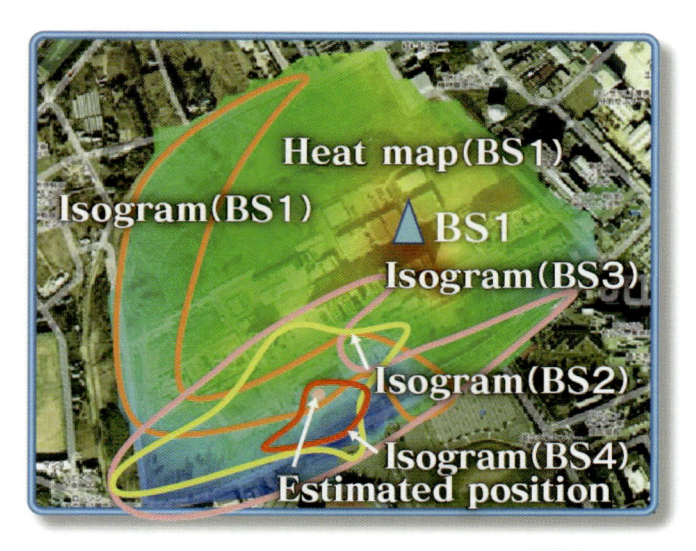

基地局：BS

〈口絵7〉　図 13-11　等電位線推定による位置計算

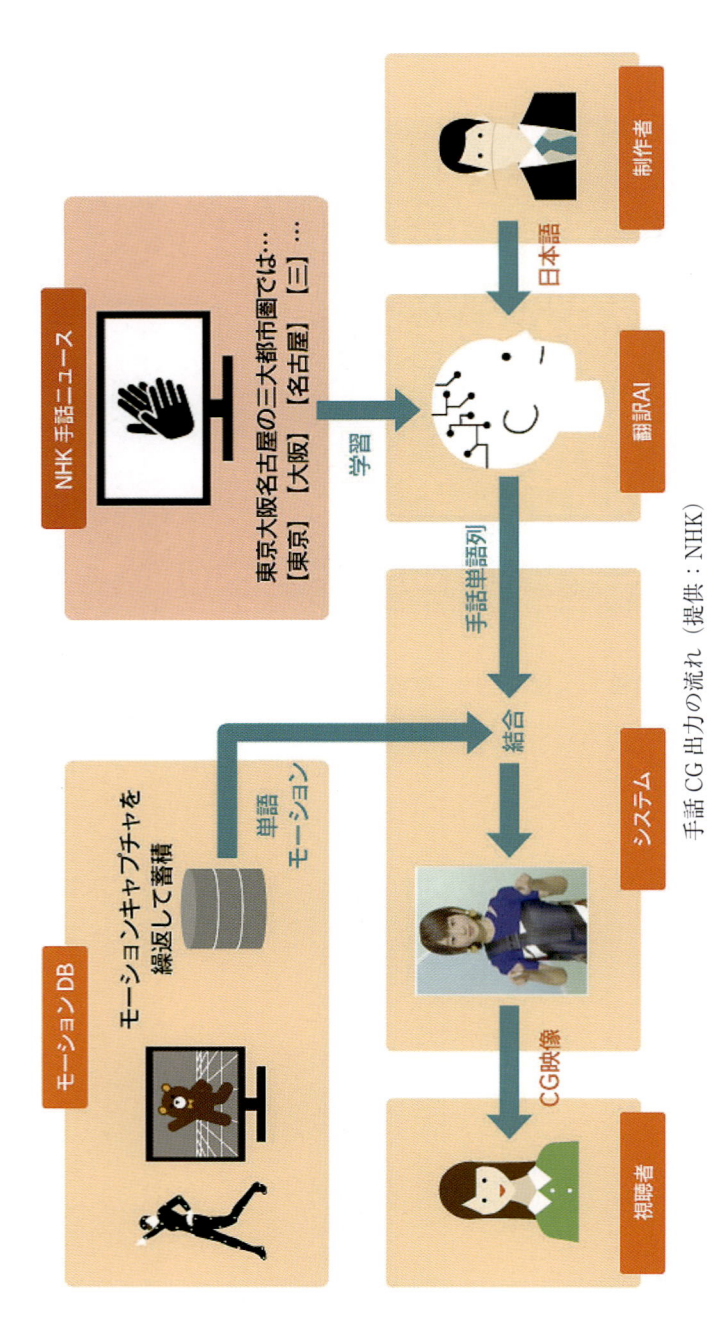

手話 CG 出力の流れ（提供：NHK）

〈口絵 8〉　図 15-1　AI による手話 CG 生成システム

人間・環境情報とDX

人間・環境情報と DX（'25）

©2025　川原靖弘・片桐祥雅

装丁デザイン：牧野剛士
本文デザイン：畑中　猛

s-60

まえがき

　「木々のざわめきの背後に捕食者が存在するのではないか」「渡り鳥がいなくなると大地震がおきるのではないか」など私たち人間は太古から環境を観察し，その背後に隠された事象から起こり得る未来を予測することで環境に適応してきました。そして科学的根拠のあるものは継承され，今日でも格言として活用されています。こうした人間の有益な情報を抽出しようという本能は，多種多様なデータを観測により取得・解析することで有用な情報を抽出するという今日のデータサイエンスに受け継がれています。

　20世紀の初頭，半導体技術は飛躍的に発展し，記号論理学を基盤にあらゆる現象をデジタル化し演算処理することで情報を抽出することが可能となりました。こうした情報科学は21世紀の初頭，人間の思考をも模倣する人工知能へと発展を遂げました。今日，学習機能を実装する人工知能は，多種多様な小型のデジタルセンサーが私たちの身体や環境から集める膨大なデータを処理することで，人間の能力を凌駕すると予感させる情報処理マシンへと深化しつつあります。デジタルトランスフォーメーション（DX）とは，こうした人工知能を活用することで私たちの生活様式に劇的な変化を与える技術として Erik Stolterman（Indiana University, USA）が Information technology and the good life（E Stolermann and AC Fors, UmeA University, Sweeden, 2004）の著書の中で提唱したものでした。

　今日，DXはあらゆる企業及び行政の活動を刷新する基盤技術として

位置づけられ，社会実装が強力に進められようとしています。しかしながら，これらの活動はデジタル情報をいかに大量にかつ効率よく収集・解析するか，そのためにどのように新たなデバイス・システムさらにはサービスを創製する必要があるか，それらはビジネス上どれほどの国際競争力があるのか，といった視点に重心が置かれ，当初 Stalterman が提唱した「私たちの生活がどれだけ良い方向に革新されうるのか」といった視点の実現がやや遅れ気味となっています。すなわち，この「遅れ気味」は，本来の DX とは，情報機器を意識せずデジタルデータが我々と融合し，いつでもどこでも活用できる世界を提供することで私たちの生活様式を良い方向に革新する技術であり，こうした人間中心の DX の視点がやや取り残されているのではないか，といったことが懸念されることを意味しています。例えば，自動車の自動運転技術は，だれでもがいつでもどこでも安全に空間を移動するための要素技術であり，社会実装により真の輸送 DX を実現するためには生活道路区分を含めた都市設計のみならずリモートワークなども含めた生活様式そのものの変革が必要であることを認識しなければなりません。

　そこで，本科目は，このような DX の原点に立ち，人間と環境の情報をいかに活用して DX を実現していくことが望ましいのか，ということを改めて認識することを狙いとしました。

　データを取得するためのセンサー技術を広い分野（人間の生理情報・行動（位置）情報及び環境（人工及び自然環境）に渡り解説しました。これに随伴し，データを解析するための基盤技術を解説することでデータを日常生活の中からどう取得し解析して情報を抽出するかを理解できることを目指しました。次いで，これらの技術がいかに人間を含む環境を考慮して設計されなければならないかについて検討する項目を設けました。このようなデータサイエンスの基盤となる解説は専門的になりが

ちですが，できるだけ平易にかつ分かりやすい実例をあげて解説することに注力しました。

　また，人間がデータからどのように情報を抽出するかについて人工知能と対比させながら解説しました。具体的には脳の情報処理について神経生理学を中心に解説しました。なぜ，DX において脳を話題にするのか，ということに疑問を持つ人は少なくないかもしれません。しかし，音楽や音声の正体は空気の振動であり人間の脳がなければその存在を知覚し認知する意味がないのと同様に，センサーのデータから抽出する情報は人間が存在しなければ何らの意味を持ちません。そこで，本科目では，人間がデータを情報としてどのように知覚し認知するかについて，神経科学を基盤に検討することとしました。

　さらに，DX が提供するバーチャル空間とリアル空間を融合するデジタルツインの世界を取り上げました。バーチャル空間では，メタバースといったコンピュータグラフィックスを介して人間がサイバー空間内に入って活動することになります。こうした環境下では，人間に酷似したアバターに対し親近感のみならず不気味感も発生し得ることから，サイバー空間内での快適性について特に検討する機会を設けました。一方，対局にあるリアル空間での課題，特に人類を育んできた自然環境に係る現実的な問題を改めて検討する機会を設けました。

　これから到来するであろうデジタルツインの世界では，人間はバーチャルとリアルとの二つの世界を往来することが想定されています。これら二つの世界をいかにマージさせていくか（決して混同ではなく）がこれからますます重要になると予想されます。それぞれの世界が独立して存在するのではなく，互いに相関しあって初めて意義のある人間の存在空間を実現することが可能であり，そこに DX の目指す世界が構築されると考えています。

　最後に，DX の基盤となるデータの安全な活用について検討する項目を設けました。サイバーセキュリティといったデータや情報の物理的取り扱いに対する安全性と，DX サービスを享受する人間の心身の安全性について特に考慮することとしました。

　DX サービスは主にインターネットを介して提供されるため，様々な犯罪リスクが潜んでいます。本科目ではすべてのサイバーセキュリティ上のリスクについて解説することはできませんが，できる限り広くリスクを紹介することとしました。見守り用 Web カメラがいきなりハッキングされた事例があるように，センサーデバイス（IoT）レベルでもリスクが存在することに留意する必要があります。

　また，DX サービスを享受する上での心身のリスクについても検討することとしました。情報を活用するという点では，生成 AI が全盛となっている今日，データ・情報の捏造，盗用は大きな問題となっています。また，誤った情報による誤認や故人再生に関する倫理観など，人工知能活用上の倫理・道徳観がまだ社会的に熟したとは言えない状況です。また，リアル空間と同様に情報処理にはエネルギーが必要であることから，生成 AI を実現し維持するためには莫大なエネルギーコストが必要であることも忘れてはなりません。環境適合した人間と機械（AI）との調和に真の DX が生まれるものと考えています。

　本科目は，飯塚先生（静岡英和学院大学），竹ノ谷先生（星薬科大学），安藤先生（北海道大学）共著の印刷教材と放送教材とから構成されています。印刷教材で解説しきれなかったところは放送教材で取り上げております。

　印刷教材を作製するにあたっては，企画・校正及び版権交渉などスタッフの方に多大なご尽力をいただきました。ここに感謝申し上げます。また，放送教材の作成にあたっては，取材ロケにご協力いただいた

方々並びに関連機関に感謝申し上げます。またスタジオロケに当たっては卓越した利き手としてご協力いただいた佐治さん及びスタジオのスタッフの方々に感謝申し上げます。

　最後に，本科目の企画運営に係る事務業務を遂行いただいた放送大学のスタッフの方々に感謝申し上げます。

2024 年秋
川原靖弘
片桐祥雅

目次

1 | 生活環境における情報

片桐祥雅・川原靖弘

《**目標＆ポイント**》　センサーは人間や環境を対象として物理量を計測しデータを創出する。このデータを処理することで有用な情報を得ることができる。こうした情報をオフラインにとどまらずリアルタイムで活用することで様々な応用が生まれることを知り，その背景にある仕組みを考える重要性を学ぶ。

《**キーワード**》　IoT，IoH，IoB，IoX，ウェアラブルデバイス，人間情報，環境情報，データ

1.　情報の活用

　半導体技術，通信技術及び情報処理技術，特に人間の知能を模倣した人工知能（AI）の深化により莫大なデータから抽出する多様な情報により，より高度な判断に基づく行動を表出できる可能性が生まれつつある。各種センサーが生成するデータは，近接通信によりスタンドアロンで利用できるのみならず，センサーをインターネットに接続することでいつでもどこでも利用することが可能となった。さらに，データを集約しAIにより解析して抽出する情報を利用することで，on-goingでデータを意思決定・行動に反映させることが可能となった。すなわち，データから情報を抽出し，事前知識（学習・経験）と価値観により情報の価値を判断することにより，適切な行動をとることができるのである（図1-1）。

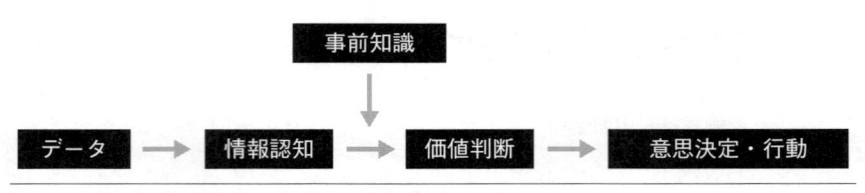

図 1-1　人間の情報認知による意思決定と行動

　今日，行動の最適化を可能とするデータを様々なセンサーからインターネットを介して取得することができるようになった。センサーデータをインターネットに接続するサービスを internet of things（IoT）と呼ぶ。IoT はありとあらゆるものを対象とする。例えば，コーヒーポットに温度センサーを張り付けておいて飲み頃になったときネット経由でお知らせを受け取ることができる。また，部屋の中にセンサーを設置しておけば，外出中に室温の状況からエアコンをリモート（エアコンのスイッチもネットに接続しておく）で制御することで帰宅時に部屋を快適な室温とすることができる。また，玄関の鍵にセンサーを設置しておけば施錠の失念の有無を外出中に確認することができる。インターネットに接続する潮流は，センサーに止まらず，我々の生体情報をモニタリングするセンサーを接続する internet of bodies（IoB），さらには我々自身をインターネットに接続する internet of human（IoH），果ては人格を除外し我々のスキルをネットに接続する Internet of skills または internet of abilities といったものまで構想されるに至っている。

　センサーデータを正しくかつ簡便に利用するためには，データから情報を抽出しなければならない。しかしながら，データから情報を抽出するためには，深い知見のものと確率統計に基づく分析を含め様々な数理処理を行わなければならなかった。しかし，多様でかつ莫大な量のデータを個々人で処理してデータを抽出し意思決定に結び付けることは容易

ではなく，センサーデータの活用の促進の障害となっていた。

　この問題に対し，データを分析し情報として提供する手法が開発され，社会実装が進んでいる。特に，深層学習により膨大なセンサーデータから統計的に特徴を抽出する方法の洗練が進み，AI の有用性が実証された。この背景により，データが存在するサイバー空間と実空間を融合させることで豊で快適な社会を実現するためのインフラストラクチャーを形成できると考えられるようになった。日本ではこのような社会を Society 5.0 として定義し，実空間でその表現型としてのスマートシティを実現しようとしている。

　Society 5.0 が縹緲（ひょうびょう）する技術的にはすでに実現しているものもある。たとえば，図 1-2 に示す自動車運転システムがその典型である。現状では，すでに"AI"（自動車の制御システム）と人間との融合が進んでいる。自動車はガソリンをエンジンで燃焼させることにより得る駆動力で走ることは言うまでもないが，燃焼の最適化に様々なデータが使われている。ガソリンを最大の効率で燃焼させると高温となりエンジンの素材（アルミニウムシリンダー）が溶融してしまう。このため不完全燃焼によりガソリンを気化させ，その気化熱により温度上昇を抑制している。シリンダー内の燃焼制御を的確に行うため，気圧及び気温センサーからのデータが使われる。これにより，我々は海抜が 0 m 近辺の平地から 2000 m の高地で気圧の変化を気にすることなくエンジン停止を免れて自動車を利用することができる。また，車を停止するためのブレーキにはタイヤのスリップ状態を検知してロックを防止する anti-lock brake system（ABS）や操舵に連動して 4 輪を制御することで旋回の安定性を確保する四輪操舵システムにより人間の運転を支援している。この制御システムに支えられ，人間は進む，止まる，曲がるといった車の制御に専念することができる。一方，人間は視覚，聴覚，触覚（振動感覚）

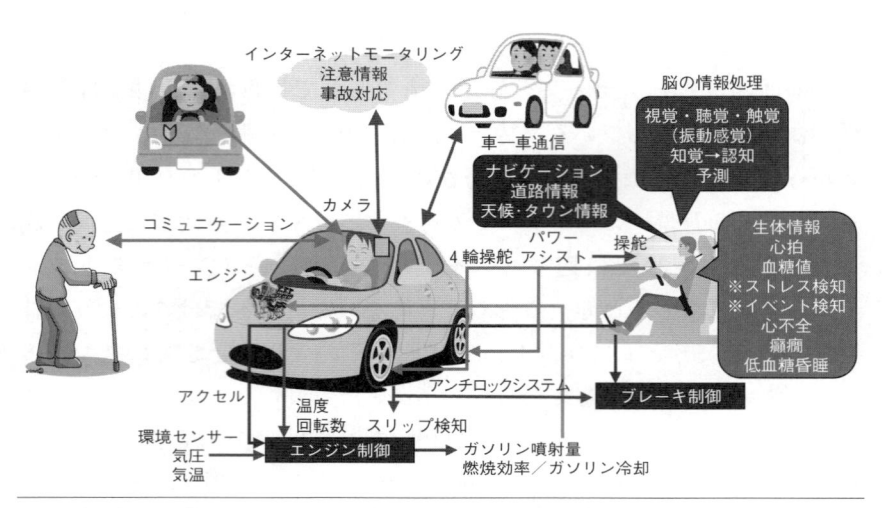

図 1-2　自動車運転における情報の活用（口絵参照）

を使って環境情報を把握するのみならず自動車の状態をもモニタリング
し，安全な走行を確保している。さらに，歩行者や他の自動車の運転手
ともコミュニケーションを図り，快適かつ安全な自動車の運転を促進し
ている。このような AI と人間との融合に加え，車搭載カメラをイン
ターネットに接続することで車間距離や走行レーンをモニタリングして
注意喚起を行ったり，車の位置情報から危険情報を提供し，万一の事故
のときにも遠隔で対応ができるサービスが実現している。また，ナビ
ゲーションシステムは GPS から位置情報を運転者に提供するととも
に，周囲の渋滞情報や商業施設の位置情報を可視化して提供している。

　このような運転支援サービスに加え，将来的には運転者にウェアラブ
ル心電計や血糖値センサー装着によりストレス状態のみならず心不全，
癲癇や昏睡を伴う低血糖状態を検知し，自動運転システムにより車を安
全に停止させる高付加価値のサービスの提供も可能なものと期待される。

2.　人間情報

　ウェアラブルデバイスとは，物理的なデバイスを意識せず情報だけを活用したいという欲求の下に，モバイルデバイスの小型化を追求した結果到達した解であり，最終形態としては埋め込みデバイスが想定される。その究極は図 1-3 に示すような脳への埋め込みチップである。

　皮質表面に電極を装着する ECoG（electrocorticograms, EcoGs）はすでに実現されており，癲癇治療へ適用されつつある。人の認知処理の中への組み込みを目指した Brain-machine interface（BMI）での適用の検討も進められている。

　一方，個人情報などを収納したマイクロチップの体内埋め込みはすでに実用化を達成しており，認証やクレジット決済などのサービスで活用されている。

　また，動物への埋め込みはすでに推奨されている。輸入動物については，外来種の国内管理という点で埋め込みが義務付けられている。

　究極の体内埋め込みデバイスの開発が進む中，従来の装着型のウェアラブルデバイス開発も進んでいる。従来からあるウェアラブル脳波計，心電計のみならず，ウェアラブル連続血糖値モニタリングシステムもすでに実用に供されており，糖尿病患者の血糖値管理にとどまらず，スポーツ，睡眠，食事などといった日常生活にかかわる分野での適用も進められている。心電計，光学式血糖値計，血圧計およびパするオキシメータをすべて組み込んだ腕時計型モバイルセンサーも実用化されている。

　こうしたウェアラブルセンサーの中でも血糖値センサーは目覚ましいものがある。細胞の間質液[1]から血糖値を推定する方法を基盤に，化学反応を利用した連続血糖値センサーがまず初めに開発された。これは，

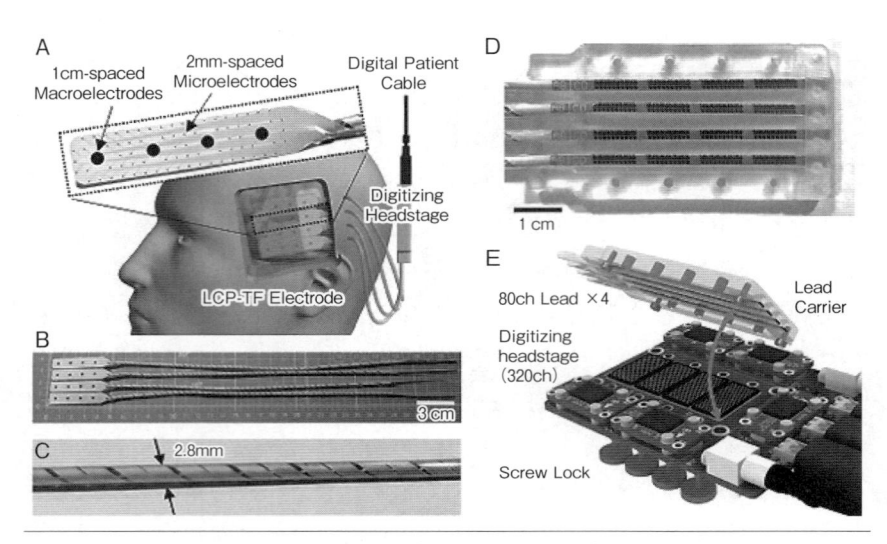

図 1-3　埋め込み EcoG（参考文献 [1, 2]）（口絵参照）

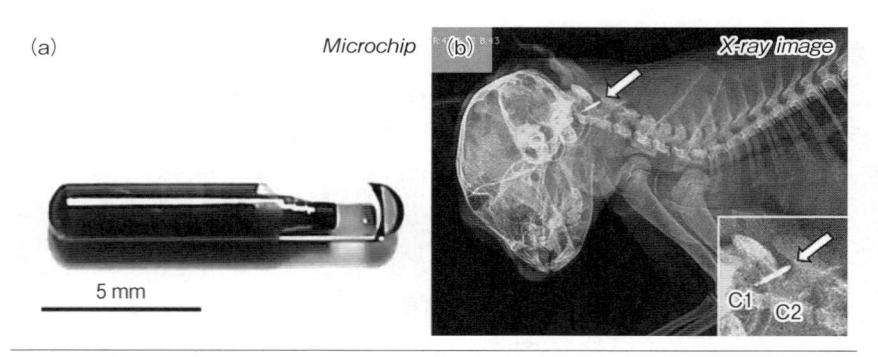

図 1-4　体内埋め込みチップ（参考文献 [2]）

---

1)　細胞間を浸す液体で，細胞間リンパ液ともいう。蛋白質，アミノ酸，糖，ホル
モン及び細胞からの廃棄物を含む。間質液の糖の濃度と血糖値が相関すること
を利用し，血糖値の推測に利用されている。

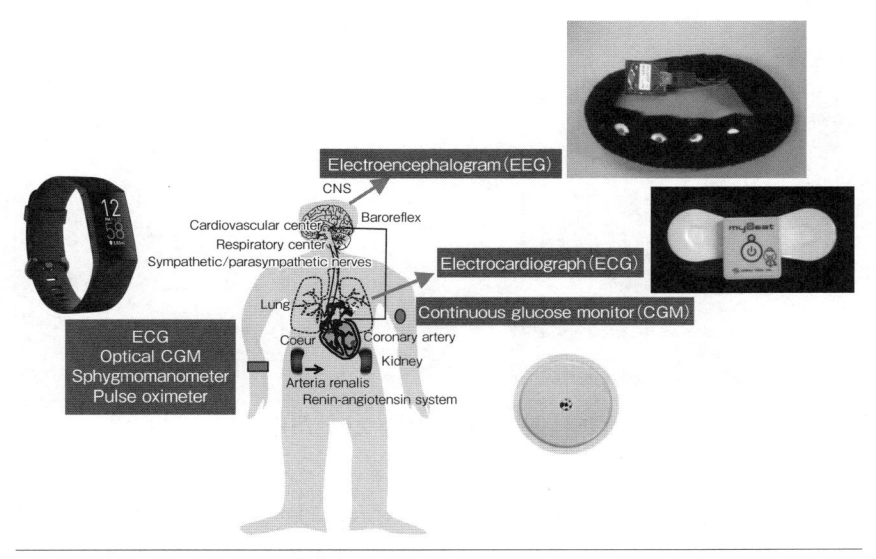

図 1-5　ウェアラブル生体情報デバイス

グルコースオキシダーゼ（Gox）を酵素としてグルコースをグルコン酸に変換する過程で nanozymes などを介した $2H_2O + O_2 \leftrightarrow H_2O_2$ の反応に伴う電子の移動を電位に変換することでグルコース濃度を推定する（図1-6A）。間質液を直接使用するため，皮膚に細いチューブを留置する必要がある。このため微弱な侵襲性が生じる。一方，光の非線形散乱（ラマン散乱）を利用することで間質液の化学成分を分析し血中のグルコース濃度を推定する光学式血糖値センサー（図1-6B）が開発されている。化学センサーに比べ完全に非侵襲性が実現されている。

　社会の中でウェアラブル生体センサーの活用を促進するためには，主に二つの解決すべき課題がある。その一つは，生体センサー情報の正しい解釈である。

　血糖値センサーでは，その使い方と正しい解釈が求められる。糖尿病

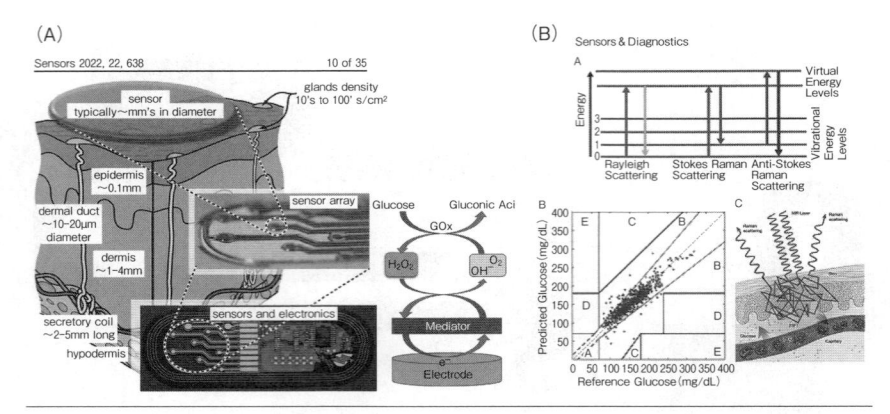

図 1-6　ウェアラブル血糖値センサー（参考文献 [3]）

患者が連続血糖値センサーはインスリン投与に伴う反応性低血糖状態の
リスクを回避することを主目的とするものであり，インスリンポンプに
よる自動投与システムに組み込まれることもある。こうした連続血糖値
センサーを健常者が使用するにためには現状では知見が不足している。
食後の血糖値上昇を過大評価することで食事制限に必要な栄養素が摂取
できないリスクが指摘されている。

　しかしながら，睡眠，ストレス緩和，食生活の改善など生活の質を向
上させ疾患を予防する行動を促進することが大いに期待される。このた
めには，健康を維持促進するためのグルコース代謝に関するエビデンス
を今後蓄積してく必要がある。

　パルスオキシメータについても同様正しい使い方が求められる。新型
コロナ感染症（COVID-19）では，自宅療養者に対してパルスオキシ
メータが提供された。この目的は，酸素飽和濃度の自己管理により重症
化を防ぐためであった。しかしながら，図 1-7 に示すように，肺の障害
が進むと酸素飽和濃度が高い状態で末梢の細胞が低酸素に陥る silent

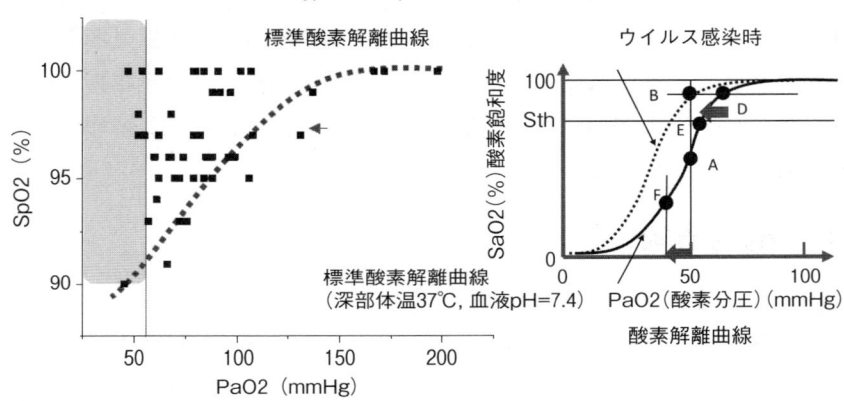

図 1-7　パルスオキシメータのリスク：Silent hypoxia

hypoxia のリスクがあることが明らかとなった。このリスクは，ウイルス感染により酸素乖離曲線[2]は低酸素分圧の方向にシフトする結果，ヘモグロビンは末梢で酸素を解離せず，末梢の細胞に酸素が供給されないことにより生じるものである。このリスクを知らないと，高い酸素飽和濃度に安心してしまい，重症化の進行に気付かない。

　もう一つの解決すべき問題は，個人情報保護である。血糖値を含め生体情報を統合することにより個々人の健康状態のみならず精神状態を分

---

2)　横軸に動脈血中の酸素分圧，縦軸に酸素の結合率として表したグラフで，Ｓ字状の曲線になる。酸素分圧とは血液中の酸素の圧力である。1気圧の大気では酸素分圧は酸素含有量（21％）としておよそ 160 mmHg であるが，大気と平衡状態にある肺の動脈中の酸素の分圧はおよそ 100 mmHg となる。末梢ではさらに酸素分圧が低下する。肺と抹消の酸素分圧が末梢で酸素を放出する量の目安となる。感染すると乖離曲線は左にずれ，末梢で酸素を解離しにくくなるので，酸素飽和度が高くても末梢で酸素が放出できないと酸欠状態になる。これがサイレントハイポキシア（低酸素症）である。

析することも可能となる。その一方，IoT で情報を事業者が自動的に収集すると，個々人が自分のデータを自分で制御することが困難となる。また，生体情報と医療情報（電子カルテ情報）の統合は健康維持と疾患予防に資することが期待される反面，精神疾患関連に関する情報の取り扱いは慎重に行われなければならない。

3.　環境情報

（1）　屋内環境

　人間の生活を取り巻く環境は，様々な捉え方をされているが，この章では，屋内環境，屋外環境，そして仮想環境における情報について，例を挙げながら解説する。

　屋内環境において，人間が快適に過ごすことを目的に，温度や湿度などを空調設備により調節することは，それぞれの家庭でも行われている。人間が設定した温度の値により，空調設備が内蔵のセンサにより室内の温度を検知し，設定された温度になるように制御を行う。室内にいる人は，温度や湿度がどのように制御されたか確認するために，温度計や湿度計を用いて，その情報を確認する。温熱快適性の評価については，生理学者，心理学者，衛生学者などがそれぞれの分野で研究と議論を行ってきた。冷暖房技術に関連する団体の ASHRAE（米国暖房冷凍空調学会）では，室内環境での温熱快適性の評価指標について多くの発表と議論がされている。ASHRAE では，気温と相対湿度の組合せに対する室内の快適感の評価に用いる有効温度 ET を示す図が 1925 年に C. P. ヤグローにより発表された。戦後，この指標の継続した再評価を経て，1971 年に，人体からの熱放散量と環境及び生理因子との関係をシミュレートしたモデルに基づく，現在でも世界的に使用されている標準新有効温度 SET*（Standard New Effective Temperature）が発表さ

れた。

　同じ環境刺激に対して，快適に感じるかどうかは，人により異なると
いうことは容易に想像できる。図1-8は，室温または標準新有効温度
SET*と満足感の関係を，マンハッタンの政府のビルディングで働く職
員を対象に調査した実験結果の一例を表している（参考資料〔5〕）。同
じ室温またはSET*に対して，快適さを示す人もいれば不快さを示す人
もいるのがわかる。この集団の全ての人を満足させ，快適を感じさせる
温熱環境が存在しないという報告を受け，ASHRAEは，集団の構成員
の80%以上の人が環境に満足できれば，その環境を快適と判定すると
している（参考文献［6］）。個人差のある環境の快適性を判断するため
の一つの方法である。

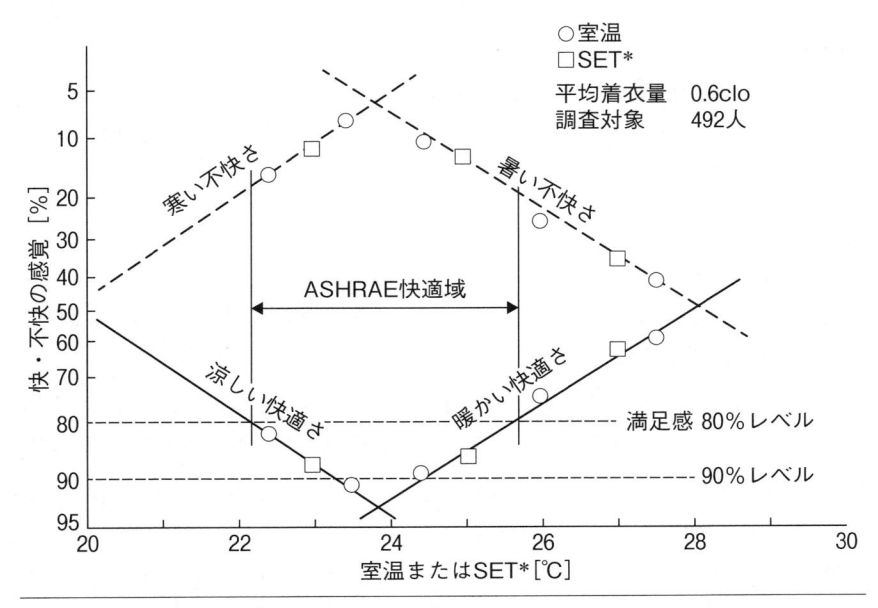

図1-8　室温と集団構成員の熱環境に対する満足度合いとの比較

表 1-1　空気調和設備を設けている場合の空気環境の基準

浮遊粉じんの量	0.15 mg/m³ 以下
一酸化炭素の含有率	100 万分の 6 以下（＝6 ppm 以下）
二酸化炭素の含有率	100 万分の 1000 以下（＝1000 ppm 以下）
温度	(1)　18℃以上 28℃以下 (2)　居室における温度を外気の温度より低くする場合は，その差を著しくしないこと。
相対湿度	40%以上 70%以下
気流	0.5 m/秒以下
ホルムアルデヒドの量	0.1 mg/m³ 以下（＝0.08 ppm 以下）

　屋内環境は，衛生管理の視点からも測定され，情報として管理される。例えば，不特定多数の人が出入りする建物（特定建築物）では，建築物衛生法に規定される「建築物環境衛生管理基準」に従った屋内環境の維持管理が義務づけられている。空気環境の基準として，表 1-1 のような基準値が設けられており，これらの項目の値を得るための測定方法として，測定頻度，測定時刻，測定点，測定機材についての指定がある。

（2）　屋外環境

　屋外の環境情報も，様々な視点で定義され活用されている。国内では，戦後の高度成長期における公害規制に始まり，大きくは環境保全と改善を目的とした環境基本法が整備されている。その中で，屋外の環境を評価するための基準値や評価値などの環境情報が用いられる。生活環境の一部である大気，水質，土壌，そして騒音，振動に関わる環境基準値とその活用については，10 章で解説を行う。

　環境の持続可能性を考える場合，生物多様性や植生，土地利用，物質循環，自然がもたらす人間生活への利益（生態系サービス）に係わる指

標を定義して，その測定やモデル構築により評価を行う。例えば，森林における樹木の種の同定と幹の直径を測定し，種の形質に関するデータベース（TRY など）を用いることにより森林の光合成量や成長速度，物質分解速度を活用して生態系サービスについて定量的に推測することが行われている。衛星による観測データも活用されており，エリア毎の推測データと地理情報を用いることで地域計画が可能になる。環境計測により定量的に推定された生態系サービスを加味した経済評価を行い，人間社会での自然環境の活用計画を考えることが重要視されている。生物多様性の現状についても，指標を用いて分析・評価がされているが，時間的にも空間的にも規模が大きい現象を捉える必要があるために保全のために必要な要因については科学的に解明されていないことが多い。よりきめ細かな情報を得るために，市民によるモニタリングも科学的な手法による現状把握に貢献している。集まった情報を管理し公開するオープンデータも整備され始めており，有意義な活用が期待されている（参考文献 [7, 8, 9]）観察した鳥が世界中でいつでもインターネットを介して報告可能なオープンアクセスプログラムの eBird のデータベースは，追跡 3 億件以上のレコードがあり，行政機関の政策立案にも活用されている。このような視点での環境情報の活用について，11 章，12 章で解説を行う。

（3） 仮想環境

　屋内環境，屋外環境などで収集・生成されたデータは，情報端末やサーバに格納され，それらがインターネットに繋がることにより，仮想環境での情報活用が可能になる。これらの情報を，生活空間で効果的に利用されるために，CPS（Cyber Physical System）を実現するための技術を利用し，仮想空間での情報の運用と現実空間が連携し，相互に影

響し合う状況を作り出すことが行われている。この状況は，現実空間に存在するモノに組み込みソフトウェアを設置し，仮想空間と連携することにより実現される。

　現実空間をそのまま仮想空間にコピーしたデータ群のことをデジタルツイン（Digital twin）を呼ぶ。このデータ群は，仮想空間に現実空間と同じ空間を作ることに用いられ，主な用途の一つには，現実空間で起こり得ることを現実空間を使わずに仮想空間でシミュレートすることがある。自動車などの開発で，3D-CAD（Computer Aided Design）を用いてコンピュータで3次元空間での設計をシミュレーションしてコストを抑えることが行われているが，これと同じことをまちでも行うことを想定した用途である。また，現実空間ではなくデジタルツインを用いて仮想空間での行動を可能にする空間を作ることで，現実空間と同様な感覚で仮想空間での行動を可能とし，それ自体が現実空間と連携することで，身体機能を拡張した形でまちでの活動を行うことも可能になる。現実空間にあるモノから現実空間で起こっていることなど，さらには現実空間から人間が感じ取る感覚の仮想空間での扱いなど，現在の汎用的な仮想空間表現技術では表現しきれない解像度や種類の異なる事象が多くあるが，そのような事象をどのように扱っていくかという部分は，デジタルツイン技術の課題である。

参考文献

[1]　Chia-Han Chiang et al.: Flexible, high-resolution thin-film electrodes for human and animal neural research; J Neural Eng. 2021 Jun 17;18(4):10.1088/1741-2552/ac02dc. doi:10.1088/1741-2552/ac02dc.

[2]　Nina Schneider et al.: Recovery after inadvertent intramedullary microchip

implantation at C1-C2 in a kitten: JFMS Open Rep. 2022 Jan-Jun;8(1): 20551169221081398. Nina Schneider et al.: Recovery after inadvertent intramedullary microchip implantation at C1-C2 in a kitten: JFMS Open Rep. 2022 Jan-Jun;8(1):20551169221081398.

[3] Hima Zafar et al.: Comprehensive Review on Wearable Sweat-Glucose Sensors for Continuous Glucose Monitoring: Sensors (Basel). 2022 Jan;22(2): 638.

[4] 空気調和・衛生工学会編,『快適な温熱環境のしくみと実践』(丸善出版, 2019)

[5] GaggeA P, NevinsR G. Effect of energy conservation guideline on comfort, acceptability and health. Final report of contract #CO-04-51891-00, USA: Federal Energy Administration, 1976.3.

[6] ASHRAE. ASHRAE Standard 55-1992. Thermal environmental conditions for human occupancy. Atlanta: American Society of Heating, Refrigerating and Air-Conditioning Engineering, Inc;1992.

[7] Sullivan, B. L., et al. Using open access observational data for conservation action: A case study for birds. Biological Conservation. 2017 208:5-14.

[8] Kattge, J., et al. TRY ― a global database of plant traits. Global Change Biology. 2011 17(9):2905-2935.

[9] Daily, G. C., et al. Ecosystem services in decision making: time to deliver. Frontiers in Ecology and the Environment. 2009 7(1):21-28.

1. 生活の中で扱う人間情報について,どのように情報として生成されるか考えてみよう。
2. Cyber Physical System の活用されている身近なサービスについて考えてみよう。
3. 自分の健康状態がどのようなセンサーで測定できるのか調べてみよう。

2 | データ数理の基礎

飯塚重善

《目標＆ポイント》　データを利活用するためには，データを正しく扱うためのスキルが必要になる。そこでまず，データの読み書き能力であるデータリテラシー，データ分析を効率におこなうためのワークフロー，そして，活用に必要なデータの整備の考え方について学修する。

《キーワード》　データリテラシー，データの読み書き能力，データ分析のワークフロー，データの整備と品質，分析ツールと技術

1.　データリテラシーとは

　データサイエンスにおいて，データリテラシーは非常に重要である。この章では，データリテラシーの基本的な概念とその重要性を理解する。データリテラシーは，現代社会における情報の理解と利用の基盤を提供し，意思決定，問題解決，そして日々の生活におけるデータの適切な利用を可能にする。

（1）　データリテラシーの定義

　データリテラシー（data literacy）とはデータを読み書きする能力のことで，簡単にいえば，"データに関する情報や知識を活用する能力"である。ただし，データサイエンスには，データの収集，理解，分析，そして活用の全ての側面が必要となるため，実際には，データリテラシーは，単に数字や統計を読み解く能力を超えた，より包括的な概念と

いえる。この能力は，データの収集，理解，分析，そして活用の各段階をカバーし，大量の情報から有意義な洞察（インサイト）を引き出すために不可欠である。

- データの収集

　　データリテラシーの最初のステップは，関連するデータを見つけて収集することである。これには，適切な情報源を識別し，データの質や関連性を評価する能力が含まれる。収集されたデータは，分析の基礎を形成し，後に続くステップでの洞察の質に直接影響する。

- データの理解

　　収集したデータは，そのコンテキストや構造を理解することで，より有意義なものになる。これには，データの形式，パターン，トレンドを識別し，それらが示す可能性のある意味を解釈する能力が求められる。

- データの分析

　　ここでは，データを使って具体的な質問に答えたり，仮説を検証したりする。これには統計的手法やデータマイニング技術の適用が含まれ，データから有用な情報や新たな洞察（インサイト）を引き出す。

- データの活用

　　最終的には，分析から得られた知見を実際の意思決定や行動に応用することが求められる。これは，データに基づく根拠のある決定を下し，戦略を策定し，効果的な対策を講じる能力である。

　データリテラシーは，これらのスキルが相互に結びついて初めて成り立つ。データの収集から活用に至るまでの全過程を習熟することで，データを真に理解し，有効に活用することができる。

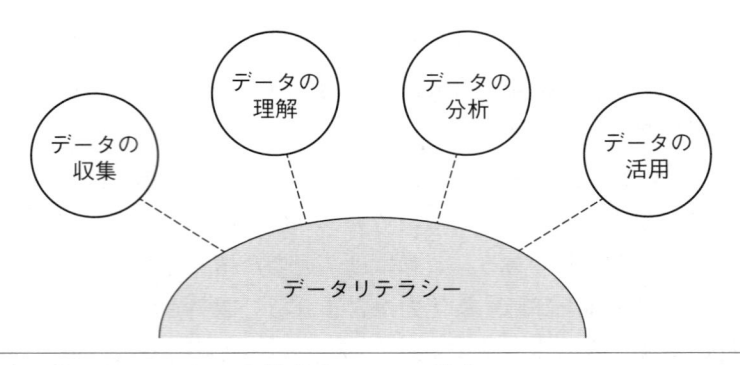

図2-1 データリテラシーを構成する4つの能力

①データの収集

　このデータリテラシーにおける重要な第一歩は，適切で信頼性の高いデータを収集する能力にある。このプロセスは，分析の精度と有効性を大きく左右するため，データの質とその情報源の信頼性を正しく評価することが不可欠である。

• 正確な情報源の特定

　信頼できるデータの収集は，信頼性の高い情報源の特定から始まる。これには，公的機関，学術研究，業界のリーダーなど，確立された信用のあるソースを識別する能力が含まれる。情報源の選定には，出典の透明性，公表されたデータの精度，およびその情報が最新であるかどうかを考慮することが重要である。

• データの適切な取得方法

　データ収集には，オンラインサーベイ，公開データベースからのダウンロード，API（Application Programming Interface）を通じたデータの取得，実験や観察による一次データの生成など，さまざまな手法が含まれる。それぞれの手法は，収集されるデータのタイ

プ，量，およびその複雑性に応じて適切に選択されるべきで，また，データ収集時には，プライバシーの保護や倫理的な考慮も重要な要素となる。

- データ収集の重要性

　高品質なデータ収集は，有効な分析と意思決定の土台を築く。逆に，不適切なデータ収集は誤った情報に基づく分析に繋がり，結果的に誤った結論や戦略の策定を招く可能性がある。したがって，正確で信頼性の高いデータを収集することは，データリテラシーの重要な側面であり，データ駆動型のアプローチの成功にとって不可欠な要素である。

②データの理解

　データの理解は，収集した情報がどのような意味を持つのかを解き明かすプロセスである。この段階では，データセット内のパターンや関連性を識別し，それらがどのような現象や傾向を示しているかを洞察する。データの理解には，データの背景やコンテキストを考慮することが重要であり，これによってデータが示す物語をより深く読み解くことができる。例えば，市場調査データを分析する際には，消費者行動の傾向や好みを理解することが目的となる。

③データの分析

　データの分析は，データセットから具体的な洞察を抽出し，仮説を検証するプロセスである。ここでは，統計手法，データマイニング，機械学習などの技術を使用して，データ内の隠れたパターンや相関関係を明らかにする。分析の過程では，データをさまざまな角度から探索し，具体的な質問に対する答えを見つけ出すことが求められる。例えば，売上データを分析して，特定の時間帯や地域での売上傾向を特定することができる。

④データの活用

　　データの活用は，分析によって得られた洞察を実際の意思決定や戦略に応用する段階である。この過程では，分析結果を具体的なアクションプランに変換し，ビジネスの成長，製品改良，顧客満足度の向上などの目的に活用する。データの活用は，組織の意思決定をデータ駆動型にすることで，より効率的で効果的な結果をもたらす。例えば，顧客の購買傾向に基づいてマーケティング戦略を最適化することができる。

　　現代社会はデータ駆動型であり，あらゆる業界や日常生活の側面でデータリテラシーは不可欠である。データは新たな洞察を提供し，より良い意思決定を可能にする。しかし，そのためにはデータを正しく理解し，適切に活用する能力が必要である。

- 業界におけるデータリテラシーの重要性

　　各業界での競争は激しく，データに基づく洞察は新しい市場機会を発見し，ビジネス戦略を強化するために重要である。例えば，製造業では生産効率を向上させるためのデータ分析，ヘルスケア業界では患者の治療結果を改善するためのデータ利用などが挙げられる。データリテラシーは，これらの分野において，より精密で効果的な意思決定を実現する。

- 日常生活でのデータリテラシーの役割

　　日常生活では，データリテラシーが消費者にとってより良い選択を支援することになる。商品やサービスを選ぶ際に，顧客レビューや評価データを解析し，最良の選択をするためにデータを活用できる。また，健康管理や個人財務の管理においても，データを用いて効果的な計画を立てることが可能となる。

- データリテラシーの社会的な重要性

　　社会全体では，データリテラシーは，市民が社会問題を理解し，情報に基づいた議論をおこなうために重要である。たとえば，政策の効果を評価するための統計データの理解や，社会的な動向を分析する能力は，民主的な社会において重要な役割を果たす。

　　総じて，データリテラシーは各業界での競争力の向上，個人の日常生活の質の向上，そして社会全体の情報に基づく意思決定を支援する。データを正しく理解し，効果的に活用することは，現代社会において不可欠なスキルであり，その重要性はこれからも増していくであろう。

（2）　データリテラシーが求めるスキルと能力

- 基本的な統計的スキル

　　データリテラシーには，データを効果的に解析するための基本的な統計スキルが不可欠であり，これには，平均，中央値，モードといった基本的な統計量の理解から始まり，分散，標準偏差，相関係数などより複雑な概念へと進む。また，確率論の基本原理やさまざまな分布の特性を理解することも重要である。これらのスキルは，データセットを正確に解釈し，有意義な洞察を得るための基盤を提供するものである。例えば，市場調査データから消費者の傾向を解析する際に，正しい統計手法を選択し適用することで，信頼できる結論を導き出すことができる。

- 批判的思考能力

　　データリテラシーには，データの質を評価し，バイアスや欠陥を識別する批判的思考能力も含まれる。この能力は，データソースの信頼性を判断し，データ収集方法の正確性やデータセットの完全性を評価するのに役立つ。批判的思考は，偏見や主観的解釈から自由

な客観的分析を可能にし，より正確な意思決定に貢献する。例え
ば，特定の調査結果が少数の例外に基づいて一般化されていない
か，またはデータが特定の前提条件に依存していないかを判断する
際にこのスキルが活用される。

- データの見つけ方とアクセス方法

　　データリテラシーには，適切なデータを見つけ，アクセスする能
力も重要となる。このスキルには，関連するデータセットを特定
し，適切な方法でそのデータにアクセスする能力が含まれる。これ
には，公共のデータベースの利用，専門的なデータサービスへのア
クセス，API を介したデータの取得などが含まれる。さらに，収
集されたデータソースの信頼性を評価する能力も重要であり，デー
タが正確で信頼性が高い情報源から得られていることを確認する必
要がある。例えば，政府統計，学術論文，業界レポートなどから適
切なデータを選択し，そのデータの信頼性を評価するプロセスが含
まれる。

（3）　データリテラシーの重要性

- デジタル化された世界での意思決定におけるデータリテラシーの役
割

　　デジタル化された現代社会において，データリテラシーは意思決
定の中心に位置するものといえる。大量の情報の中で，正確で信頼
性の高いデータを識別し，それを基に合理的な決定を下す能力が求
められる。ビジネスの文脈では，市場のトレンド，顧客の好み，競
争状況などのデータを基に，戦略的なビジネス決定がおこなわれ
る。個人の日常生活においても，消費，健康，教育などの選択をお
こなう際に，正しいデータに基づく情報が重要となる。データリテ

ラシーは，データを理解し，適切に応用することで，より良い結果を生む効果的な意思決定を可能にするものである。

- 偽情報や誤解を防ぐためのデータリテラシーの必要性

　データリテラシーは，誤った情報や偽情報の拡散に対抗するためにも不可欠である。インターネットやソーシャルメディアの普及により，間違った情報や誤解を招くデータが簡単に広まるようになった。そうしたなか，データリテラシーがあれば，情報の出所を評価し，データの真正性や妥当性を批判的に分析することが可能になる。これにより，個人は誤情報に惑わされず，より正確な情報に基づいて行動を取ることができる。また，組織においては，誤解を招く情報に基づく誤った意思決定を避け，事実に基づいた戦略を立てることが可能になる。

- データ駆動型アプローチがもたらす個人および組織の利益

　データ駆動型アプローチを採用することで，個人および組織は多大な利益を得ることができる。データに基づくアプローチにより，意思決定プロセスはより客観的かつ効率的になる。たとえば，組織においては，データ駆動型の意思決定が，運用の効率化，コスト削減，売上の増加，顧客満足度の向上などをもたらすことが多い。また，個人レベルでは，データに基づく意思決定が，より良いキャリア選択，健康管理，財務計画などに役立つ。したがって，データリテラシーを持つことで，個人も組織も，より効果的な意思決定をおこない，成功の可能性を高めることができるといえる。

（4）　データリテラシーとデータサイエンス

- データリテラシーとデータサイエンスそれぞれの定義と目的

　上で示したように，データリテラシーは，データの収集，解釈，

批判的評価，そして簡単な分析やコミュニケーションを含む，データの理解，有効に活用するための能力を指す。データリテラシーの主な目的は，日常生活や職場で遭遇するデータ関連の問題を解決するための基本的な能力を身につけることである。一方，データサイエンスは，より高度なデータ分析技術やモデリング，機械学習アルゴリズムを駆使して，データから新たな洞察を引き出し，具体的な問題解決を図る科学である。データサイエンスはデータリテラシーの基礎の上に構築され，統計学，数学，プログラミングスキルを用いてデータを深く掘り下げるものである。

- データリテラシーとデータサイエンスの関係性

  データリテラシーとデータサイエンスの関係性は，基礎と応用の関係に例えることができる。データリテラシーがデータの基本的な理解と活用に焦点を当てるのに対し，データサイエンスはこの基礎の上に立って，より複雑なデータ分析や予測モデリングをおこなう。データリテラシーは，データサイエンスに取り組む前の重要なステップであり，データに関する基本的な知識と理解である。また，データリテラシーが批判的思考やデータの基本的な読み取りに重点を置くのに対して，データサイエンスは，データからより深い洞察を引き出し，複雑な問題を解決するための技術的および数学的手法を活用する。さらに，データサイエンスはデータリテラシーに比べて高度なプログラミングスキルや統計的知識を必要とし，データを通じて新しい価値を創造することを目指す。

2. データの読み書き能力

　この節では，データの基本的な読み書き能力に焦点を当て，データを効果的に扱うための基礎知識と技術について学修する。データの種類と

特性の理解から始め，それらをどのように可視化し，基本的な統計量を用いて分析するかを理解する。また，データの整理やクリーニングの方法も説明し，データの正確な扱い方を身につけることを目指す。

（1）　データの種類と特性

まず，データタイプを理解し，適切に扱うことはデータ分析の基礎となる。

データ（変数）には大きく分けて，量的データと質的データがあり，データの種類によって分析の手法が異なってくる。

①量的データと質的データ

データの種類には大きく分けて，質的データ（Qualitative data）と量的データ（Quantitative data）の 2 つがある。

量的データ：数値で表されるデータであり，その量を測定またはカウントすることができる。例えば，年齢，収入，体温などが量的データに該当する。これらのデータは統計的分析に適しており，平均値，中央値，標準偏差などを計算することが可能である。

質的データ：観測された属性や特性を表すデータで，数値化されない情報，例えば，性別，国籍，職業などが含まれる。質的データはカテゴリー分けされ，データの分布や頻度を分析する際に使用される。

質的データと量的データはさらに，名義尺度（Nominal scale），順序尺度（Ordinal scale），比例尺度（Ratio scale），間隔尺度（Interval scale）という 4 つのデータ尺度に細分化できる（表 2-1）。これらの尺度によって，データが何を表現しているのか，どんな処理（演算）ができるのかが変わってくる。名義尺度と順序尺度は質的データ，比例尺度と間隔尺度は量的データである。

表 2-1　データの種類とその説明

種類	尺度	説明	例
質的データ	名義尺度	データに順序がなく，分類のために利用されるデータ	性別，血液型，郵便番号
	順序尺度	順序に意味があるが，間隔には意味がないデータ	ランキング，「良い／普通／悪い」
量的データ	比例尺度	連続する範囲の中で変化し，「0」を原点として間隔や比率に意味があるデータ	時間，長さ，重さ
	間隔尺度	目盛が等間隔になっており，大小の意味は持つが，「0」は相対的な意味しか持たないデータ	温度，テストの点数，西暦

②連続データと離散データ

　　データを4つの尺度に分類する以外に，別の分類方法として，離散データ（Discrete data），連続データ（Continuous data）の2つに分ける方法もある。

　　飛び飛びの値しか取らないデータを離散データ，無限に分割可能な尺度や連続体によって測定可能なデータのことを連続データと呼ぶ。名義尺度と順序尺度の数値は，離散的である。間隔尺度と比率尺度には，離散的データと連続データがある。例えば，1年の月や人数・個数は離散的データ，温度や時間，長さ，重さは連続データである。

③時系列データとクロスセクションデータ

　　時系列データ：時間の経過に伴って収集されるデータで，例えば株価の日々の変動や気温の時間ごとの変化が該当する。このデータタイプの重要な特徴は，時間的な順序が存在し，時間に依存する動向やパターンを分析できることにあることから，この種のデータの分析では，一定の期間で評価指標やデータを見ることになる。

　　クロスセクションデータ：特定の時点でのさまざまな被験者や事象
から収集されるデータで，例えば，ある時点での人々の健康状態や所
得レベルなどがこれにあたる。このデータタイプは，異なる群間の比
較や特定時点における状態の分析に適している。

（2）　データの基本的な読み書き能力

　この項では，データの基本的な読み書き能力，特にデータの可視化と
基礎統計量の計算に焦点を当てる。データの可視化は，複雑なデータ
セットを理解しやすい形で表現する技術である。一方，基礎統計量の計
算は，データセットの特徴を数値で捉える方法である。

①データの可視化の基礎

　　データの可視化は，情報を視覚的に表現することで，データの理解
を深める効果的な方法である。例えば，生活環境データを用いて，一
日の気温変化を示す時系列グラフや，異なる地域の大気質を比較する
バーチャートなどが作成できる。これらの可視化は，データのトレン
ドやパターンを明確にし，より簡潔に情報を伝えることができる。

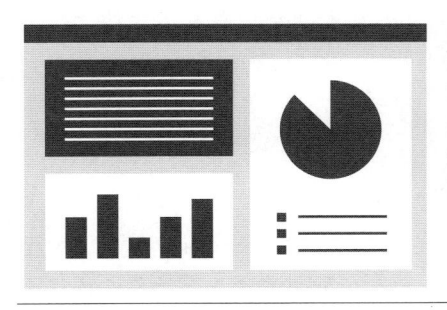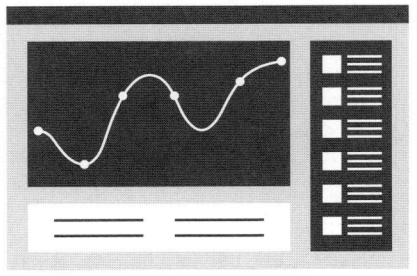

図 2-2　データの可視化

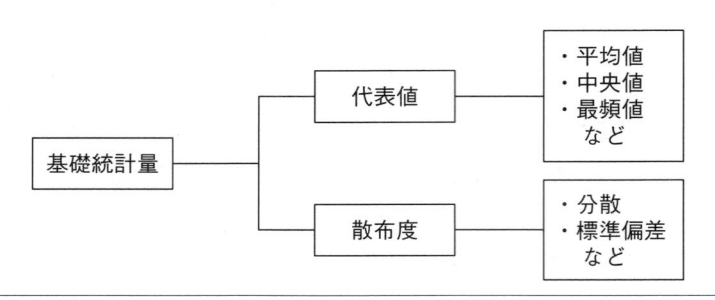

図 2-3　データの基礎統計量

②データの基礎統計量

　基礎統計量とは，データ分布の特徴を１つの数値で表す指標のこと
で，データの基礎統計量を計算することは，データセットの特性を数
値で理解するために重要である。つまり，データの基礎統計量がわか
れば，どんなデータであるのか，１つの数値に偏りがあるのか，数値
の信憑性はどうかを理解することができる。生活環境データを例にす
ると，特定の地域での平均気温，湿度の標準偏差，あるいは特定時間
帯の平均騒音レベルなどを計算することができる。これらの統計量
は，データセットの傾向やばらつきを把握するのに役立ち，より詳細
なデータ分析へとつながる。

　基礎統計量とは，収集したデータの基本的な特徴を表す値のこと
で，大きく「代表値」と「散布度」の２つに区分される。

（3）　データの取り込みと整理

　この項では，データの効率的な取り込みと整理の方法に焦点を当て
る。データの取り込みは，データ分析の基礎となる重要なプロセスであ
る。適切なデータ取り込みと整理は，分析の質と効率を高めるために不
可欠であり，そして，データのクレンジングは，分析に適したデータ

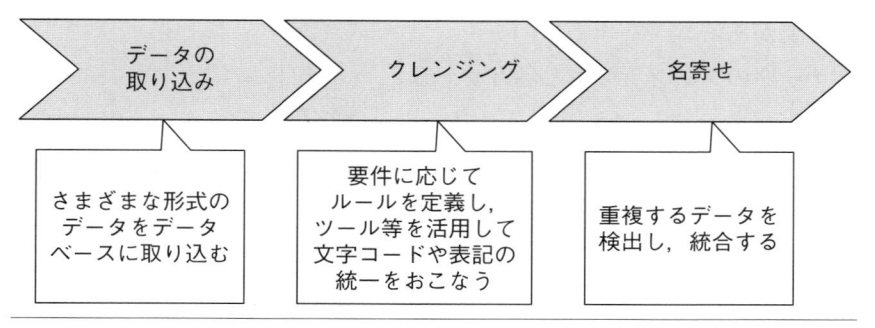

図 2-4　データの取り込みと整理のフロー

セットを作成するために重要なステップである。データの整合性を保ち，分析の正確性を高めるために，これらのプロセスを適切におこなう方法を学修する。

①データの入力方法

　　データの入力方法には，手動入力，フォームやテンプレートの使用，外部ソースからのインポートなどがある。データ入力の際には，データの正確性と整合性を保つことが重要である。効率的なデータ入力を実現するためには，適切なツールやソフトウェアの選択，データ入力のガイドラインの設定，エラーチェックの手法などを理解し，適用する必要がある。例えば，アンケートデータをデータベースに入力する際には，一貫したフォーマットとデータ型を使用し，入力誤りを最小限に抑える手法を採用することが効果的である。

　　また，別々の場所に保管されていると，データ同士の関係性が見えてこない。そこで，1 つのデータベースにまとめれば，これまで気づかなかったデータ同士の新たな関係を把握することができる。ただし，関連性のないデータや古い情報まで集めても，却って無駄な作業が増えてしまうため，取り込むデータの範囲をあらかじめ決めておく

必要がある。

②データのクレンジングと名寄せ

　データのクレンジング（クリーニング）[1]は，データベースに保存されている各種データを参照し，表記揺れや誤記，重複などの修正や削除をおこなうで，分析のためにデータセットを整理するプロセスである。以下にデータクレンジングの例を示す。

- データクレンジングの例
  - ✓全角・半角文字の混在やスペースの有無
  - ✓法人名の表記（株式会社・（株）やアルファベット・カタカナ表記の違いなど）
  - ✓電話番号のハイフンの有無
  - ✓人名の異体字
  - ✓元号をはじめとした日付表記の違い

　データクレンジングをおこなうことで，データベース内にあるデータはきれいにスッキリと整理・標準化され，スムーズに使えるようになる。逆に，データクレンジングをおこなわなければ，探しているデータが検索しても出てこなかったり，探し出すのに長い時間がかかったりといった問題が発生する可能性がある。そして，名寄せ（データの整形）では，データの構造を分析目的に合わせて変更し，データをより扱いやすい形に変換する。例えば，複数のソースから収集したデータを統合し，一貫したフォーマットに整理することが考えられる。これらのプロセスを通じて，分析の精度を向上させ，信頼性の高い結果を得ることができる。

---

1) データクレンジングとデータクリーニングに違いはない。英語の意味からみても，データクレンジングの cleanse は「清める」，データクリーニングの clean は「掃除する」であり，ほぼ同義である。

3. データ分析のワークフロー

　この節では，効果的なデータ分析プロジェクトを遂行するための一連のステップに焦点を当てる。データ分析プロセスは，問題の定義から始まり，データの収集，前処理，分析，そして結果の提示と共有に至るまで，複数の段階を包括する。このプロセスを通じて，データから有用な情報を抽出し，意思決定や知識創造のために活用する方法を学修する。また，データ分析を支援するツールと技術にも触れ，これらを適切に選択し活用する方法を理解する。

（1）　データ分析プロジェクトのステップ

　以下，データ分析プロジェクトを成功に導くための各ステップについて，具体的かつ詳細に説明し，生活環境データを用いた実践的なアプローチを示す。

①問題定義と目的設定

　データ分析プロジェクトの最初のステップは，問題定義と目的設定である。この段階では，分析の目的を明確にし，どのような問題を解決しようとしているのかを定義する。これには，具体的な分析目標の設定，期待される成果の明確化，そしてその成果がどのように利用さ

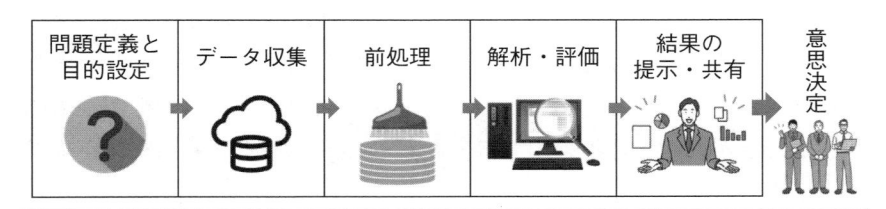

図 2-5　データ分析プロジェクトのステップ

れるかの理解が含まれる。例えば，都市の交通流動性を改善するために交通データを分析する場合，目的は交通渋滞の原因を特定し，解決策を提案することになる。

②データ収集

　データ収集は，適切なデータを確保するプロセスである。特に生活環境データの収集では，データの源泉，収集方法，およびデータの品質と完全性に特に注意を払う必要がある。例えば，気象データ，人口統計データ，交通流データなどは，公的機関やオンラインデータベースから入手できる。収集する際には，データの信頼性，収集時の法的制約，そしてデータの鮮度や関連性を評価することが重要である。

③データの前処理

　データの前処理は，収集したデータを分析に適した形に整理する過程である。これには，欠損値の処理，異常値の識別と対応，データのフォーマット変更，カテゴリーデータのエンコーディングなどが含まれる。前処理の目的は，データの品質を向上させ，分析の精度を高めることである。例えば，センサーから収集された環境データにおいて，不正確な読み取りや欠落したデータを適切に処理することが必要である。

④解析と評価

　解析と評価のステップでは，前処理されたデータに対して分析手法を適用し，洞察を抽出する。分析には，記述統計，推測統計，予測モデリングなどさまざまな手法が用いられる。例えば，都市のエネルギー消費パターンを理解するために，時系列分析や回帰分析が利用されることがある。分析の結果は，問題の理解を深め，有効な策を提案するための根拠となる。

⑤結果の提示と共有

　　分析の最終ステップは，得られた結果を明瞭かつ説得力のある方法
で提示し，関係者と共有することである。結果の提示には，グラフィ
カルなデータ表示，明確な解釈，そして分析結果に基づく推薦や提案
が含まれる。効果的な結果の提示は，分析の成果を最大限に活かし，
意思決定者が情報に基づいた行動をとるための重要な要素となる。

（2）　効率的なデータ分析のためのツールと技術

　ここでは，データ分析において重要なツールと技術について，その基
本的な概念と用途を詳細に説明する。これにより，どのツールが特定の
データ分析プロジェクトに適しているかを理解するための基礎を理解す
る。

①データベースと SQL の基礎

　　データベースは，特定の情報を集め使いやすい形に整理した「情報
のかたまり」のことで，大量のデータを効率的に管理し，処理するた
めのシステムである。データベースにはさまざまな形式があるが，特

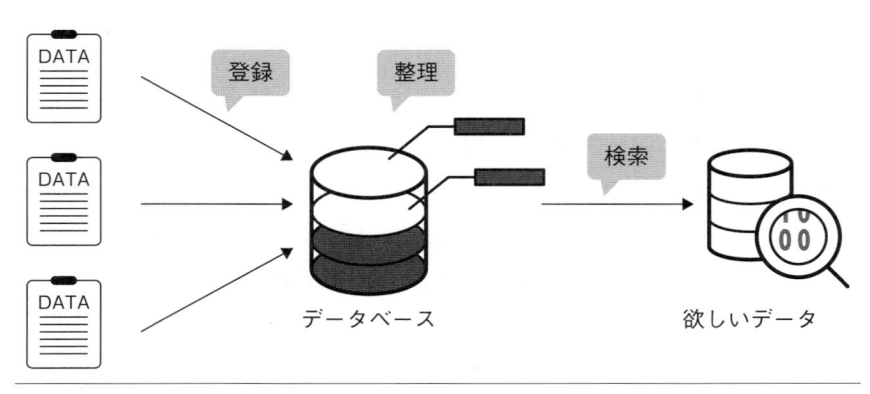

図 2-6　データベースの役割

にリレーショナルデータベース（Relational Database）が一般的に広く使用されている。リレーショナルデータベースでは，データは表（テーブル）の形で整理され，各行（レコード）が個別のデータエントリを，列が特定の属性を表す。最も普及しているデータベースシステムの1つであり，単に"データベース"といった場合はリレーショナルデータベースを指すことが多い。「RDB」と略されることもある。

SQL（Structured Query Language）は，データベースのアクセスや定義をおこなうための標準的な言語で，データベースから情報を取得，更新，挿入，削除するために使用される。SQL の基本的な概念には，SELECT 文（データの抽出），INSERT 文（データの追加），UPDATE 文（データの更新），DELETE 文（データの削除）などがある。これらのコマンドを使って，データベース内のデータを効果的に操作することができる。

データベースと SQL の理解は，データ分析プロジェクトにおいて重要である。これにより，大量のデータを効率的に処理し，必要な情報を迅速に抽出することが可能になる。

②分析ツール（例：Python, R, Excel）

データ分析にはさまざまなツールが使用されるが，特に Python, R, Excel はその中でも広く利用されている。

- Python：汎用性が高いプログラミング言語であり，データ分析，機械学習，データの可視化に広く用いられている。構造がシンプルであるため学習がしやすく，もともと Python は科学技術計算などの分野で使用されることが多く，その方面で役立つライブラリも豊富に用意されている。Pandas, NumPy, Matplotlib, Scikit-learn などのライブラリを利用することで，データの操作，分析，可視化

が容易になる。

- R：統計計算とグラフィックスのための言語および環境である。データ分析や統計的モデリングに特化しており，膨大な数のパッケージを有している。よって，データサイエンスの統計解析のタイミングで利用されるプログラミング言語で，R を使うことで，高度な統計分析やデータの可視化をおこなうことができる。
- Excel：表計算ツールとして広く利用されており，データの整理，基本的な分析，グラフ作成に適している。ピボットテーブルや組み込み関数を使うことで，複雑なデータセットを効果的に分析することができる。

これらのツールは，それぞれ異なる機能と強みを持っており，プロジェクトの要件や分析の目的に応じて選択することが重要である。

4.　データ整備の考え方

この節では，データ分析におけるデータの整備の重要性とその方法に焦点を当てる。高品質なデータは，正確で信頼性の高い分析結果を導くための基盤である。この章を通じて，データの品質をどのように評価し，保つか，またデータの問題点をどのように処理するかを学修する。

（1）　データの品質とその重要性

データによって価値を生み出すためには，その目的に沿ったデータが整備されていることが重要である。すなわち，データサイエンスにおける一つの重要な要素は，データの品質だといえる。データの品質が高いとは，データが正確で一貫性があり，関連性があることを意味する。しかし，実際には，データは常に完全ではなく，一貫性がないことがある。これがデータクレンジングの必要性を生じさせ，このプロセスが結

果的に分析の品質と結論の信頼性を向上させる。本項では，データの品質を保つための方法と，品質が低いデータが分析結果に及ぼす潜在的な影響について取り扱う。

①データ品質の定義

　　データ品質は，データが特定の目的や任務を達成するのにどれだけ適しているかを示す。よって，データの品質が高いほど，そのデータに基づく分析結果や予測の信頼性も高くなる。データ品質は主に完全性，一貫性，正確性，適時性，信頼性という特性によって評価される。これらの特性がすべて高いレベルで満たされている場合，データは高品質であるとみなされる。

②データ品質の重要性

　　高品質なデータは，効果的なデータ分析と信頼できる意思決定に不可欠である。品質の低いデータは，誤った結論や不適切なビジネス戦略につながる可能性があり，結果的に時間と資源の無駄，さらには信用の失墜につながる可能性がある。例えば，不正確な顧客データはマーケティング戦略の失敗に繋がり，古いデータは現在の市場の動向を反映しない可能性がある。

③データ品質の確保方法

　　データ品質を確保するためには，データの収集，保管，処理の各段階で注意深い管理が必要である。データ収集時には，信頼できるソースからのデータを選択し，データ入力プロセスでのエラーを最小限に抑える。データ保管時には，データの整合性を保つために適切なデータベース管理システムを使用し，データの定期的な監査をおこなう。データ処理時には，データのクリーニングと検証を通じて，データの品質を維持し，必要に応じて更新する。

（2）　データの欠損値，外れ値の取り扱い

　欠損値と外れ値は，データ分析において適切に扱う必要がある一般的な問題である。欠損値の処理には，削除や代理値の代入などの方法があり，外れ値はデータの異常やエラーを示す可能性があるため，注意深く分析する必要がある。本項では，これらの問題をどのように特定し，適切に対処するかを学修する。

①データの欠損値の取り扱い

　　欠損値は，データセット内で情報が不足している箇所である。これは，データ収集の過程でのエラー，応答の欠如，あるいはデータの損失によって発生する。欠損値の存在は，データ分析の結果に影響を及ぼすため，適切な扱いが必要である。

　　欠損値の処理方法には，主に以下のような手法がある：

- 欠損値の削除：少量の欠損値が存在する場合，関連する行や列をデータセットから削除することが一般的である。
- 代替値による置換：欠損値を平均値，中央値，もしくは最頻値などで置換することがある。これは，欠損がランダムに発生している場合に有効な手法である。

　　欠損値の適切な処理は，データの品質を保ち，分析の信頼性を高めるために重要である。

②データの外れ値の取り扱い

　　外れ値は，他のデータポイントから大きく逸脱している値である。これは，測定エラー，データ入力ミス，あるいは実際の変動を反映している可能性がある。外れ値の存在は，平均値や標準偏差などの統計量に影響を及ぼし，分析結果を歪めることがあるため，注意が必要である。

　　外れ値の取り扱い方法には，以下のような手法がある：

- 外れ値の識別と評価：最初に外れ値を識別し，その原因や性質を評価する。これは，ボックスプロットや散布図を用いて視覚的におこなうことができる。
- 外れ値の除去または修正：外れ値が測定エラーや入力ミスによるものであれば，除去するか，適切な値で修正する。
- データ変換：データを変換して外れ値の影響を減少させることも一般的である。例えば，対数変換などがある。

外れ値の適切な処理は，データ分析の正確性を確保し，より信頼できる結果を得るために不可欠である。

（3）　データの標準化と正規化

標準化と正規化は，異なるスケールや範囲を持つデータを共通の形式に変換するプロセスである。これにより，データの比較が容易になり，多くの分析手法で必要とされる前提条件を満たすことができる。本節では，これらの技術の適用方法とそれが分析に与える影響について解説する。

①データの標準化

データの標準化は，異なるスケールを持つデータを共通の尺度に変換するプロセスである。これにより，データポイント間の比較が容易になり，特に機械学習アルゴリズムの性能向上に寄与する。

標準化の一般的な方法は，各データポイントから平均値を引き，その結果を標準偏差で割ることである。数式で表すと，標準化された値 z は次のように計算される：

$$z = \frac{(x - \mu)}{\sigma}$$

ここで，x は元のデータポイント，μ は平均値，σ は標準偏差であ

る。この方法により，データセットは平均0，標準偏差1の分布に変換される。

②データの正規化

　データの正規化は，データ値を特定の範囲，通常は0から1までに再スケーリングするプロセスである。これは，データ値が異なる範囲を持つ場合に特に有効で，データ間の相対的な比較を容易にする。

　正規化は次の式に従っておこなわれる：

$$x_{norm} = \frac{x - x_{min}}{x_{max} - x_{min}}$$

ここで，xは元のデータポイント，x_{min}とx_{max}はデータセットの最小値と最大値である。この変換により，データは指定された範囲内に収まるように調整される。

③標準化と正規化の適用

　標準化と正規化は，データ分析の前処理段階で一般的に適用される。これらの手法は，特に異なる測定単位や範囲を持つデータを扱う場合，また機械学習モデルをトレーニングする際に重要である。適切なデータ変換をおこなうことで，データの比較がより公平になり，分析アルゴリズムの性能が向上する。

（4）　データソースの管理とドキュメンテーション

　データソースの管理は，データの整合性と品質を維持するために重要である。データソースのドキュメンテーションには，データの起源，収集方法，変更履歴などが含まれ，データの透明性と追跡可能性を高めることになる。本節では，データソースを適切に管理し，必要なドキュメンテーションを作成する方法について学修する。

①データソースの管理

　データソースの管理は，データ分析プロジェクトにおいてデータの整合性，アクセシビリティ，および信頼性を維持するために不可欠である。管理プロセスには，データの収集，保管，更新，およびアーカイブが含まれる。効果的なデータソースの管理は以下の要素を考慮する：

- データの収集：データソースは明確で信頼できるものから選定され，収集されたデータは目的と一致する必要がある。
- データの整理：収集されたデータは適切に整理され，容易にアクセスできるように管理されるべきである。
- データの更新と維持：データは定期的に更新され，その正確性と関連性が維持される必要がある。
- データのセキュリティ：データの保護とプライバシーの確保は，データ管理の重要な側面である。

②データドキュメンテーションの重要性

　データドキュメンテーションは，データソース，収集方法，変更履歴，およびデータに関連するすべての情報を記録するプロセスである。ドキュメンテーションは，データの透明性を確保し，将来のレビューや再利用のための基礎を提供する。効果的なドキュメンテーションには以下の要素が含まれる：

- データソースの詳細：データの起源，収集方法，およびデータソースの信頼性に関する情報。
- 変更と更新の記録：データセットに加えられた変更や更新の詳細な記録。
- 使用方法と制約：データの適切な使用方法と，その使用に伴う可能な制約。

　　データドキュメンテーションは，データの信頼性を高め，後の分析やレビューにおいてデータの背景を明確に理解するのに役立つ。

参考文献

[1]　吉岡剛志・森倉悠介・小林領・照屋健作，『AI　データサイエンスリテラシー入門』（技術評論社，2022）.

[2]　北川源四郎・竹村彰通（編），内田誠一・川崎能典・孝忠大輔・佐久間淳・椎名洋・中川裕志・樋口知之・丸山宏（著）『教養としてのデータサイエンス』（講談社，2021）.

[3]　狩野裕（編），浜田悦生（著），『データサイエンスの基礎』（講談社，2019）.

学習の ヒント

1. データリテラシーの4つの要素（収集，理解，分析，活用）を意識しながら，日常生活やニュースで接する様々なデータの扱い方を観察し，その重要性を実感しよう。

2. データの種類（量的・質的，連続・離散など）を理解し，それぞれの特性に応じた適切な分析手法や可視化方法があることを意識して学習を進めよう。

3. データ分析のワークフローを実際のプロジェクトに当てはめて考えてみることで，各ステップの重要性と相互の関連性をより深く理解するよう心がけよう。

3 │ データサイエンスの基礎

片桐祥雅

《目標＆ポイント》　データサイエンスは，データから有益な情報を抽出する方法論である。この基盤となる統計学から得られる相関から因果関係を導出する論理的推論と検証の重要性について学ぶ。
《キーワード》　データサイエンス，相関と因果関係，論理的推論

1.　データサイエンスとDX

　データサイエンスとデジタルトランスフォーメーション（DX）は密接な関係にあるものの，両者は本質的に異なる。図3-1に示すように，データサイエンスとは，課題解決に向け，まず課題をデータにより分析できる問題として設計し（ステップ1），次にどのようなデータを取得するかに関するメタデータの設計を行い（ステップ2），取得したデータを既存の統計的手法により分析し（ステップ3），さらに分析した統計量から特徴を抽出し（ステップ4），最後に抽出した特徴量から得られた情報の解釈や背景となるメカニズムを可視化技術（フラフの作成など）を使って明示的に説明することにより課題の解決を図る科学的手法である。一方，「デジタルが生活空間に浸透し人間を豊かな方向に導く技術」として定義されるDXは，変化する市場に対して柔軟に組織を変革するとともに，サイバー空間及びフィジカル空間に存在するデータをIoT/ICTにより統合し，AIによるビッグデータの分析から情報とそれに基づく新たな知見を抽出することで革新的ビジネスモデルを構築

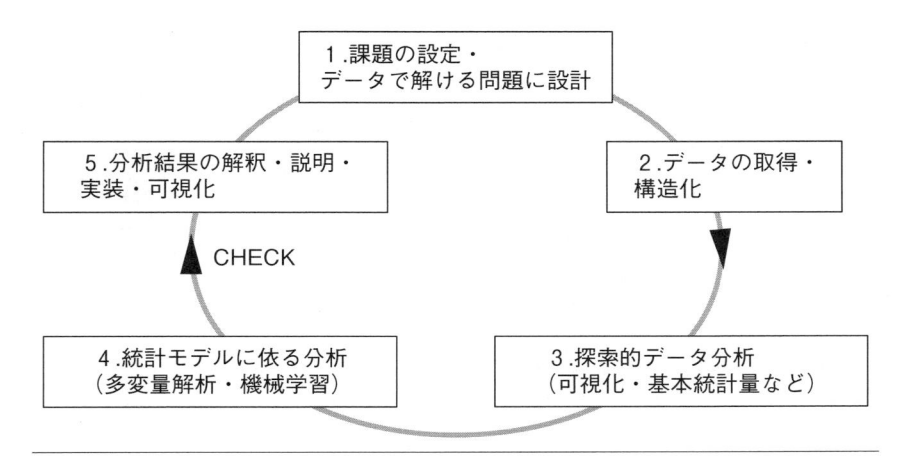

図 3-1　データサイエンスの流れ

し，国際競争力を確保する手法として様々な分野で展開されている。

　従って，DX はデータを活用する新たな産業の創製に係るものであるのに対し，データサイエンスはその基盤となる科学的手法である。

　データサイエンスで最も重要なのは，設定した課題に対して取得すべきデータを決めることである。

　音楽療法の効果を検証するという課題を例にとって説明する。まず音楽療法を適応した具体的な目的を明らかにしておく必要がある。音楽療法はリハビリテーションにおいて，言語，運動など様々な目的で用いられており，適切な評価項目を設定する必要がある。例えば，音楽療法による日常生活の能力（自立能力）の改善効果を計る場合には，FIM（図3-2）という評価法が利用されている。この選定が第 1 ステップである。次に，どのようにデータをとっていくのか，介入とデータ取得のタイミングの計画をたてていくのが第 2 ステップである。さらに取得したデータを分析するのが第 3 ステップである。ここでは図 3-3 に示すよう

大項目	中項目	小項目
運動項目	セルフケア	食事
		整容
		清拭
		更衣（上半身）
		更衣（下半身）
		トイレ
		小計（42-6）
	排泄	排尿コントロール
		排便コントロール
		小計（14-2）
	移乗	ベッド，椅子，車椅子
		トイレ
		浴槽・シャワー
		小計（21-3）
	移動	歩行・車椅子
		階段
		小計（14-2）
	運動項目合計（91-13）	
認知項目	コミュニケーション	理解（聴覚・視覚）
		表出（音声・非音声）
		小計（14-2）
	社会認識	社会的交流
		問題解決
		記憶
		小計（21-3）
	認知項目合計（35-5）	
合計（126-18）		

自立	7. 完全自立
	6. 修正自立
部分介助	5. 監視
介助あり	4. 最小介助
	3. 中等度介助
完全介助	2. 最大介助
	1. 全介助

図 3-2　FIM による評価項目（参考文献 [1]）

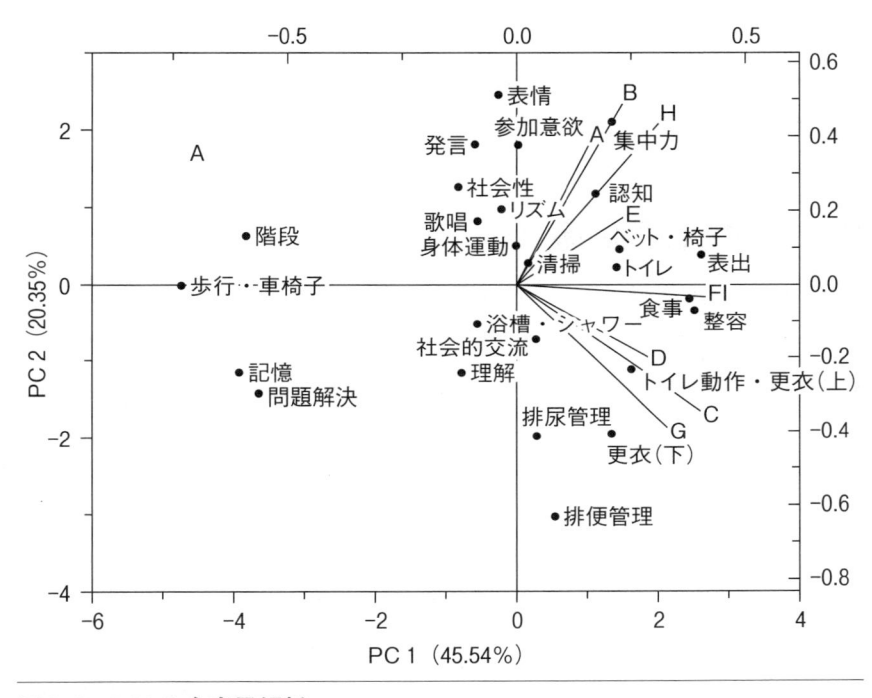

図 3-3 FIM の多変量解析

に多変量解析を用いている。この分析結果を基に，クライアントに対するアセスメントを求めるのが第 4 ステップとなる。ここでは，運動項目と認知項目に分けらえている FIM の項目に対してクライアントがどの項目で問題があるのかが多変量解析により明らかにされていることから，自立のためには運動介入がよいか，認知的介入がよいかをクライアント毎にアセスメントを個別適合化することができる。このように，音楽療法の効果に関するデータの分析から，クライアント全体の抱える問題の傾向を把握すると同時に，個別適合化したアセスメントの抽出が可能となる。

データサイエンスによる分析を基盤に，メディカル DX では，理学療法士あるいは臨床心理士／心理士を中心とする介護チームを編成し，音楽療法士と連携してサービスを提供するという新たなビジネスモデルを構築することができる。

2.　相関と因果関係

AI が行う特徴抽出の方法の一つとして相関解析がある。一般に「データから特徴を抽出する方法（データマイニング）」として相関解析があり，AI によるデータマイニングにおいてもこの方法が使われている。

相関解析とは，二つの独立するパラメータ間の相関関係を分散分析（ANOVA）により行うもので，相関係数及び統計量（F 値及び確率 P）により相関の強さと統計的な確からしさを導出するものである。

ここで問題となるのは，相関関係は因果関係を必ずしも表してはいないことである。例えば図 3-4 に示すように，テレビの普及と平均寿命の延びには強い相関関係がある。しかし，テレビの普及により寿命が延びるという直接的な生理学的根拠はない。それでは，この相関関係は全く偶然かというとそうでもない。両者を結びつける隠れた因子，すなわち交絡因子の存在が重要となる。

この場合，テレビに関連した技術としてのカメラ並びに画像処理技術が医療機器へ転用されたことを含め，全般的に半導体ならびにコンピュータ技術の進歩により医療並びに創薬の技術革新も進み，それが平均寿命の延びに表れたと考えられる。また，特定の領域でみると，大腸内視鏡（CS）技術の進歩と健診体制の完備により，SC 受診と大腸がんの早期検知早期治療が促進されることにより有意に生存率が上がることが明らかにされている。

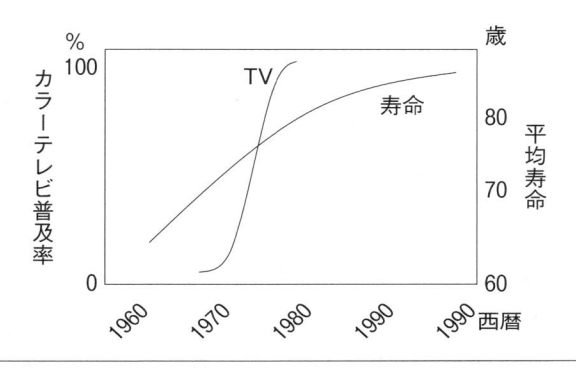

図 3-4　相関関係の事例

カラーテレビの普及率と平均寿命との間には正の相関が認められるが，直接的因果
関係はない。背景となる技術革新（特に画像診断技術）が交絡因子となって正相関
の関係が表出される。

　また，コーヒーの摂取量と肺癌との相関関係についても同様に，交絡
因子として喫茶店における喫煙が挙げられている。

　このような交絡因子を明らかにすることにより，様々な相関を分析す
ることにより因果関係を導出することが可能となる。

3.　推論

（1）　データサイエンスにおける推論の意義

　データ分析から背景にあるメカニズムを推論することはデータサイエ
ンスの最終ステップにおいて重要な役割を果たす。3.　1では音楽療法
の効果をデータ分析することにより個別適合可能なリハビリテーション
法を見出す事例を紹介した。こうして得られた知見を根拠にリハビリ
テーション法を他者に適応して効果を得ることが期待されるが，実際に
効果があるか否かは未知である（図3-5）。真に効果があるリハビリ
テーションを探り当てるためには，介入して得られた結果から因果関係

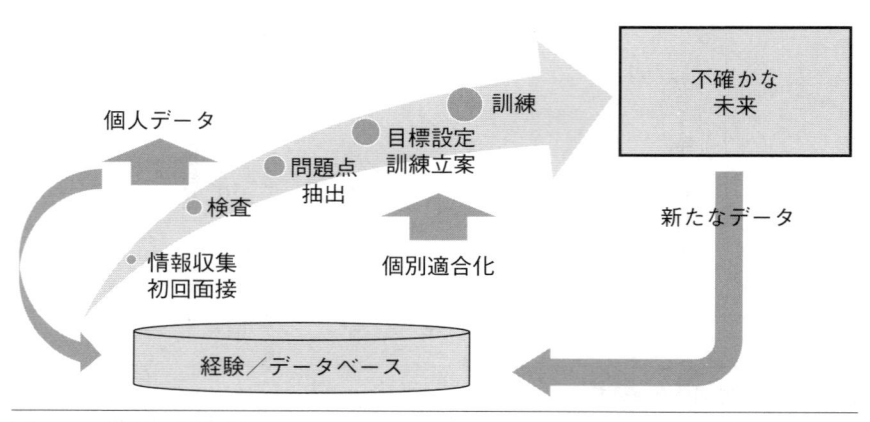

図 3-5　推論の重要性

を推定し，より効果の高い方法を推測するという試行錯誤的なトライアルを重ねていくことが必要となる。そこで本節では，データサイエンスにおける推論について具体的事例を交えながら解説する。

（2）　推論の方法論

　推論には，主に演繹的推論，帰納的推論及びアブダクションの 3 つの手法がある（図 3-6）。演繹的推論とは，論理的根拠を前提に，事象 A と事象 B との間に因果関係があることをトップダウン的に推論するものである。理論的根拠が明らかでない場合に有用なのが帰納的推論である。多くの状況証拠から事象 A と事象 B に相関がみとめられたとき，事象 A と事象 B に因果関係があると推論する。アブダクションは，帰納的推論と同様に，事象 A と事象 B との間に相関があることを前提に，事象 B の原因が事象 A であると推定する方法である。一方，アブダクションとは事象 B から原因である事象 A を推論する方法である。状況証拠（観察）や論理的根拠がないため，交絡因子を見落とすと論理

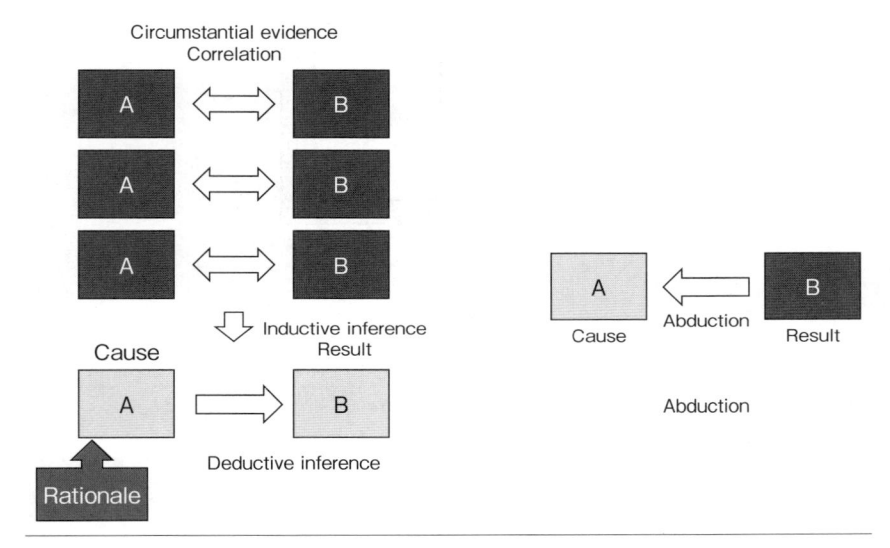

図 3-6　推論の方法論

的飛躍となるリスクがある。図 3-7 は，「ボールが窓ガラスを割って飛び込んできた」というエピソード記憶を元に，割れた窓ガラスとボールという知覚情報から因果関係を推論（アブダクション）する例である。窓ガラスとボールとの関係は状況証拠を示しているにすぎず，両者に因果関係があることを証明するためには，ガラスの破片にボールの組織が付着しているか調べる必要がある。この検証が演繹的推論であり，アブダクションは常に演繹的推論により裏付けられなければならい事に留意しなければならない。その一方，従来の理論体系から演繹的に導出できない新たなメカニズムを発見できるチャンスがある。

　推論の正しさは実験により証明されなければならない。しかし，特に生物を対象とした試験では様々なバイアスが結果に影響を及ぼすため，仮説検証は慎重に行われる。バイアスを除外する方法として様々な方法

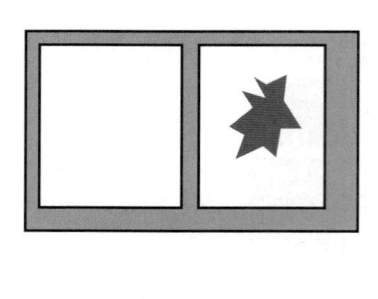

図 3-7　アブダクションの例
割れた窓ガラスと床の上のボールから過去のイベントを推察する

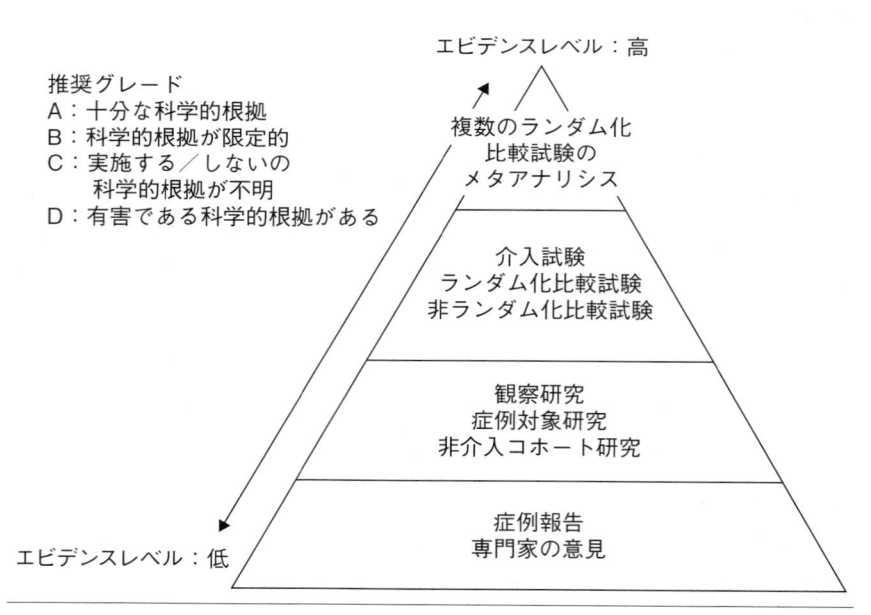

図 3-8　エビデンスレベル

が考案されてきた。この試験法に基づき仮説検証の確度（エビデンスレベル）が定められている（図3-8）。エビデンスレベルの高い方法論は被験者を対象群と制御群に無作為に割り付けて行うランダム化比較試験（RCT）であり，複数のRTCを対象としたメタ分析がもっともエビデンスレベルが高い（十分な科学的根拠がある）方法論とみなされている。

　一方，重篤な疾患を対象とする場合，ランダム化比較試験を設定できない場合がある。このため，ベイズ推定等の確率統計論に基づく試験方法も考案されている。

（3）　実例
NSAIDS による炎症性疾患抑制効果
　低用量アスピリンの炎症性疾患の抑制効果は帰納的推論の典型例である。

　細胞のリン脂質膜で誘導されるアラキドン酸は，炎症性刺激サイトカインや増殖因子によって誘導されるシクロオキゲナーゼ2（COX2）によりProstaglandinG2に変換され，血小板等の形成を促進する。血小板は血栓となり，脳梗塞，心筋梗塞を発症させる。NSAIDs（非ステロイド性消炎鎮痛剤）としてのアスピリンはCOX1，2を阻害することでアラキドン酸カスケードの反応を抑制することで抗血栓作用を発現し（図3-9A），脳及び心のイベントの発生を抑制する。このような抑制作用により，脳卒中，心筋梗塞の2次予防として低用量アスピリンの服用がこれまで推奨されてきた。

　一方，NSAIDsの一つとしてのアスピリンの抗炎症作用のメカニズムが明らかになったことから，他の炎症性疾患に対しても効果が期待できるという推論が提唱された。特に主要の増殖に炎症が関与（図3-9）す

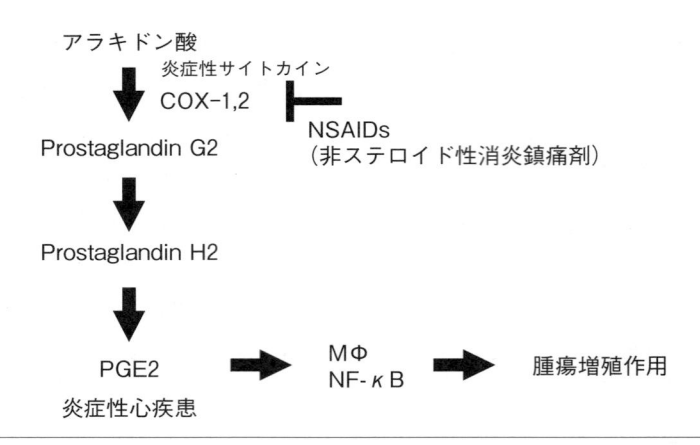

図 3-9　アラキサンカスケードによる炎症の誘導と NSAIDs による抑制

ることから抗腫瘍効果が推察された。その結果，図 3-10 に示すように，アスピリンの服用により癌の死亡リスクが有意に低下することが明らかとなった。またセレコキシブはアスピリンと同様に COX2 阻害する消炎鎮痛剤であり，抗腫瘍効果を発現することが確認されている。

　もともと低用量アスピリンの服用は心疾患とは無関係の慢性痛に対する対症療法として適用されていたものであるが，統計的解析により心不全の 2 次イベントを有意に抑制できることの発見によりアスピリンの効果の検証が始まった経緯がある。

　演繹的検証において，アスピリンの適用範囲も明らかにされた。現在では，出血リスクがある場合や高齢者など効果が有意に得られない場合には服用に留意が必要とされている。

　一方，アスピリンの副作用についても明らかにされている。COX2 を選択的に抑制するセレコキシブとは異なり COX1，2 を抑制するアスピリンは有用なプロスタグランジン PGI21 をも阻害し，胃穿孔を誘導す

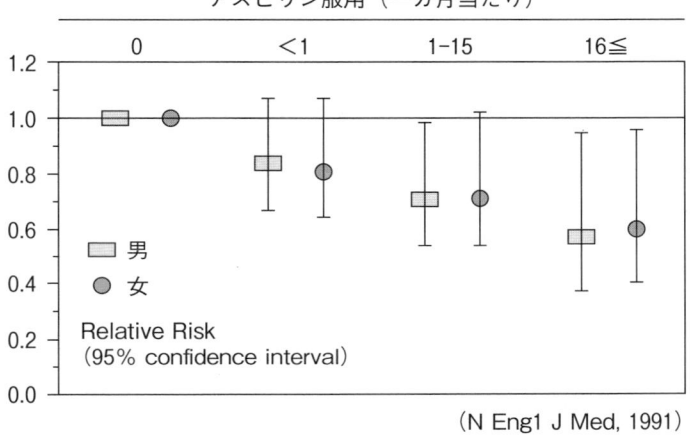

アスピリン服用と大腸癌死の相対危険度
アスピリン服用（一カ月当たり）

（N Eng1 J Med, 1991）

図 3-10 NSAIDs の抗腫瘍効果（参考文献［2］）

るリスクがある。この背景から，炎症を誘導する PGE2 のみを選択的に抑制する NSAIDs の開発も検討されている。

フラクタル次元による病理推定

脳波，心電図，指尖脈波など様々な生体信号はフーリエ変換により得る時空間の線形情報のみならず非線形情報が含まれていることが知られている（参考文献［3］）。特に時系列データのカオス解析によりリアプノフ数を評価することでカオスの存在を確認するのみならず，システムの安定性を数理的に評価する。生体信号の非線形解析は，背景にある生理状態を評価することで健康状態や疾患の病態を評価するのに資する情報を提供することを目的としている。

生体信号の非線形解析は生体信号の時系列データにとどまらず，顕微鏡，CT 画像，超音波画像といった様々な空間データに及ぶ。特に空間

木の根

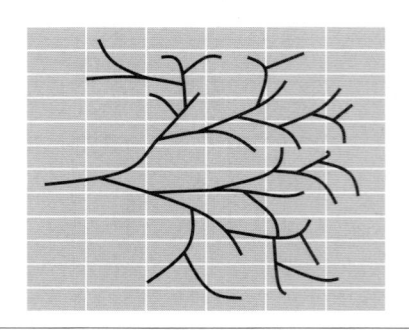

図3-11　木の根の2次元パターンをフラクタルで分析する

の非線形構造の特徴をフラクタルという視点で解析する手法が盛んに進められてきた。フラクタル次元は画像解析により求める。例えば，図3-11に示すように，フラクタル次元Dは，対象の図形が1次元の線分を3分割したものを4つ使う基本ユニットから構成できることを考慮し，$4 = 3^D$すなわち，$D = \log4/\log3 = 1.26$と導出することができる。

　さて，「生体の組織の構造には必ずフラクタル構造が存在し，フラクタル次元は生体の属性（正常か異常か）を反映する」という信念のもとで生体構造の非線形解析を進める手法は，特段科学的根拠がない推論であり，アブダクションとして位置づけられる。

　そこでフラクタル次元に着目して生体の構造をクラス分けした事例を紹介する。図3-12は，フラクタル次元が正常組織に比べて高い場合と低い場合に対応する各種の病巣を示したもので，フラクタル次元は正常組織とくらべ大きい場合と小さい場合に種別されている。

　フラクタル次元が小さいものとして，アルツハイマーや脳卒中におけるマイクログリア細胞の性状，喘息の肺，低成長胎児の母親の眼底欠陥パターンなどが分類されている。一方，フラクタル次元の高いものとし

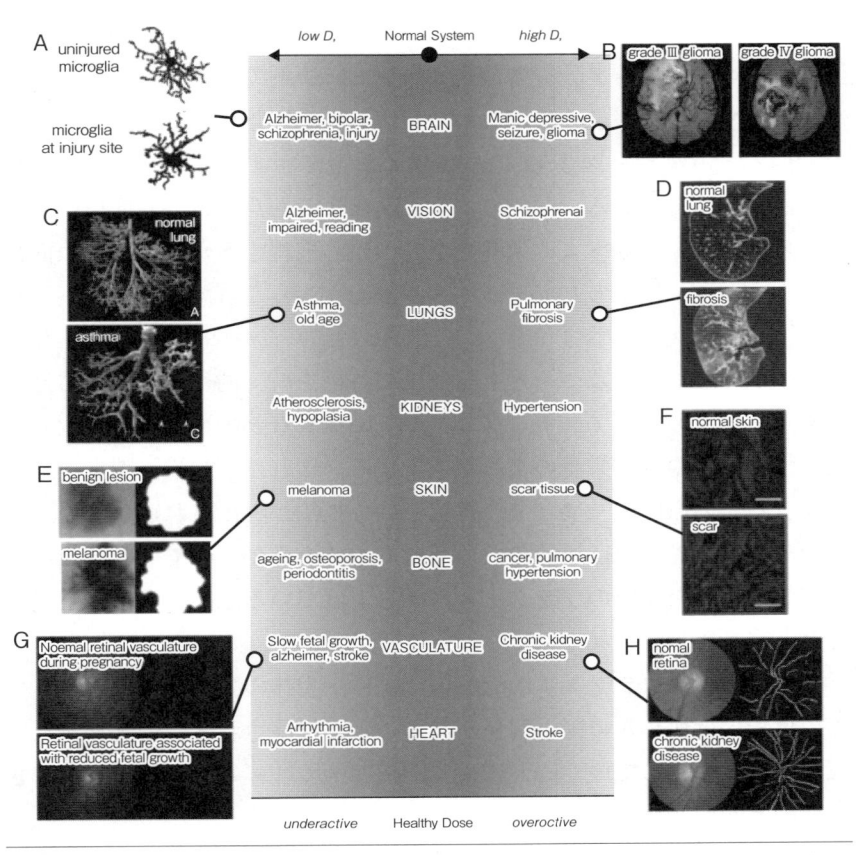

図 3-12　フラクタル次元と病理（参考文献 [4]）

て，グリオーマの組織，肺繊維症の組織像，傷（火傷を含む）組織，慢性腎疾患や脳梗塞時の眼底血管パターンが分類されている。

　生体構造の非線形構造解析を利用するためには，理論的根拠となる生理学的メカニズムを明らかにしなければならない。データサイエンスにおける最終段階でのデータの解釈でもっとも困難なのは，データの背後

にあるメカニズム解明にある。

　では，上記のデータ分析の結果を統一的に説明できるメカニズムは存在するのであろうか。そこで改めて自然界にある類似のフラクタル構造を参照してみよう。図3-11は木の根の構造を示すもので，フラクタル次元が2を超えている。一般にフラクタル次元が高いほど表面積が大きくなる。従って，効率よく栄養素を地中から取得するために根の表面積が大きくなり，結果としてフラクタル次元が高くなっていると推察される。

　このような推論に基づくと上記病巣の特徴を統一的に説明することができる。すなわち，アストログリアや毛細血管などのフラクタル次元が低下すると細胞への栄養の供給が低下する。これが認知症，喘息，胎児の発育不良の原因の一つとなり得るという推論が導出される。また，グリオーマ等の癌細胞は増殖のため多くの栄養を必要としており，これが癌に誘導された血管のフラクタル次元を上げている原因であると推定することができる。

　このように，フラクタル次元解析により，生体のフラクタル構造と栄養の供給には何らかの因果関係があることが推察される。これを新たな仮説として検証していくことにより，病態メカニズムの全貌を解明できるものと期待される。

　生体構造の非線形解析といった数理的手法は，従来の生理学的な方法とは異なる角度から病態の特徴の抽出を目指すものであり，生理学的メカニズムに対する理解を深め，より革新的な診断や治療法の創製に資するものと考えられる。

参考文献

[1]　Data management service of the Uniform Data System for Medical Rehabilitation and the Center for Functional Assessment Research; Guide for use of the uniform data set for medical rehabilitation, State University of New York at Buffalo, version 3.0, March 1990.

[2]　Silvia Zappavigna et al.: Anti-Inflammatory Drugs as Anticancer Agents: Int J Mol Sci. 2020 Apr;21(7): 2605.

[3]　今西明，雄山真弓：生理心理学における新たな解析手法の提案：生体信号のカオス解析：人文論究 58(3)，23-42，2008-12-10 関西学院大学人文学会.

[4]　Anastasia Korolj et al.: A Healthy Dose of Chaos: Using fractal frameworks for engineering higher fidelity biomedical systems: Biomaterials. 2019 Oct; 219:119363.

1. いろいろな交絡因子について考えてみよう（例　コーヒーと肺癌の相関：喫茶店で煙草を吸いながらコーヒーを飲む習慣から交絡因子は「喫茶店で喫煙する」）。
2. 蝶の羽の拡大写真を見てみよう。

4 ユーザビリティ

飯塚重善

《**目標＆ポイント**》 ユーザビリティの基本概念，その重要性，人間中心設計（HCD）のアプローチ，定量的ユーザー調査手法に焦点を当てる。ユーザビリティテスティングの方法論，パフォーマンス指標の設定，そして実践的なケーススタディを通じて，効果的なユーザーエクスペリエンスの設計と評価の技術を俯瞰する。
《**キーワード**》 ユーザビリティ，人間中心設計，定量的評価手法，パフォーマンス指標，ユーザビリティテスティング

1. ユーザビリティの理解

この節では，「ユーザビリティ（Usability）」という概念を深く掘り下げ，その根本的な定義から重要性，さらにはその構成要素に至るまでを明らかにする。この章全体を通して，ユーザビリティの多面性とその分野における進化の過程を理解し，デジタル製品やサービスを設計・評価する際の重要な視点を理解する。

（1） ユーザビリティの定義とその重要性

本項では，ユーザビリティの基本的な定義と，なぜそれがデジタル製品やサービスの設計，開発，そして市場での成功において不可欠であるのかについて説明する。

ユーザビリティは，一般には製品やソフトウェア，Web サイトなど

の「使いやすさ」や「使い勝手」を表す言葉で，単に機能性だけでなく，ユーザーの経験と感情を重視するものである。

- ● ユーザビリティの定義

　　ユーザビリティとは，製品，システム，またはサービスが特定のユーザーによって特定の目的で使用される際の効果的で効率的かつ満足度の高い体験を提供する能力を指す。これは，ユーザーが容易に目的を達成できるか，製品やサービスを快適に使用できるか，そしてその過程でポジティブな経験を持つかに焦点を当てている。

　　ユーザビリティは，使用者の観点から製品やサービスの使いやすさを評価するものであり，直感的な操作性，学習しやすさ，ユーザーの記憶に残りやすいインタフェース設計などが含まれる。

- ● ユーザビリティの重要性

　　ユーザビリティの重要性は，特にデジタル製品やサービスの分野において顕著である。高いユーザビリティを持つ製品は，ユーザーにとって理解しやすく，使いやすく，効果的な体験を提供する。これは，顧客満足度の向上，製品への肯定的な認識，そして最終的にはブランドロイヤルティの構築に直接的に貢献する。

　また，ユーザビリティは製品やサービスの成功において決定的な要素となり得る。使いやすく直感的な製品は，市場において競合製品と差別化され，より高い採用率を達成しやすくなる。逆に，ユーザビリティが低いと，ユーザーのフラストレーションを引き起こし，製品の放棄や否定的な評価につながる可能性がある。

（2）　ユーザビリティの3要素：効率性，効果性，満足度

　ISO（International Organization for Standardization：国際標準化機構）が定めた国際規格の中にユーザビリティを定義しているものがあ

- 有効さ（effectiveness）
  ― ユーザーが，指定された目標を達成する上での正確さと完全さ
- 効率（efficiency）
  ― ユーザーが，目標を達成する際に正確さと完全さに費やした資源
- 満足度（satisfaction）
  ― 不快さの無いこと，および製品使用に対しての肯定的な態度

図 4-1　ISO13407 におけるユーザビリティの下位概念

る。ISO9241-11：2018（https://www.iso.org/standard/63500.html）
（国内規格では JIS Z 8521：2020）で，ユーザビリティは以下のように
定義されている。

　　　"特定の利用状況において，特定のユーザーによって，ある製品
　　　が，指定された目標を達成するために用いられる際の有効さ，効
　　　率，満足度の度合い"

　ユーザビリティのこれら 3 つの要素は相互に関連しており，製品や
サービスのユーザー体験全体の質を決定するものである。効率性と効果
性が確保されていると，一般的にユーザーの満足度も高くなり，逆に，
いずれかの要素が不十分だと，全体のユーザビリティが低下し，ユー
ザー体験に悪影響を及ぼす可能性がある。以下，それぞれの要素がどの
ようにして製品やサービスのユーザビリティを形作るかを説明する。

- 有効さ（Effectiveness）
　　　ユーザーが特定のタスクを正確かつ完全に達成できる程度を指
　　　す。これは，製品やサービスがその機能を適切に提供し，ユーザー
　　　が目的を遂げることができるかどうかを測る指標である。有効性の
　　　高い製品は，ユーザーが少ないエラーで，目的通りに操作を完了で
　　　きることを意味する。たとえば，オンラインフォームを使用した場
　　　合，フォームの全ての項目が明確で，ユーザーが容易に入力し，送

信できることが有効性を示す。

- 効率（Efficiency）

    ユーザーが目的を達成するために要する時間と労力の少なさを指す。高い効率性を持つ製品は，ユーザーが迅速かつ容易に目的を達成できることを意味し，これは特に繰り返し使用されるタスクにおいて重要である。例えば，ウェブサイトやアプリでは，情報を素早く見つけることができ，簡単な操作で所望の結果に到達することが効率性の良い指標となる。

- 満足度（Satisfaction）

    ユーザーの使用体験に対する主観的な満足感を指す。これは，製品の使いやすさ，楽しさ，または興味を引く度合いを反映する。ユーザーが製品を使用する際にポジティブな感情を抱き，ストレスや不快感が少ない場合，高い満足度が達成されているといえる。例

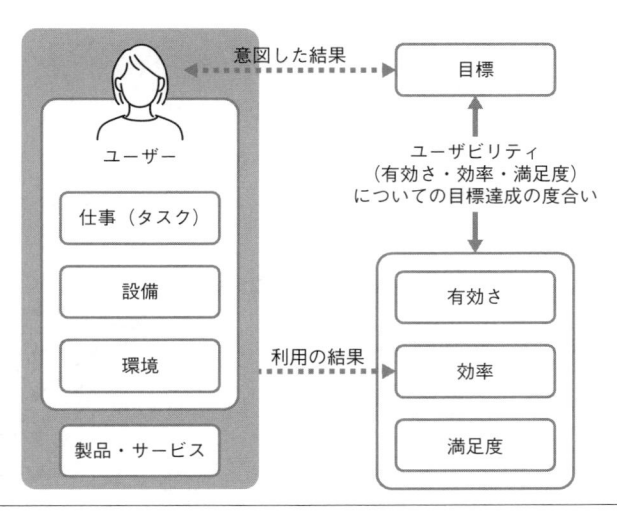

図 4-2　ISO9241-11 におけるユーザビリティの枠組み

えば，デザインが魅力的で直感的に理解できるインタフェースは，ユーザーに満足感を与えることが多い。

したがって，あるアプリや Web サービスのユーザビリティを議論するには，まず，そのユーザー・状況・目的を明確にしておく必要がある。そして，定量的ユーザビリティテストでは，この，効果・効率・満足といった度合い＝UI の品質を測定することになる。

また，ユーザビリティの権威であるヤコブ・ニールセン（Jakob Nielsen）博士は，ユーザビリティは，以下の5つの特性からなる，多角的な構成要素を持っているとしている：

- 学習しやすさ（Learnability）
  システムは，ユーザーがそれをすぐ使い始められるよう，簡単に学習できるようにしなければならない。
- 効率性（Efficiency）
  一度学習すれば，あとは高い生産性を上げられるよう，効率的に使用できるものでなければならない。
- 記憶しやすさ（Memorability）

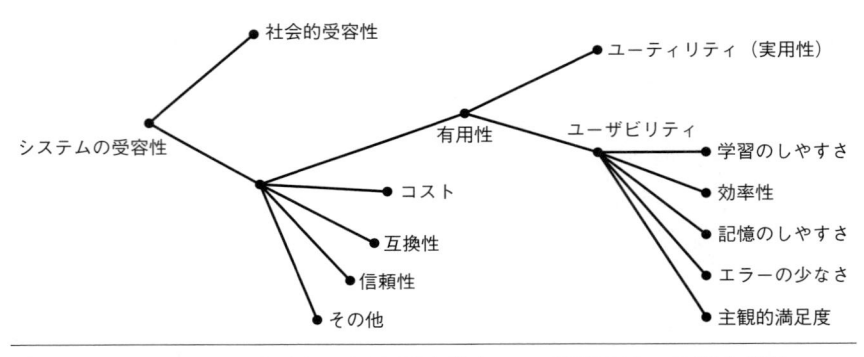

図 4-3　ニールセンによるシステム受容性とユーザビリティの概念構造

ユーザーがしばらく使わなくても，また使うときにすぐ使えるよう覚えやすくしなければならない。

- エラー（Errors）
エラーの発生率を低くし，エラーが起こっても回復できるようにし，かつ致命的なエラーは起こってはならない。
- 主観的満足度（Satisfaction）
ユーザーが個人的に満足できるよう，また好きになるよう，楽しく利用できなければならない。

（3） ユーザビリティの歴史的背景と発展

　本項では，ユーザビリティがどのようにして発展し，現代のデジタル製品やサービス設計の重要な要素となったのかを概観する。ユーザビリティは，歴史的には軍事的な要件から始まり，やがて一般の製品とサービス設計の中心的な考え方へと進化した。現代では，デジタルトランスフォーメーションの文脈において，ユーザビリティは製品やサービスの成功の鍵となっている。

- ユーザビリティの起源
　ユーザビリティの概念は，人間と機械の相互作用における使いやすさと効率性を重視することから生まれた。この概念は，第二次世界大戦中に航空機のコックピット設計という軍事的文脈で初めて重要視された。ここでの主な関心事は，パイロットが機器を迅速かつ正確に操作できるようにすることであった。
- ヒューマンファクターズとエルゴノミクス
　ユーザビリティの発展には，ヒューマンファクターズ（Human Factors）とエルゴノミクス（Ergonomics）（いずれも日本語では「人間工学」）の分野が大きく寄与した。これらの分野は，人間の

能力と限界を理解し，作業環境や製品設計を人間に適したものにすることに焦点を当てている。1950年代から1960年代にかけて，これらの原則が工業設計や製品開発に組み込まれ始めた。

- マン・マシンインタフェースの時代

　1970年代，"ユーザビリティ"という用語はまだ一般的ではなかった。この時期，コンピュータは業務に導入され始めたばかりで，CRT（Cathode Ray Tube：陰極線管）（右図）が表示装置として使用されていた。コンピュータの操作は専門のオペレーターに限られていた時代であった。主な問題点は，CRTがオペレーターの目に与える影響や，CRTから発生する電磁波が妊娠中の女性に流産を引き起こす可能性があることなど，人間の身体的・生理的側面に関するものであった。また，キーボードの角度，文字の配列，キーストロークなど，人間とハードウェアのインタラクションに焦点が当てられた。この時代は，マン・マシンインタフェースという概念で捉えられていた。

- コンピュータとインターネットの台頭

　コンピュータ技術とインターネットの普及に伴い，ユーザビリティはさらに重要な概念となった。1980年代に入ると，パーソナルコンピュータの登場により，非技術者（専任オペレーターだけでなく一般の人々）でもデバイスを使えるようになる必要が生じた。専任オペレーターにとっては，扱いにくい機器を使いこなすことがプロフェッショナルとしての価値を示していたため，それほど問題視されていなかったが，一般の人々にとってコンピュータは扱いに

くいものと見なされるようになり，ユーザビリティの問題が広く認識されるようになった。一般ユーザーにとっては，ハードウェアの問題よりも，ソフトウェアの設計がもたらすわかりにくさや理解しにくさが主な問題となった。

このため，「ユーザフレンドリー」という言葉が普及し始めたが，この用語は概念的で具体性に欠け，基準や方法論が定められていたわけではなかった。そこで，1980年代半ば，認知科学者のドナルド・ノーマン（Donald A. Norman）が人間の認知特性に適したコンピュータの開発を提唱し，著書『User Centered System Design』でこの新しい視点を提案した。

GUI（Graphical User Interface）の導入は，コンピュータの使いやすさを劇的に向上させる革新的な進歩であった。

- 企業におけるユーザビリティ改善活動の始まり

1991年，アメリカの大手週刊誌ニューズウィークは，「コンピュータだけでなく，最近の理解しづらい機器にはもう耐えられない」と題した特集記事を発表した。この記事では，「ユーザフレンドリーと謳われているが，実際には何も改善されず，状況はさらに悪化している」と批判されていた。これを受けてかのように，ユーザビリティ向上への動きが各界に広がり，同年，ISO/IEC 9126：1991（日本では JIS 1994）がソフトウェアの品質特性を6つに定め，使用性（Usability）をソフトウェアの品質特性の一つとして位置付けた。

日本国内では，1990年代後半から，大手情報機器メーカーを中心にユーザビリティへの関心が高まり，多くの企業がユーザビリティ評価部門を設置し，専用のテストルームを備えるようになった。また，設計段階からユーザビリティの向上を目指すため，ソフ

トデザイン室やインタフェースデザイン室などを設計部門に設置する動きも見られた。当時のユーザビリティ向上活動は，製品が既に市場に出てからの問題点の指摘を基に，社内での問題意識を高めることを主な目的としていた。

- Web とモバイルの時代

　Web とモバイルデバイスの時代になると，ユーザビリティはオンラインインタラクションとアプリケーションの設計において中心的な役割を果たすようになった。Web サイトやモバイルアプリのユーザビリティは，ユーザーエンゲージメント，コンバージョン率，顧客満足度に直接影響を与えるようになった。

　1999 年には，前年に ISO 9241-11 で定義されたユーザビリティを基に，開発工程においてユーザビリティの向上をどのように実現すべきかを定めた「ISO 13407：インタラクティブシステムの人間中心設計プロセス」が制定された。この規格は，システム開発プロセスにおける管理者を対象としており，既に完成した製品を評価し問題を改善するだけでなく，開発初期段階からユーザビリティを組み込む必要性とその方法を理解させることを目的としている。ISO 13407 の制定以降，ユーザビリティへの関心は一層高まり，大手メーカーでは専門部門を設けて具体的な取り組みを強化している。

2.　人間中心設計

　本節では，人間中心設計（Human Centered Design：HCD）の理論と実践に焦点を当て，その定義，目的，およびプロセスを解説する。HCD は，製品やサービスの設計においてユーザーのニーズと体験を中心に据えるアプローチを指す。この節を通じて，HCD の重要性と，人間中心の製品やサービスを設計するための具体的なプロセスと手法につ

いて理解することができる。HCD は，ユーザビリティの向上だけでなく，ユーザー満足度の向上にも寄与し，製品やサービスの成功に不可欠な要素となる。

（1）　背景

　機器やシステムの開発において，人間要素の重要性が認識されるようになったことにより，マン・マシンインタフェース，ユーザーインタフェース，ヒューマンインタフェース，またはヒューマンコンピュータインタラクション（HCI：Human Computer Interaction）といった概念が提唱されるようになった。これ以前にも人間が使用する機器やシステムは存在していたが，機器やシステムが以前に比べ複雑化し，作成は可能でも使用が困難，または誤操作を引き起こすケースが増えたため，ユーザーを意識した設計がなされるようになった。この変化は，情報機器や情報システムが普及し始めた時期と一致しており，特にソフトウェアによってさまざまに構築されるシステムが，意図した通りに使用されることが困難であるという認識が広まった結果ともいえる。

　この時期，認知工学（Cognitive Engineering）の始祖であるドナルド・ノーマンによって「誰のためのデザイン？」が著された。同書では，人間の認知の仕組みや性質に基づいて，それに適合していないデザイン事例を提示し，それがどうして使いにくく分かりにくいのかを認知モデルによって説明された。さらに，そうしたアプローチを，それ以前に確立されていた認知科学のフレームワークを用いて説明し，人間の認知的側面に関する知見を用いてシステムの最適化を図る方法論を提示した。

　こうした人間に関する知見を用いて機器やシステムの最適化を図る考え方は，マン・マシンインタフェースといわれていた時代に人間工学

（Human Factors, Ergonomics）がおこなってきたものと構図としては同じだが，それまでの人間工学は人間の身体的・生理的側面に重点を置いてきたため，主に機械的インタフェースの取り扱いやすさの問題や，機械システムに関係した労働環境の問題を扱ってきた。

そして認知工学では，人間工学が採用してきたアプローチだけでは，世間に浸透しはじめた情報機器や情報システムに対して不十分であると考えた。機械的インタフェースにおいても，認知的課題は少なからず含まれていたが，情報機器や情報システムになると，その比重がはるかに大きくなり，もはや見過ごすことはできなくなったためである。

これらを統合する考え方として，人間中心設計という概念が提唱された。

（2） HCD の定義と目的

本項では，HCD の基本的な定義とその目的を，ユーザビリティとユーザーエクスペリエンスの向上に重点を置いて説明する。HCD は，ユーザーが真に価値を見出す製品やサービスを生み出すための効果的な手法として，デザインと開発のプロセスにおいて不可欠である。

- HCD（Human Centered Design）の定義

  製品やサービスの設計過程において，最終的なユーザーのニーズ，制約，行動，および価値観を中心に据えるアプローチである。HCD は，単に機能的な製品を作るだけでなく，ユーザーが直面する実際の問題を理解し，解決策を提供することを目指す。このプロセスは，ユーザーの視点から製品やサービスを考察し，使用経験を最適化することに焦点を当てている。

- HCD の目的

  主な目的は，ユーザーにとって意味のある，使いやすく，満足度

の高い製品やサービスを創出することである。このアプローチにより，製品やサービスは，ユーザーの実際のニーズに基づいて設計され，ユーザーの生活に実用的で価値のあるものとして組み込まれる。HCD は，ユーザーの体験を向上させることで，製品の採用率を高め，長期的な顧客ロイヤルティを構築することを目指す。

　この設計手法は，ユーザーのフィードバックを繰り返し組み込むことによって，製品やサービスを進化させるプロセスでもある。このプロセスは，ユーザーの期待が変化するにつれて製品を適応させ，持続的なユーザーエンゲージメントを確保するのに役立つ。

（3）　HCD のプロセス

　本項では，HCD のプロセスを構成する 4 つの主要なステップを説明し，それぞれの段階がどのようにしてユーザビリティとユーザーエクスペリエンスを向上させるのに貢献するかを概観する。このプロセスは，ユーザーの真のニーズを満たす製品やサービスの創出を目指している。

- 利用状況の把握と明示

　　HCD プロセスの最初の段階は観察である。このステップでは，実際のユーザーの行動，日常生活，ニーズ，および課題を深く理解することが目的である。観察は，インタビュー，フィールドスタディ，アンケート調査などの方法を通じておこなわれ，ユーザーの環境と経験についてのインサイトを提供する。この情報は，ユーザーが直面している実際の問題を特定し，設計プロセスの基盤となる。

- ユーザーの要求事項の明確化

　　次に，観察で得られたデータとインサイトを基に，ユーザーのニーズと課題を理解する。この段階では，ユーザーの行動や意見に

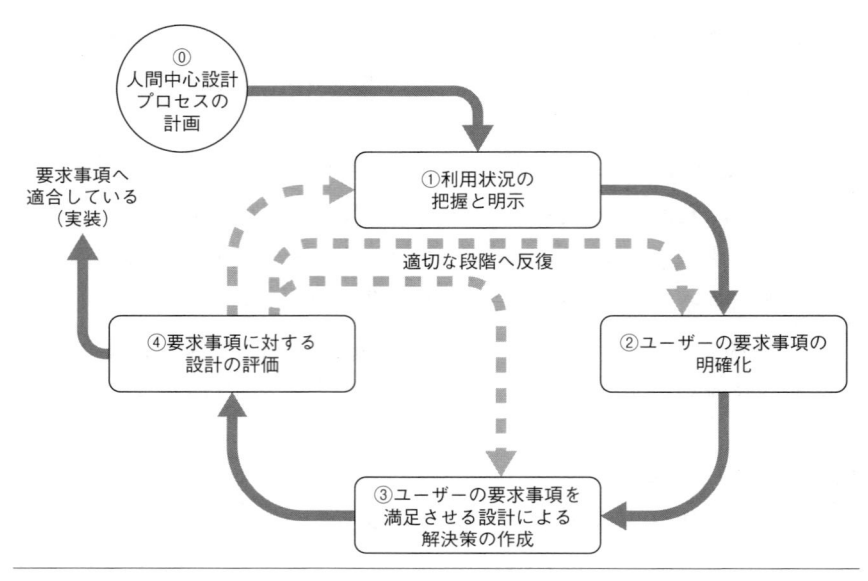

図 4-4　HCD プロセス

対する洞察を分析し，その背景にある理由や動機を明らかにする。
理解プロセスには，ペルソナの作成や共感マップの使用などが含ま
れ，ユーザーの視点から製品やサービスの設計を考えるための基盤
を築く。

- ユーザーの要求事項を満足させる設計による解決策の作成

　理解フェーズで得られた知識を基に，実際の設計作業が始まる。
設計段階では，ユーザーのニーズに対応し，彼らの問題を解決する
ための具体的なソリューションを考案する。このプロセスには，ア
イデアのブレインストーミング，コンセプトの開発，ユーザーイン
タフェースの設計などが含まれる。設計は，ユーザビリティと機能
性をバランス良く組み合わせ，ユーザーに最適な体験を提供するこ

とを目指す。

・要求事項に対する設計の評価

　　最後に，設計した製品やサービスのプロトタイプを作成し，実際
のユーザーによるテストをおこなう。プロトタイピングは，アイデ
アを具体的な形に変え，初期のフィードバックを収集することで，
設計の改善点を特定する。プロトタイプは様々な形態で作成され，
実際の使用状況を模倣してユーザビリティテストをおこなうことが
一般的である。このステージは，反復的なプロセスであり，ユー
ザーからのフィードバックに基づいて設計を継続的に改善する。

（4）　ユーザニーズの把握と考慮について

　本項では，ユーザニーズの把握と考慮が，効果的な人間中心設計をお
こなうためにいかに重要かを説明する。ユーザーの深い理解に基づいた
設計は，ユーザーが真に価値を見出し，満足する製品やサービスを生み
出す鍵となる。

・ユーザニーズの重要性

　　ユーザニーズを把握し，それらを製品やサービスの設計に反映さ
せることは，人間中心設計の核心を成す要素である。ユーザーの
ニーズとは，彼らが製品やサービスに対して持つ要求や期待のこと
で，これには機能的ニーズだけでなく，感情的，社会的，文化的な
ニーズも含まれる。製品がユーザーのニーズに適切に応えることが
できれば，ユーザーの満足度を高め，製品の成功に直結することに
なる。

・ユーザニーズの把握方法

　　ユーザニーズを把握するためには，直接的なユーザー調査が不可
欠である。インタビュー，アンケート，観察，フォーカスグループ

などの方法を通じて，ユーザーから直接情報を収集する。これには，ユーザーの行動，意見，感情を理解することが含まれ，ユーザーの日常生活や作業環境における実際の体験に基づいたインサイトを得ることができる。

- ユーザニーズの考慮

  ユーザニーズを設計に反映させるためには，収集した情報を分析し，製品の機能，インタフェース，体験に組み込むことが重要である。これには，ユーザーのタスクや目標を理解し，それに基づいて製品の設計をおこなうことが含まれる。また，ユーザーの感情や価値観に対応するため，エモーショナルデザインの原則を取り入れることも有効である。

- 反復的なプロセス

  ユーザニーズの把握と考慮は，一度きりのプロセスではない。設計が進むにつれて，ユーザーテストやフィードバックを通じて新たなニーズが明らかになることがある。このため，設計プロセスは反復的であり，継続的なユーザー調査とフィードバックの統合が求められる。

3. 定量的なユーザー調査手法

　本節では，ユーザビリティの評価と改善に不可欠な定量的なユーザー調査手法に焦点を当てる。定量的な調査手法は，ユーザビリティ研究において客観的かつ数値ベースのデータを提供し，製品やサービスの設計改善に役立つ。本節を通じて，定量的なユーザー調査手法の重要性，それを用いることで得られる洞察，およびそれらの手法を適用する際の考慮点を理解する。

（1）　定量的調査と定性的調査の違い

　本項では，定量的調査と定性的調査の基本的な違いとそれぞれの用途，そしてそれぞれがユーザビリティ研究にどのように貢献するかについて説明する。定量的調査は数値データを利用してユーザー行動を分析するのに対し，定性的調査はより主観的で詳細なユーザーの意見や感情を探求する。両方のアプローチを組み合わせることで，ユーザーの行動や体験に関するより深い理解が得られ，製品やサービスの設計改善に有効なインサイトを提供する。そして，両者のバランスがユーザー理解を深め，より有効な製品改善につながる。

- 定量的調査の特徴

　　定量的調査は，数値データを基にしてユーザー行動や意見を分析するアプローチである。この手法は，一般に大規模なサンプルを通じておこなわれ，統計的な分析を可能にする。定量的調査の主な目的は，特定の仮説の検証や一般的な傾向の特定であり，アンケート調査，オンライン調査，行動追跡などの方法が使用される。数値データに基づくため，客観性が高く，広範囲のユーザーベースからのインサイトを提供するのに適している。

- 定性的調査の特徴

　　定性的調査は，ユーザーの意見，感情，体験に焦点を当てたアプローチである。インタビュー，フォーカスグループ，観察などの方法が用いられ，より深い洞察や意見の理解を目指す。定性的調査は，ユーザーの動機，感情，体験に関する詳細な情報を提供し，製品やサービスの使用における具体的な課題やニーズを明らかにする。この手法は，数値データだけでは捉えられない複雑なユーザー体験を掘り下げるのに適している。

- 相補的な使用

　定量的調査と定性的調査は，相補的に使用されることで，ユーザ
ビリティ研究における包括的な理解を提供する。定量的データは
「何が起こっているか」を明らかにし，定性的データは「なぜそれ
が起こっているか」を説明するのに役立つ。例えば，アンケートで
特定の機能の使用率が低いことが判明した場合，フォローアップの
インタビューでその理由を探究することができる。

（2）　代表的な定量的調査手法

　本項では，定量的なユーザー調査手法の中で特に代表的な手法につい
て，その方法とユーザビリティ研究における利用方法を説明する。これ

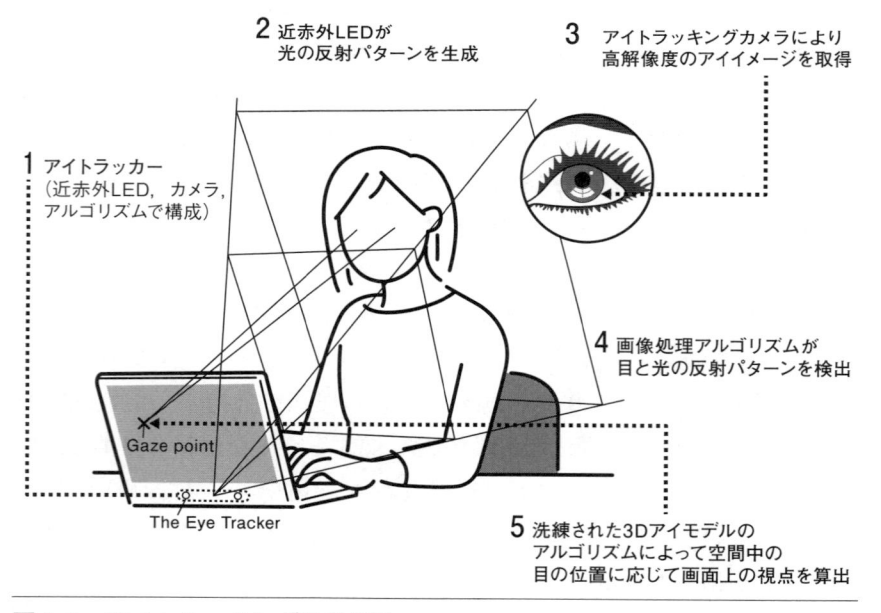

2 近赤外LEDが
光の反射パターンを生成

3 アイトラッキングカメラにより
高解像度のアイイメージを取得

1 アイトラッカー
（近赤外LED，カメラ，
アルゴリズムで構成）

4 画像処理アルゴリズムが
目と光の反射パターンを検出

Gaze point

The Eye Tracker

5 洗練された3Dアイモデルの
アルゴリズムによって空間中の
目の位置に応じて画面上の視点を算出

図 4-5　アイトラッキングの仕組み

らの手法は，ユーザーの行動や嗜好を客観的に把握し，製品やサービス
の設計改善に直接的な洞察を提供する。

①アイトラッキング（eye tracking）

　　アイトラッキングは，ユーザーが画面上でどのように視線を動か
すかを追跡する方法である。この技術は，ユーザーがどの情報に注
目し，どの領域を無視するかを明らかにし，ウェブページやアプリ
ケーションのインタフェース設計において重要な洞察を提供する。
アイトラッキングは，ユーザーが最も関心を持つコンテンツや，ナ
ビゲーションの使いやすさを評価するのに有効である。また，広告
や製品レイアウトの最適化にも利用され，どの要素が視覚的な注意
を引くかを理解するのに役立つ。

②クリックストリーム分析（click stream analysis）

　　クリックストリーム分析は，ユーザーがウェブサイトやアプリ
ケーション内でどのように行動するかを追跡する手法である。これ
により，訪問者の流れ，ページビュー，クリックのパターンなどが
分析される。クリックストリームデータは，ユーザビリティの問題
点を特定し，ウェブサイトのナビゲーションを改善するのに役立
つ。また，どのコンテンツが最も関心を引いているかを示し，ユー
ザーエンゲージメントの強化に繋がる洞察を得ることができる。

③A/Bテスト（A/B testing）

　　A/Bテストは，二つの異なるバージョン（AとB）を比較評価
する手法である。これは，特にウェブページ，アプリケーションの
インタフェース，広告キャンペーンなどにおいて有効である。A/B
テストを通じて，異なるデザインやコンテンツがユーザー行動やコ
ンバージョン率にどのような影響を与えるかを評価する。この手法
は，意思決定をデータに基づいておこなうことを可能にし，より効

果的なデザインや戦略を選択するのに役立つ。

（3）　定量的調査のメリット・デメリット

　本項では，定量的調査手法の利点と限界について説明する。定量的データはユーザビリティ研究において重要な役割を果たすが，その解釈と利用には注意が必要である。また，定量的データを定性的データと組み合わせることで，よりバランスの取れた洞察を得ることができる。

- 定量的調査のメリット

　①客観性と信頼性：定量的調査は数値データに基づくため，客観性が高く，結果の信頼性も保証される。数値化されたデータは，明確な指標を提供し，具体的な結論を導くのに役立つ。

　②大規模データの分析：定量的手法は大量のデータを扱うことができ，広範囲のユーザー行動や傾向を分析するのに適している。これにより，一般的なパターンや傾向を効率的に特定することが可能となる。

　③統計的分析の活用：定量的データは統計的手法を用いて分析することができ，より深い洞察や予測モデルの構築が可能である。これにより，より確実な意思決定が可能になる。

- 定量的調査のデメリット

　①コンテキストの欠如：定量的データは，ユーザーの感情や動機などの主観的な要素を捉えにくい傾向がある。これにより，行動の背後にある深い理由やコンテキストが失われることがある。

　②柔軟性の欠如：定量的調査は一般に，あらかじめ設定された質問や測定指標に基づいておこなわれるため，新たな洞察や意外な発見を得るのが難しい場合がある。

　③誤解釈のリスク：数値データは，適切に解釈されないと誤った結

論につながることがあることから，データの背景や前提条件を正
確に理解することが重要となる。

4.　ユーザビリティの定量化

　本節では，ユーザビリティを定量的に評価し，改善するための具体的
な手法と戦略について解説する。ユーザビリティの定量化は，設計の意
思決定をデータに基づいておこなうことを可能にし，ユーザーエクスペ
リエンスを根本から向上させる重要なプロセスであり，製品やサービス
の使いやすさと効果を評価し，ユーザー体験を向上させるために不可欠
である。本節を通じて，ユーザビリティの定量的評価と改善のための具
体的な方法を理解し，製品やサービスの使用体験を効果的に最適化する
ための知識とスキルを学修する。

（1）　パフォーマンス指標の設定：タスク達成率，エラー数など

　本項では，ユーザビリティ評価のための主要なパフォーマンス指標を
設定する方法とその重要性について解説する。これらの指標を用いるこ
とで，製品やサービスの使いやすさと効果を客観的かつ定量的に評価
し，ユーザー体験の改善に向けた具体的な方向性を提供することができ
る。

- パフォーマンス指標の重要性
  　ユーザビリティの定量的評価において，パフォーマンス指標の設
  定は極めて重要である。これらの指標は，製品やサービスの使いや
  すさと効果を具体的に測定し，改善点を客観的に特定するための基
  準を提供する。
- 主要なパフォーマンス指標
  ①タスク達成率：これはユーザーが与えられたタスクをどれだけ成

功させたかを測定する指標である。例えば，ウェブサイトで特定の情報を見つける，オンラインストアで商品を購入するなどのタスクがある。高いタスク達成率は，インタフェースの使いやすさを示し，低い達成率は問題点の存在を示唆する。

②エラー数：ユーザーがタスク実行中に犯すエラーの数を測定する。これには，誤ったボタンのクリックや誤った情報入力などが含まれる。エラー数の多さは，インタフェースの混乱や誤解を示し，改善の必要性を示唆する。

③所要時間：タスクを完了するのにユーザーが要する時間である。タスクの所要時間が短ければ短いほど，インタフェースは効率的であるといえる。逆に，長い所要時間は，使用の複雑さや困難さを示している可能性がある。

• パフォーマンス指標の適用

これらの指標は，ユーザビリティテストの設計において重要な役割を果たす。テスト計画時に，これらの指標をどのように測定し，何を基準とするかを明確に定義する必要がある。テスト結果から得られる定量的データを分析することで，製品やサービスのユーザビリティの問題点を特定し，具体的な改善策を導き出すことが可能となる。

（2） ユーザビリティテスティングの実施方法

ユーザビリティテスティングは，製品やサービスの使いやすさを評価し，ユーザー体験を改善するための重要なプロセスである。本項では，ユーザビリティテスティングの実施方法について，テスト設計から，シナリオの設定，テストの実施，そしてデータの解析に至るまでといった，テスティングの各フェーズにおける手順と目的について説明する。

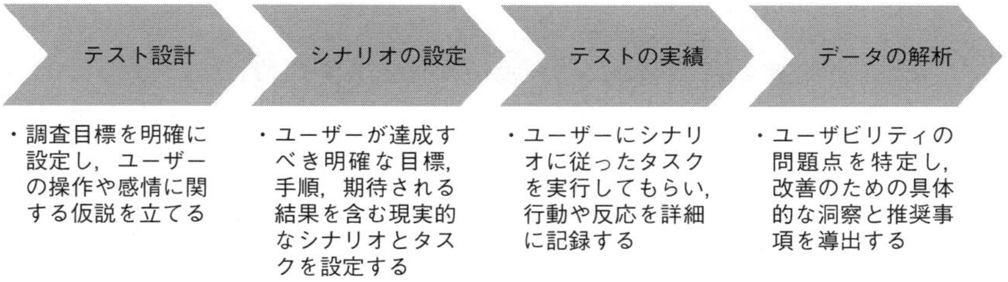

テスト設計	シナリオの設定	テストの実績	データの解析
・調査目標を明確に設定し，ユーザーの操作や感情に関する仮説を立てる	・ユーザーが達成すべき明確な目標，手順，期待される結果を含む現実的なシナリオとタスクを設定する	・ユーザーにシナリオに従ったタスクを実行してもらい，行動や反応を詳細に記録する	・ユーザビリティの問題点を特定し，改善のための具体的な洞察と推奨事項を導出する

図 4-6　ユーザビリティテスティングの進め方

これらの段階は，製品やサービスのユーザビリティを効果的に評価し，ユーザー体験を向上させるための重要なプロセスである。

①テスト設計

　　　ユーザビリティテストを計画するには，まず“商品をスムーズに検索できるか”“エラーなく問い合わせフォームを送信できるか”といった，調査したい項目を明確にし，具体的な目標を設定する。目標を事前に設定しないと，適切な指示を出せず，検証作業や作業効率に影響し，評価が困難になる。

　　　次に，設定した目標に基づき，実際の操作や予想されるユーザーの感情に関する仮説を立てる。例えば，“トップページのグローバルメニューから商品一覧ページへ移動し，そこで絞り込み機能を使用して希望の商品を検索する”といった具体的な仮説を立てることで，ユーザーの思考を理解し，実際のユーザー行動とのギャップを特定できる。

　　　ユーザビリティテストの評価項目は，一般的に重要度が「効果（できなかったこと）」「効率（困ったこと）」「満足度（不満だったこと）」の順で低下する。仮説を立てる際には，これらの観点を考慮することが重要である。

②シナリオの設定

　テスト対象者に具体的な行動の指示を出すために，シナリオとタスクを設定する。シナリオは，ユーザーが実際におこなうと想定されるタスクを模倣したもので，製品やサービスの特定の側面を評価することを目的とする。シナリオ設定には，ユーザーが達成すべき明確な目標，タスクの手順，期待される結果が含まれる。良いシナリオは，現実的で，ユーザーの実際の使用状況を反映し，特定の機能や操作の評価を可能にする。

③テストの実施

　テストの実施フェーズでは，実際のユーザーにシナリオに基づいてタスクを実行してもらい，その過程を観察する。これは一般的に監視可能な環境でおこなわれ，ユーザーの行動，反応，困難に直面する瞬間などが記録される。テストは，通常，ビデオ録画，スクリーンキャプチャ，アイトラッキングなどのツールを使用して監視され，ユーザーの操作とインタフェースとのインタラクションが詳細に記録される。

④データの解析

　テスト完了後，収集されたデータの解析フェーズが始まる。この段階で，パフォーマンス指標（タスク達成率，エラー数，所要時間など）に基づいてデータを評価し，ユーザビリティの問題点や改善の機会を特定する。解析には，定量的データの統計的評価と，定性的データ（ユーザーコメント，行動パターンなど）の解釈が含まれる。このプロセスは，製品やサービスのユーザビリティを改善するための具体的な洞察と推奨事項を導出する。

（3）　定量化されたデータを基にした改善提案

　本項では，ユーザビリティテスティングから得られた定量的データを基にした改善提案の方法と，そのプロセスにおける重要なステップについて説明する。データ駆動型の改善アプローチは，製品やサービスの使いやすさと効果を向上させるための実践的なガイドを提供する。

- データ駆動型のアプローチ

　　ユーザビリティテスティングから得られた定量的データを活用することは，製品やサービスの改善プロセスにおいて非常に重要である。定量化されたデータは，客観的で具体的な洞察を提供し，改善点の特定と優先順位付けを可能にする。このアプローチは，データに基づいて意思決定をおこなうことを可能にし，より効果的なユーザー体験を設計するための基盤を提供する。

- 改善提案のプロセス

　①問題の特定：まず，テスティングで明らかになった問題点を特定する。これには，タスク達成率の低さ，高いエラー数，長い所要時間などの指標が含まれる。

　②原因分析：特定された問題の根本原因を理解するために，データを詳細に分析する。ここでは，ユーザー行動のパターン，インタフェースデザインの欠陥，ナビゲーションの複雑さなどが考慮される。

　③改善策の提案：問題とその原因を理解した上で，具体的な改善策を提案する。これには，インタフェースの再設計，ユーザーフローの最適化，エラーメッセージの明確化などが含まれる。

　④実装と評価：提案された改善策を実装した後，再度ユーザビリティテストを実施し，改善が効果的であったかを評価する。このプロセスは反復的であり，継続的な改善を目指す。

- 効果的な改善のための考慮事項

　定量化されたデータに基づく改善提案をおこなう際には，ユーザーのニーズと期待を常に考慮することが重要である。また，改善策の実装にはリソースと時間のコストがかかるため，実施可能性とコスト効率も検討する必要がある。最終的な目標は，ユーザビリティを向上させることで，より満足度の高いユーザーエクスペリエンスを提供することである。

5.　ユーザビリティの実践例とケーススタディ

　定量的なデータに基づく客観的な評価と，ユーザーからの直接的なフィードバックを活用することで，実用的で効果的な改善策を導き出すことが可能となる。そこで本章では，ユーザビリティの理論と実践のギャップを埋めるための例とケーススタディを取り上げる。まず，成功例ではユーザビリティの実践例により，ユーザビリティの改善が製品やサービスの成功にどのように貢献するかを示している。一方で挑戦事例は，避けるべき一般的な間違いと改善のための留意点を示す。これらの事例とケーススタディは，ユーザビリティを理解し，効果的に適用するための実用的なガイドとなる。

（1）　ユーザビリティ改善例

　事例1：ウェブサイトのナビゲーション再設計

　　　背景：あるEコマースウェブサイトが，ユーザーからのフィードバックに基づいて，製品の検索と発見の過程を改善するためにナビゲーションを再設計した。ユーザビリティテストの結果，ユーザーはカテゴリーの分類に混乱を感じていたことが明らかになった。

改善策：ウェブサイトのナビゲーション構造を単純化し，製品カテゴリーをより直感的に再編成した。さらに，検索機能を強化し，ユーザーが目的の製品をより迅速に見つけられるようにした。

結果：これらの改善により，ウェブサイトのタスク達成率が向上し，ユーザーサティスファクションが大幅に改善された。また，離脱率の低下とコンバージョン率の向上が観察された。

事例2：モバイルアプリのユーザーインタフェース改善

背景：モバイルアプリ開発会社が，アプリケーションの使いやすさを改善するためにユーザビリティ評価をおこなった。ユーザーは，インタフェースが過度に複雑で，必要な機能を見つけるのが難しいと感じていた。

改善策：ユーザーインタフェースをシンプルにするために，不要な要素を削除し，頻繁に使用される機能をよりアクセスしやすい位置に配置した。さらに，タッチターゲットを大きくし，インタラクションをより直感的にした。

結果：UIの改善により，ユーザーエクスペリエンスが向上し，アプリの使用頻度と滞在時間が増加した。また，アプリケーションのレビューと評価が改善され，ユーザー満足度が高まった。

事例3：チェックアウトプロセスの最適化

背景：オンラインショッピングサイトが，チェックアウトプロセスの複雑さによる高いカート放棄率に直面した。

改善策：チェックアウトプロセスを単純化し，不明瞭な指示や冗長な手順を削除した。また，進行状況インジケーターを追

加し，ユーザーがプロセスのどの段階にいるかを常に知ることができるようにした。

結果：チェックアウトプロセスの簡略化により，カート放棄率が減少し，売上が増加した。ユーザーからの肯定的なフィードバックも得られ，全体的な顧客満足度が向上した。

また，以下に，ユーザビリティの改善に関して広く知られているいくつかの一般的な事例を参考として挙げておく。

①Amazon のワンクリック購入：Amazon は，ワンクリック購入機能を導入し，購入プロセスを大幅に簡素化した。これにより，ユーザーは迅速かつ容易に購入手続きを完了できるようになり，ユーザビリティとコンバージョン率が向上した。

②Apple の iPhone：Apple は，iPhone の UI を直感的で使いやすいものにすることで，モバイルデバイスのユーザビリティを革命的に向上させた。シンプルで洗練されたデザインと，直感的なジェスチャーベースの操作がユーザー体験を大きく改善した。

③Google の検索エンジン：Google は，ユーザビリティを考慮して，クリーンでシンプルな検索インタフェースを提供している。このUI は，複雑さを排除し，ユーザーが簡単に情報を見つけられるように設計されており，これが広く受け入れられる要因の一つとなっている。

これらの事例は，ユーザビリティの重要性を示し，ユーザビリティを中心に製品やサービスを設計することで，ユーザー体験がどのように向上し，結果的にビジネス成果に貢献するかを示している。

（2）　ユーザビリティ改善の課題：ユーザビリティの落とし穴

本項では，ユーザビリティ改善において遭遇する可能性のある一般的

な落とし穴と，それらを避けるための留意点を紹介する。ユーザビリティは単なる設計の一部分ではなく，継続的なプロセスであり，ユーザーのニーズと期待に敏感である必要がある。この理解に基づいて取り組むことで，製品やサービスのユーザビリティを成功裏に向上させることができる。

- ユーザビリティ改善の一般的な落とし穴

　ユーザビリティ改善は，多くの挑戦と落とし穴が伴うことがある。ここでは，ユーザビリティの取り組みにおける一般的な問題点と，これらを避けるための留意点について解説する。

①ユーザーのニーズの誤解

　ユーザビリティ改善において最も重要なのは，ユーザーの真のニーズを正確に理解することである。しかし，設計者や開発者はしばしば自身の仮定に基づいて製品を設計し，実際のユーザーのニーズや使用状況を見落とすことがある。このような誤解は，製品が市場で期待される成果を上げられない原因となることがある。

②過剰な機能の追加

　機能の過剰な追加は，ユーザビリティの落とし穴の一つとなる。多くの機能を追加することで，製品をより魅力的にしようとする試みが，逆にインタフェースを複雑化し，ユーザビリティを低下させる可能性がある。シンプルさと直感的な操作性を保持することが，ユーザビリティの向上には不可欠である。

③ユーザビリティテストの不十分な実施

　ユーザビリティテストは，製品開発プロセスにおいて重要な役割を果たすが，しばしば適切な注意が払われないことがある。不十分なテスト，不適切なテスト参加者の選定，またはテスト結果

の誤解釈は，ユーザビリティの誤った評価につながり得る。

④設計と実際の使用状況のギャップ

　製品の設計と実際の使用状況の間に生じるギャップも，ユーザビリティの大きな課題である。ユーザーが日常的に直面する環境や状況が十分に考慮されない場合，製品は実際の使用状況においてうまく機能しないことがある。

⑤「ゴムのユーザー」※の問題

　「ゴムのユーザー」とは，開発過程でユーザー像が不明確で流動的である状況を指す。この現象は，チームが都合に合わせてユーザー像を伸縮自在に変化させることにより，サービスの開発やデザインの方向性にブレが生じる状況を示している。チームが，都合に合わせてユーザー像を伸縮自在に変化させると，製品の一貫性が損なわれ，ユーザー体験の断片化や混乱が引き起こされる。また，ユーザーの実際のニーズとの乖離や，プロジェクトの方向性の不明瞭さが生じることがある。

※「ゴムのユーザー」

◆問題点

　一貫性の欠如：ユーザー像が場面ごとに変わると，製品の一貫性が損なわれる。これにより，ユーザー体験の断片化や混乱が引き起こされ，結果的にユーザビリティを低下させる可能性がある。

　実際のニーズとの乖離：個人の想像やチームの都合に基づいて描かれたユーザー像は，実際のユーザーのニーズと乖離している可能性が高い。これにより，ユーザーの問題を的確に解決できない製品やサービスが生まれる恐れがある。

　方向性の不明瞭さ：ユーザー像が流動的であることは，プロ

ジェクトの方向性を不明瞭にし，チーム内での混乱や意思決定の遅延を招く原因となる。

◆解決策

具体的なユーザー研究：実際のユーザーに基づいた具体的なリサーチをおこない，確固たるユーザー像（ペルソナ）を構築する。そのためには，インタビューや観察，アンケートなどを通じて実際のユーザーのニーズと行動を把握することが肝要となる。

ユーザーペルソナの作成：実際のデータに基づいてユーザーペルソナを作成し，プロジェクト全体で共有する。これにより，チーム内での一貫した理解と方向性を保つことができる。なお，ペルソナは「理想のユーザー像」ではなく，"いかにもいそうな（でありながら，架空の）"「典型的なユーザー像」である。

定期的な検証と調整：プロジェクトの進行に伴い，定期的にユーザー像の検証と調整をおこなう。これにより，製品の方向性が実際のユーザーのニーズと合致していることを確認する。

参考文献

[1] ヤコブ・ニールセン，『ユーザビリティエンジニアリング原論：ユーザーのためのインタフェースデザイン』（東京電機大学出版局，2002）.

[2] 黒須正明，ユーザビリティ工学の背景と概説，情報処理学会，情報処理，44巻2号，2003.

[3] Donald A. Norman. User Centered System Design: New Perspectives on Human-computer Interaction: CRC Press; 1986.

[4] ドナルド・A. ノーマン，『誰のためのデザイン？　認知科学者のデザイン原

100

論』（新曜社，1990）.

[5] 黒須正明，『ユーザビリティティテスティング　ユーザ中心のものづくりに向けて』（共立出版，2003）.

1. 日常生活で使用する製品やサービスを，ユーザビリティの3要素（有効さ，効率，満足度）の観点から評価してみることで，ユーザビリティの概念をより具体的に理解しよう。

2. 人間中心設計（HCD）のプロセスを学ぶ際は，各ステップがどのようにユーザーのニーズを反映し，より良い製品やサービスの設計につながるかを考えながら理解を深めよう。

3. ユーザビリティティテスティングの方法を学ぶ際は，単に手順を覚えるだけでなく，それぞれの手法がどのようにユーザーの体験を評価し，改善につながるかを考察しよう。

5 | 脳による情報認知

片桐祥雅

《目標＆ポイント》 コンピュータによる情報処理は，人間の論理的思考の一部を模倣したものである。しかし，人間はコンピュータには実装されていない様々な情報処理の仕組みを備えている。ここでは，脳による，コンピュータには実装されていない独特の情報処理の仕組みについて学ぶ。
《キーワード》 心象・知覚・認知，知覚補完，身体化認知

1. 知覚と認知

　脳は外界にあるものを五感（視覚，聴覚，嗅覚，触覚，味覚）を介して知覚し，さらに高次の脳で知覚の意味を処理することで外界を認知し，その結果に従って行動を誘導する（図5-1）。しかし脳の情報処理の流れは一方向ではない。脳は予め記憶からイメージを形成し，それに対応した情報を感覚野にコードし知覚刺激を予測することで知覚した情

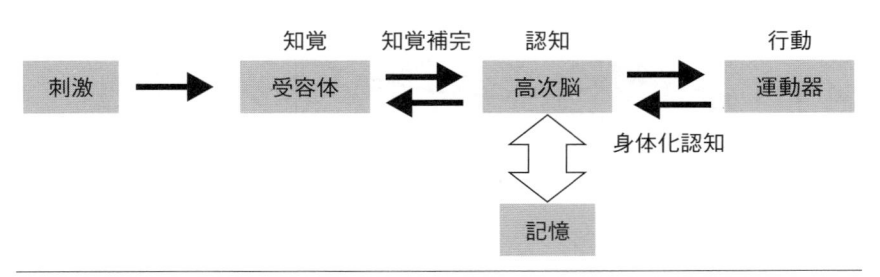

図 5-1　脳による情報認知

報がなんであるかを素早く認知する。また高次脳のイメージを前運動野にコードし，イメージの意味を予め確認する。このような事前処理により知覚に対する認知，すなわち意味を理解し，その意味に対して最適な行動を表出する。なお双方向の情報処理において知覚情報が何等かの理由で部分的に遮断されても周囲の情報から知覚情報を補完する，いわゆる知覚補完が行われ，知覚情報の欠落を補償している。

　図5-2は，視覚刺激による知覚と高次脳で生成されたイメージが結合することで理解（認知）が成立するメカニズムを説明する脳機能ネットワークモデルである。視覚刺激は1次視覚野（V1）を経由し，背側系及び腹側系の二つのルートに分かれ，それぞれ位置（where）及び属性（what）の分析が行われたのち，頭頂連合野に到達する。視覚刺激に

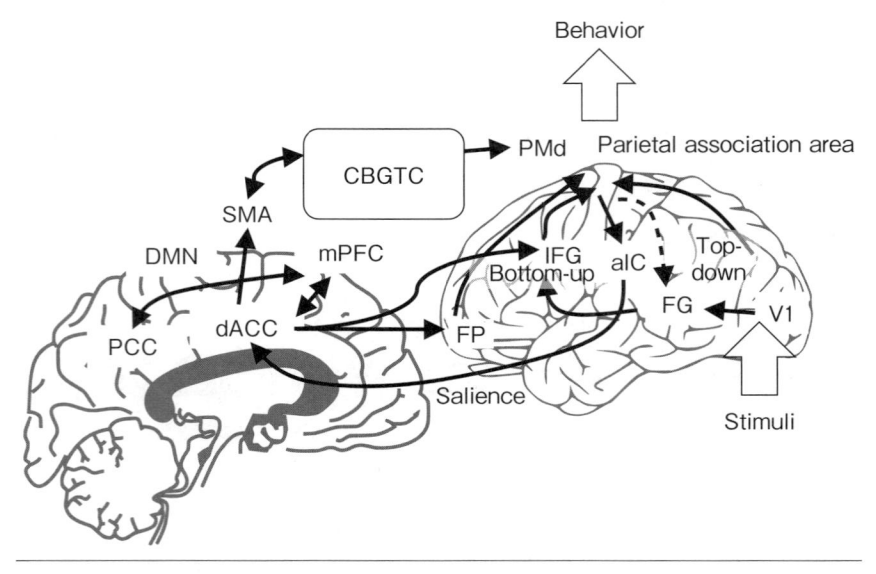

図 5-2　知覚と認知の脳機能ネットワークモデル（参考文献［1，2，3］）

先行して心象形成が行われる。心象形成は，記憶情報に関与する後部帯状回（Posterior cingulate cortex, PCC）とともにデフォルトモードネットワーク（Default mode network, DMN）を形成する内側前頭皮質（mPFC）を中心に行われ，その情報は背側前部帯状回（dorsal anterior cingulate cortex, dACC）を介して補足運動野（supplementary motor area, SMA）及び外側の頭頂連合野（Parietal association area）に到達する。頭頂連合野と1次運動野は双方向に接続されており，登頂連合野から1次視覚野へのトップダウン結合と1次視覚野から頭頂連合野へのボトムアップ結合によるループが構成されている。相互結合により心象と知覚が融合することで知覚の意味を理解することが可能となる。

　おもしろいことに，心象の情報は補足運動野を介して基底核（線条体及び淡蒼球）—視床—補足運動野／運動前野（Premotor cortex, PMd）から成る基底核ループに入る。この基底核ループは運動制御の基盤となる神経システムであるが，認知処理の段階では背側前部帯状回の意思決定がない状態では運動表出は抑制されている。心象の情報が運動系に入ることにより，感覚入力がない状態で心象のリアリティが増強される。一方と知覚と心象の統合により成立した認知情報は頭頂連合野から島皮質前部（anterior insula cortex, aIC）を経て背側前部帯状回に到達する。従って，認知情報は運動系に入る。これにより認知のリアリティが増強されることになる。

　心象と知覚は頭頂連合野と一次視覚野との相互結合により統合され認知に至るものの，厳密には異なる。この離齬により認知バイアスが発生する。トップダウン結合が強すぎると思い込みによる誤認が誘発される一方，結合が弱くなると知覚したものを認知することができなくなる。知覚と心象の結合のバランスをとることで知覚を正しく認知することが

できる。

2. 知覚補完

　認知は知覚と心象の統合により成立する。この機能は，曖昧な環境の中で知覚したものを認知する能力の基盤となっている。知覚情報が不完全であっても，心象により欠落した知覚情報を補完することで対象を認知することができる。この欠落情報の補間を知覚補完（amodal completion）と呼んでいる。

　図5-3に知覚補完の例を示す。図5-3（A）は輪郭を補完する事例であり，図の中心に存在しない正三角形の知覚を誘導するものである。一方図5-3（B）は部分的な視覚情報から全体をイメージすることで知覚したものを認知する事例を示している。通常は左下のように実在するもの（ここでは馬）を想像し，右下に示す架空のもの（ここではケンタウロス）を想像することはない。これは，心象と知覚の統合において尤もらしい心象情報が選択されるからである。ただし，ケンタウロスが登場

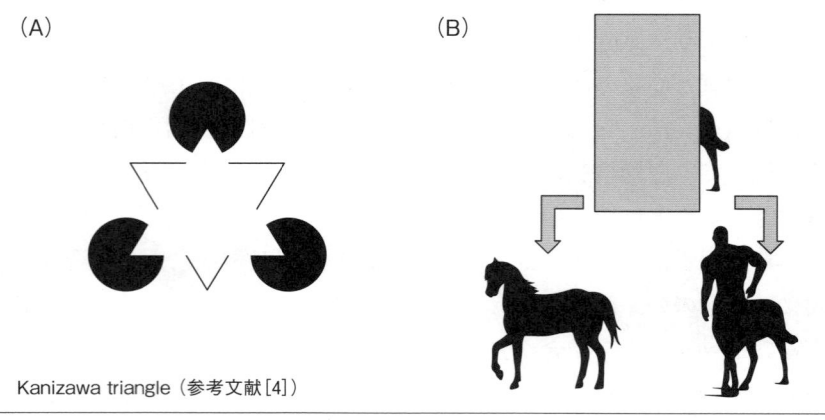

(A)　　　　　　　　　　　　　(B)

Kanizawa triangle（参考文献[4]）

図 5-3　知覚補完の例

する映画を鑑賞するという状況の中ではケンタウロスの心象の尤度が高く知覚と結びつきやすくなる。

3.　身体化認知

　心象と運動系の結合は，認知のリアリティの増強に止まらず，認知を成立させる基盤に深く関与している。これは，運動系が心象の情報を使って脳内でシミュレーションを行う役割を果たしていることと関係している。この認知における脳内シミュレーションの機能は，他者をまねる細胞の存在として推察されていたミラーニューロンの機能と等価と考えられている（参考文献 [5]）。

　運動系と心象との結合は言語が成立する基盤であるとも考えられている（参考文献 [6]）。その典型は「左」「右」の認知である。通常我々が認知する「左」「右」は実在しない，抽象概念である。（※注）左右を認知する手段として身体がよく使われる。例えば「左」は心臓がある側（厳密には心臓は正中にある），「右」はペンを持つ側（右利きの人の場合）として記号処理とは別に左右を身体で認知することができる。逆に「左」「右」を記号で定義するのは難しい。例えば「右」を「北を向いたときの東」と定義する辞書がある。しかし「北」の定義は「太陽が出る方向に向かって左」と定義されている。このループ構造は，「左」「右」を真に記号処理だけでは定義することができないことを示している。この問題は「記号接地問題」と呼ばれるものであり，計算機科学の未解決問題の一つである。

※注　電子スピン，核スピン，あるいは光学異性体といった対称性が破れている渦には左右の属性を持つ。これらは左右の異なる属性を有する実在とみなすことができる。

　言語を身体を使った言語理解を身体化認知と呼んでいる。身体化認知は，心象と外界と相互作用する身体とを分離するデカルトの二元論に対峙し，認知システムは知覚を介して外界に拡張されているという立場をとっている（参考文献 [7]）。これは，身体化認知は，単純に身体の機能によって記号を現実世界の事象と結びつけるという記号接地の概念を超え，環境を含めたダイナミックなシステムであることを意味するものである（参考文献 [8，9]）。すなわち，身体化認知は，心象を身体と分離して独立したアルゴリズムにより計算できる主体であるとみなし，身体を介したすべての行動を計算により記述することができるという心の計算論（参考文献 [10]）とは一線を画す。

　ここで身体化認知の存在を示す事例を紹介する。図5-4は，刺激反応競合課題に属するサイモン課題に係るものである（参考文献 [11]）。サイモン課題の典型は，左または右という文字を埋め込んだ画像を提示し，文字に従って左または右に反応するという課題である。ここに示す課題では，被験者は足の画像に左右の文字が埋め込まれ，文字に従って左または右の足でステップしなければならない。刺激画像は文字と文字の提示位置が一致している場合と不一致の場合を含み，それぞれランダムに提示する。一般に提示直後は文字にかかわらず文字が生まれた方向に反応が誘導されやすい。これをサイモン効果と呼ぶ。刺激が不一致である場合，誤反応が誘導されることになる。従来の脳の計算論では，誘導されている誤反応を抑制しつつ，提示刺激に埋め込まれた文字を認知するとともに文字に従った反応を表出する運動命令を運動野にコードし，正反応を表出する。このように，計算論では，認知制御において文字を理解して正反応に結び付けようとする一連の認知制御の基盤は記号処理である。一方，身体化認知では，刺激と初期に誘導される身体反応を一体とみなす一方，刺激画像の一致不一致を画像の「違和感」として

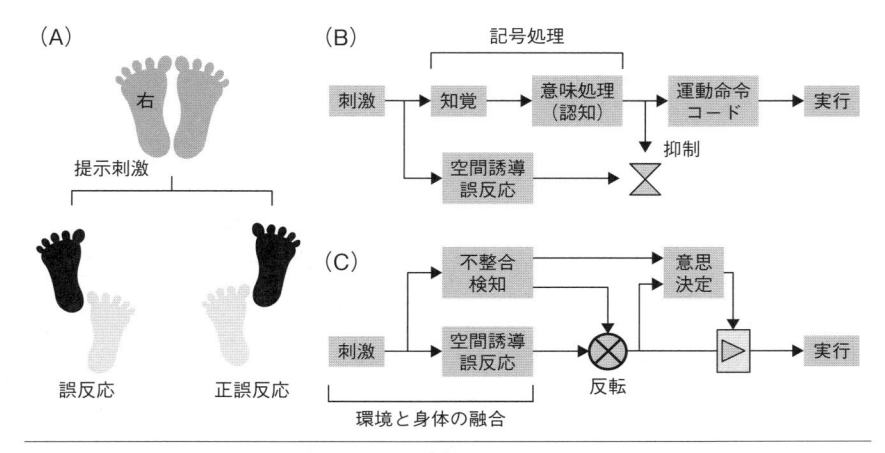

図 5-4　身体化認知による認知制御課題遂行の事例

（A）サイモン課題：文字を含む画像が提示される。被験者は画像にかかわらず文字の指示に従った反応（ここでは左右どちらかの足でステップする）を表出することが求められる。刺激提示直後，無意識的に文字の提示方向（左）に反応（左ステップ）が出やすい傾向がある。サイモン課題ではこの誤反応を抑制し，正しい反応（右ステップ）を抑制しなければならない。（B）脳の計算モデルでは，提示された刺激を知覚したのち，文字の意味を処理（認知）したのち正しい反応に対する運動命令をコードし実行する。この間，無意識的に表出される誤反応は抑制されている必要がある。（C）身体化認知では，自動的に誘導される誤反応に対して，文字を認識することなく提示刺激の不整合性を画像の物理的特徴から検知し，不整合を検知したときに自動的に誘導されている身体反応を反転されることで正反応が自動的にセットされ，反転修正を確認したのち実行（ステップ動作）される。

検知し，違和感（不一致）の場合にのみ初期の身体反応を反転させることで正反応の表出が可能となる。身体化認知では記号処理よりも身体反応が重要な意味を持つ。

　図 5-5 は身体化認知の説明が正しいことを検証する神経が科学的エビデンスである。空間誘導の形成は刺激提示後 150 ms 前後から開始されていることを筋電図（下段）が示している。一方，刺激が不整合である

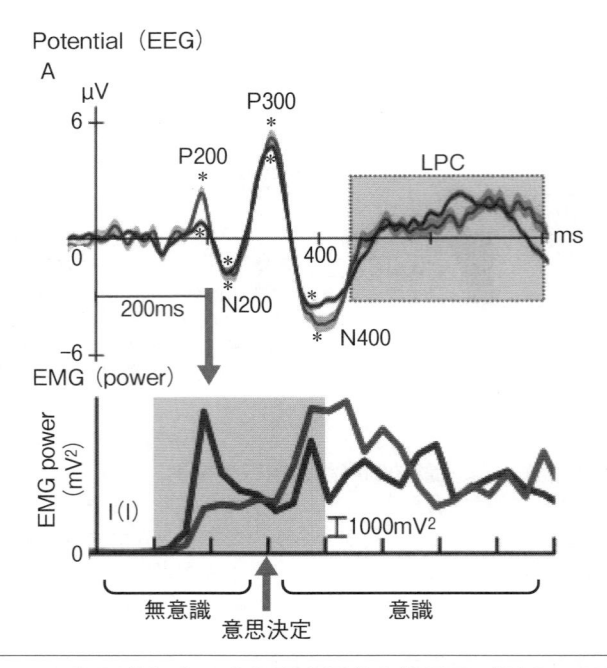

図5-5　サイモン課題遂行中の事象関連電位と筋電図（刺激＝不整合，反応
＝正反応）。

ことは潜時 200 ms 前後に出現する事象関連電位（P200）の振幅に表れ
ている。この段階では文字の認識は行われていない。P200 は後頭部視
覚野近傍，特に紡錘状回 Fusiform gyrus が起点であることが明らかさ
れており，文字によらず刺激自体の違和感（左側に「右」という形状の
記号が埋め込まれている刺激に対する違和感）により不整合を検知して
いるものと考えられている。この不整合検知はただちに誤反応の修正を
誘導することが筋電図に反映されている。この修正により正反応でのス
テップ動作準備が整いつつ刺激後 300 ms を経過して意識下で事態を把
握したのち意思決定により正反応が表出されていることも筋電図が反映

している。

　ステップ動作のサイモン課題での認知処理は，パフォーマンスレベルでは 400 ms を超えるものの，神経生理学的レベルでは刺激後高々 300 ms 以内で完了している。身体化認知は従来の脳の計算論による説

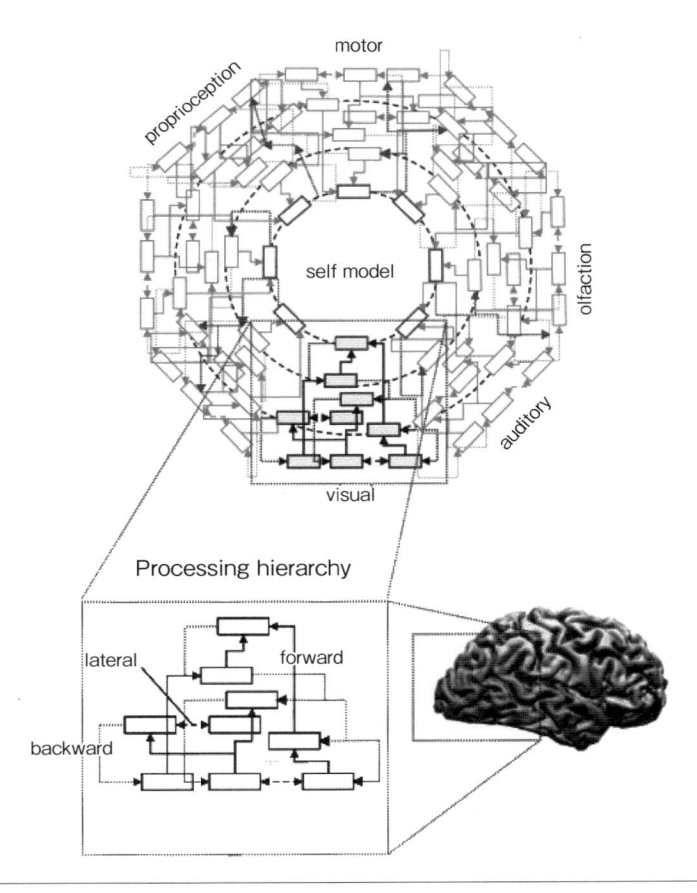

図 5-6　身体化認知の数理的基盤としてのスモールネットワーク構造

明では説明ができない高速処理の説明を可能としている。

　従来の脳の計算論が現在主流となっているノイマン型コンピュータのアーキテクチャを基盤としているならば，計算論と対峙する身体化認知はノイマン型コンピュータとは全く異質のアーキテクチャの数理的基盤とすることになる。このアーキテクチャの候補として，スモールワールド構造（図5-6）が挙げられる（参考文献［12］）。スモールワールドは並列コンピューティングとの相性がよく（参考文献［13］），脳の認知処理への適用も期待されている（参考文献［14］）。この新たなコンピュータアーキテクチャにより，記号接地問題やフレーム問題など現在コンピュータサイエンスが抱える問題の解決の糸口を見出すことができるかもしれない。

参考文献

[1]　Benjamin Schuman et al.: Neocortical Layer 1: An Elegant Solution to Top-Down and Bottom-Up Integration: Annu Rev Neurosci. 2021 Jul 8;44:221-252.

[2]　Satoshi Manita et al.: A Top-Down Cortical Circuit for Accurate Sensory Perception: Neuron 2015 Jun 3;86(5):1304-16.

[3]　Andrea Mechelli et al.: Where bottom-up meets top-down: neuronal interactions during perception and imagery: Cereb Cortex; 2004 Nov;14(11): 1256-65.

[4]　Iori Tani et al.: Kanizsa illusory contours appearing in the plasmodium pattern of Physarum polycephalum: Front Cell Infect Microbiol; 2014;4:10.

[5]　Vittorio Gallese and Alvin Goldman: Mirror neurons and the simulation theory of mind-reading. Cell Press; 1 December 1998; Volume 2, Issue 12, Pages 493-501.

[6]　Hugo Théoret and Alvaro Pascual-Leone: Language Acquisition: Do as You Hear: Current Biology, VOLUME 12, ISSUE 21, PR736-R737.

〔7〕　Margaret Wilson: Six views of embodied cognition: Psychon Bull Rev 2002 Dec;9(4):625-36.

〔8〕　Andrew D Wilson and Sabrina Golonka: Embodied Cognition is Not What youThink it is: Front Psychol; 2013 Feb 12:4:58.

〔9〕　Julian Kiverstein and Mark Miller: The embodied brain: towards a radical embodied cognitive neuroscience: Front Hum Neurosci; 2015 May 6:9:237.

〔10〕　Denis Larrivee: Values Evolution in Human Machine Relations: Grounding Computationalism and Neural Dynamics in a Physical a Priorism of Nature: Front Hum Neurosci; 2021;15:649544.

〔11〕　Yoshitaka Otani et al.: Action-rule-based cognitive control enables efficient execution of stimulus response conflict tasks: a model validation of Simon task performance: Front Hum Neurosci; 2023;17:1239207.

〔12〕　Micah Allen and Karl J Friston: From cognitivism to autopoiesis: towards a computational framework for the embodied mind: Synthese; 195(6):1-24.

〔13〕　Hideki Mori and Minoru Uehara: Small-World Architecture for Parallel Processors: 30th International Conference on Advanced Information Networking and Applications Workshops. WAINA:Crans-Montana, Switzerland; 2016.

〔14〕　Melissa A. Schilling: A 'Small-World' Network Model of Cognitive Insight: Creativity Research Journal 17(2-3):131-154.

1.　いろいろな錯視について調べてみよう。

2.　聴覚が衰えると耳鳴りが起きる理由を考えてみよう。

3.　おいしさと五感の関係について調べてみよう。

6 | 脳機能計測法

片桐祥雅・竹ノ谷文子

《**目標＆ポイント**》 脳の機能を理解するための方法論の基盤にコンピュータアーキテクチャがあることを知るとともに，脳機能のメカニズムに関する仮説を検証するための計測法について学ぶ。
《**キーワード**》 脳のモデリング，コンピュータアーキテクチャ，機能モジュール，神経活動とメタボリズム，脳波，近赤外分光トポグラフ法

1. 脳機能計測の概要

　脳の情報処理のモデルの基盤は，現在主流となっているノイマン型コンピュータのアーキテクチャ（図6-1A）を基盤としている。コンピュータの機能の中心は中央演算処理装置（Central processing unit：CPU）と呼ばれる半導体のスイッチング回路であり，電圧のレベルにより2値の状態が定義されている。この電圧は半導体（トランジスタ）の性質を利用してバイアス電圧により制御することができる。この二つの状態を0と1とし，AND，ORといった論理演算を体系化したものがブール代数である。この数理を基に論理的にデータを処理するためのシナリオがコンピュータのプログラムであり，人間の思考に合わせて構築することができるように言語化されている。この言語により作成したプログラムがソースコードである。人間が理解可能なプログラムに沿ってCPUが演算するためには，ソースコードを機械が実行できるように変換しなければならない。この変換を行うのがコンパイラー（翻訳機）

である。翻訳されたプログラムがオブジェクトコードであり，外見上は0と1の羅列である。

　人間の思考は必ずしも論理的に首尾一貫していない。このため，翻訳されたコードにはしばしば論理的矛盾が生じる。この矛盾は機械により自動的に検知され，コンパイリングエラーとしてメッセージを人間に返す。このエラーを完全に除去しなければプログラムをコンピュータで動かすことができない。一方，翻訳に成功しても計算の結果がプログラムで実現しようとする意図に反することがある。これをバグと呼んでいる。計算機上論理的矛盾がなくても，シナリオが目的を達成できないと，意図に反した計算結果が出力される。バグを除去するためには，正しい入出力がわかっているデータセットを使ってあらかじめプログラムが目的を達成しうるものかを検証しておかなければならない。

　このようにコンピュータは入力されたデータを使って演算処理を行っていく。演算処理を展開していくのがダイナミックランダムアクセスメモリ（DRAM）[1]である。脳科学においてモデル化されているワーキングメモリの機能はこの CPU と DRAM の関係から類推したものである。すべての演算処理が終了すると DRAM 上に演算結果が残る。この結果が目的とする情報を含むものであり，人間が理解しやすいように可視化したり，さらに，次の演算に再利用したりする。このため一時保存している DARM からデータを半永久保存できるファイルメモリに転送し，再利用可能なように蓄積する。

---

1)　任意に指定した番地に情報を読み書きすることができる記憶素子。動作速度と記憶保持時間が拮抗する。速度を重視するため保持時間が犠牲となる。このため常に記憶保持するために再記録（リフレッシュ）することが必要となる。この動作の特徴からダイナミックという名称がつけられている。近年，リフレッシュ不要な高速メモリが新たな材料（強磁性体や強誘電体）で実現されている。

　コンピュータを使ってロボットを制御しようとする場合，コンピュータはロボットの駆動系に対して命令コードを生成し，そのコードに従って稼働したロボットの動きをセンサーによりコンピュータにフィードバックする。ロボットに対する命令コードはファイルメモリにある情報のみを使って生成することもできるが，センサーを介してロボットの動きをモニタリングするにとどまらず，環境のあらゆるデータを使ってオンラインで最適な命令コードを算出し，ロボットを環境に合わせて制御することが可能である。複雑な計算を人間がプログラムするために工夫したのが機能別にモジュール化したサブルーチンをメインルーチンに沿って呼び出しながらシーケンシャル処理する方式である。さらに複数のメインルーチンを並列に稼働させることで大規模な演算処理を可能とする並列処理が考案されている。

　現在の脳の情報処理は，このようなコンピュータの演算処理のフレームワークを踏襲している。図 6-1B にその概略を示す。脳は，環境から受ける様々な刺激を受容体を通してデータに変換することでデータ処理を行う。まずデータ処理はアルゴリズムに沿って行われるというコンピュータの情報処理のフレームワークがそのまま踏襲されている。すなわち，コンピュータと同様のアルゴリズムが脳にもあるはずだという自明の仮説が前提となっている。さらに大量のデータを効率よく処理するために，脳内には情報処理を行う機能モジュールが存在すると推察されている。これらの機能モジュールは独立に稼働できることから，脳の情報処理は並列であると考えられている。一方，認知処理により刺激反応を遂行するためには並列処理の結果を統合していかなければならない。このため，統合する場として DRAM に相当するワーキングメモリの概念が提唱された。脳が演算処理した結果を保存する場が記憶である。記憶されたデータをいつでも再利用するためには記憶情報を管理する必要

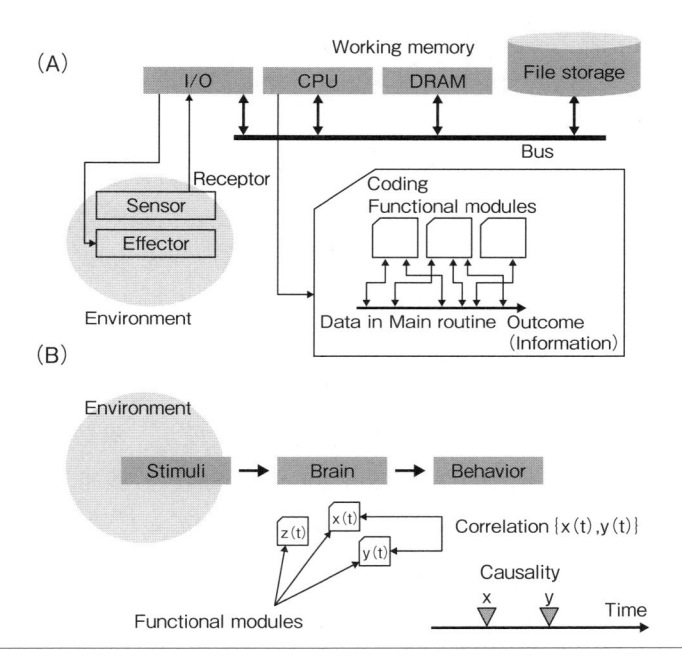

図 6-1　コンピュータと脳の情報処理アーキテクチャ

がある。海馬はこの管理を担っていると考えられている。このような脳の情報処理は，ノイマン型コンピュータのアーキテクチャに基づき説明が可能となった。

　脳の情報処理がコンピュータの情報処理と類似させるもう一つの根拠にインパルスの発生メカニズムがある。神経細胞はインパルス状のシグナルを発することで神経細胞間でコミュニケーションをとっていると考えられている。この神経インパルスはプール代数とは異なるものの一種としてとらえることもできる。また神経細胞はインパルスの蓄積による細胞膜の電位の変化が閾値を超えるタイミングで発火するという単純化されたモデルが考案された。このモデルにより情報処理のネットワーク

を数理的に構築したものがニューラルネットワークである。今日の AI の基盤となっている深層学習モデルへはこのニューラルモデルを数理的に発展させたものである。

　数理上の情報処理モデルを実在する脳の活動に対応させる一つの考え方として，情報処理に伴うエネルギー代謝である。脳内の神経細胞が情報処理を行うためにはエネルギーが必要であり，そのエネルギーはグルコースを細胞内ミトコンドリアがエネルギーとして利用可能な ATP をン産生することに依存する。グルコースは血流により供給される。従って，この血流を介して情報処理に伴う脳の活動を計測することが可能となる。脳の代謝を利用して脳機能を計測する手段が，ポジトロン放射断層撮像法（PET, positron emission tomography）[2]，機能的磁気共鳴画像法（fMRI, functional magnetic resonance imaging），および近赤外分光法（NIRS, near infrared spectroscopy）である。

　一方，神経の活動そのものを計測する手段が電気生理学的計測法である。神経インパルスは細胞膜を介して Na 及び K イオンが移動することにより発生する。このイオンの移動に伴い電場及び磁場が神経細胞の周囲で変化する。情報処理を行うためには多くの細胞が同期して活動すると考えられることから，個々の神経細胞が作る電場・磁場は重ね合わせられ，脳の外から電磁気的手段により計測可能となる。

　電気生理学的原理に基づき脳機能を測定する手段が脳波（EEG, electroencephalography）及び脳磁図（MEG, magnetoencephalography）

2）　ポジトロン（陽電子）とは電子の反物質であり正の電荷をもつ。電子と出会うと消滅し，光（ガンマ線）が放出される。ポジトロンは β 崩壊する放射性同位体から生成される。こうした放射性同位体を糖にラベルし静脈から体内に導入すると，糖代謝の高いところに放射性同位体が集結する。この集結を体外からガンマ線を計測知ることにより検知し，分布を画像化する技術が PET である。使用する同位体の半減期は短いため，被爆するリスクは小さい。

である。

　図 6-2 に脳機能計測法の特徴をまとめた。PET，fMRI は皮質表面の
みならず脳深部の代謝を計測することができるが，NIRS は皮質表面の
代謝の計測に制限される。fMRI は使用する磁場の強度を上げることに
より空間分解能をミリオーダーまで上げることができる。現在，超電導
マグネットにより 7T（テスラ）の磁場を生成する fMRI が実現されて
いる。この特徴から，fMRI はもっぱら脳機能モジュールの探索及びそ
れらが統合することにより成るネットワーク構造の探索に用いられてい
る。一方，脳磁図及び脳電図（脳波）は空間分解能が低いものの時間分

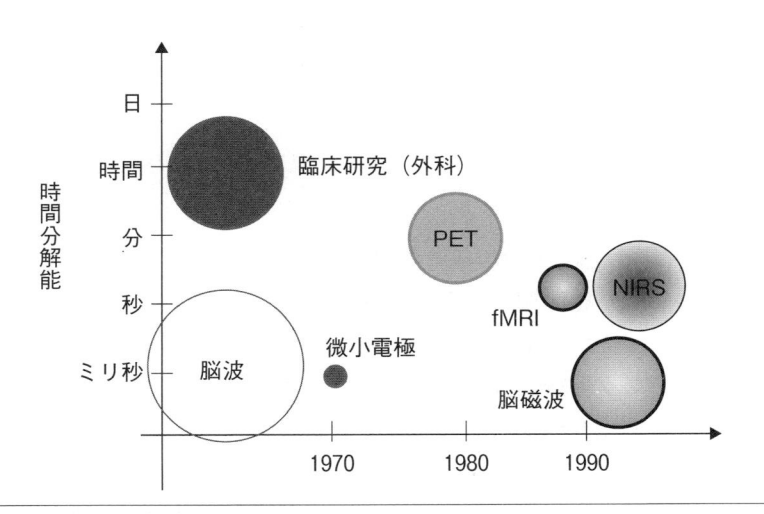

図 6-2　種々の脳機能計測法
脳波：EEG, electroencephalogram
　　　MEG, mageto-electroencephalogram
　　　fMRI: functional magnetic resonance imaging
　　　PET: positron emission tomography
　　　NIRS: near-infrared spectroscopy

解能が高いという特徴を有している。このため，これら電気生理学的手段はもっぱら脳情報の時系列処理の解析に用いられている。

　このように脳機能計測法は，空間分解能に優れた手法と時間分解能に優れた手法に分かれ，それぞれの特徴を生かしながら脳機能に関する知見を補完し，その全貌を明らかにしようとしている。

　それでは，代謝や電気生理により脳の情報処理を完全に把握することができるであろうか。脳にはグルタミン酸を中心に興奮性の神経細胞のみならず GABA[3] を中心とする抑制性の神経細胞があり，両者が協調しあって輪郭強調や記憶のための巨大インパルス生成などの機能を発揮している。特に抑制性の神経細胞は神経ペプチドや一酸化窒素を使って血流量を調整している（図 6-3）。従って，脳の機能を完全に解明するためには興奮性神経細胞の要請による血流増大をモニタリングするだけでは不十分であることが指摘されている。

　また，神経細胞はその場で作られるグルコースのみならず細胞の末端に貯蔵したクレアチンを利用することができる（図 6-4A）。クレアチンはクレアチンキナーゼ（CK）によりただちに ATP[4] に変換できることから，迅速な神経細胞へのエネルギー供給を可能としている。脳梗塞時に大量に分泌される CK は血流を介してグルコースが供給できない状態での脳のリスク回避行動である。また，クレアチンによるエネルギー供給は，平常時においても，短時間での脳の可塑性を支えるものと考えられている。血流によるグルコース供給に依存しない神経細胞の活動がいかに脳の情報処理に関わっているかを解明するのは今後の課題であるものの，fMRI の解釈においては十分に留意すべき事柄である。

---

3)　ガンマアミノ酪酸の略で，抑制性の神経である。
4)　アデノシン三リン酸の略で，生体内のエネルギー物質である。1 mole 当たり11 kcal のエネルギーを供給する。

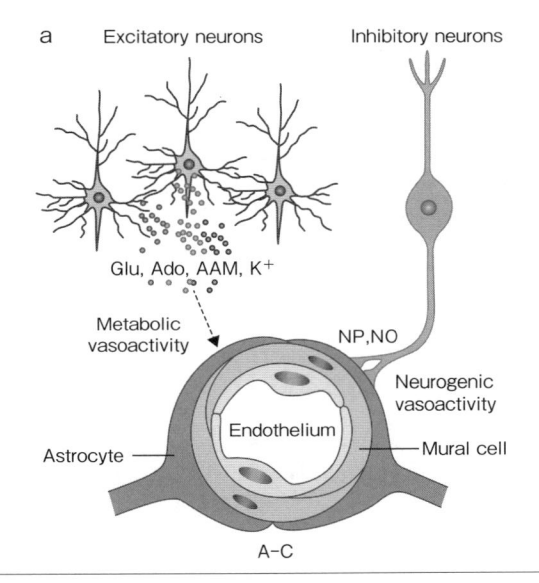

図 6-3　Nuerovascular unit（参考文献 ［1］）

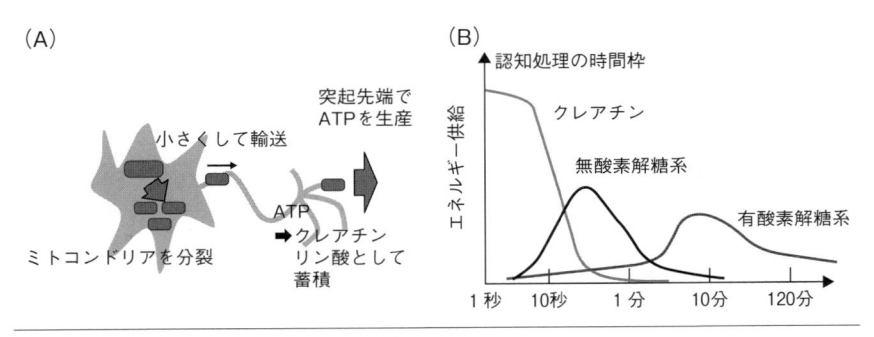

図 6-4　神経細胞のエネルギー源（参考文献 ［2，3］）

2.　脳波による脳機能測定

　1929 年に H. Berger が頭皮上に微弱な電位変化の観測を報告したことに端を発し，今日の脳電図（EEG, electroencephalography）による脳機能計測法の確立に至る。神経細胞はそもそも図 6-5A に示すように，細胞膜に表れているイオンチャンネルを介して Na 及び K イオンが内外で移動することにより発生する。すなわち，神経細胞は細胞外からカリウムイオンを細胞内に取り込み，神経インパルス発生の準備を行う。細胞内カリウム濃度が高まるにつれ膜電位は負となる。刺激を受ける（インパルスを受容する）と細胞外からナトリウムイオンが細胞内に流入し膜電位は一気に上昇する（図 6-5B）。この現象を脱分極と呼び，膜電位の変化はインパルスとなって神経細胞の軸索に従って伝播する。インパルス放出後，神経細胞はナトリウムイオンを細胞外に排除する一方，カリウムイオンを取り込む。これを過分極と呼ぶ。神経インパルスの伝搬は軸索上のイオンチャンネルを介したナトリウムイオンの流入であるが，伝搬の駆動は電磁力による。すなわち，イオンの移動に伴い回転磁場が発生し，その磁場により誘起される電場が伝搬先の膜電位を変化させ，イオンチャネルを開いてナトリウムイオンを細胞内に誘導す

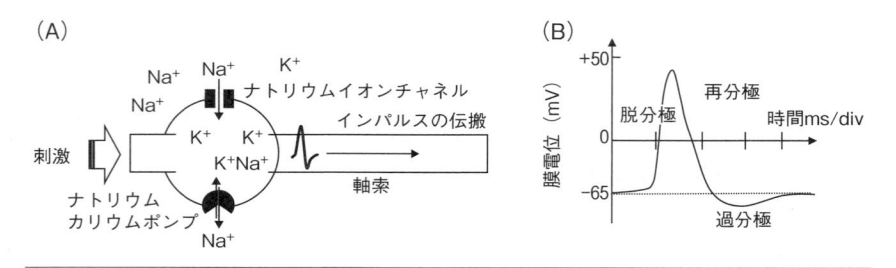

図 6-5　神経インパルス発生のメカニズム

る。伝播方向に対してイオンの移動方向は垂直であることから，電場と磁場の相互作用による伝播は電磁波と等価である。神経の軸索が高密度で脳内に存在しているにもかかわらず混信しないで神経インパルスが伝搬できるのは神経インパルスの伝搬メカニズムにあると考えられている。

　脳波は，神経細胞の過分極・脱分極という電気生理的活動は電気双極子を形成るが，等方性構造を有する正常細胞では電気的な相殺により分極は形成されない。一方，非等方性構造を有する錐体細胞は電気双極子を形成する（図6-6A）。脳の皮質は図6-6Bに示すように層状の構造を有し，深部の層では星状細胞が，表層では錐体細胞が多く分布する。このため，皮質表面の錐体細胞の集団が頭皮上に大きな分極電位を形成する。この電位が脳電図の元である。

　事象関連電位は神経心理学への脳波計測の応用の典型であり，注意や意味理解など様々な心理作用の解明に用いられてきた。しかし，観測される事象関連電位の神経生理学的なメカニズムは必ずしも明らかではなかった。この解明のため，Low Resolution Brain Electromagnetic

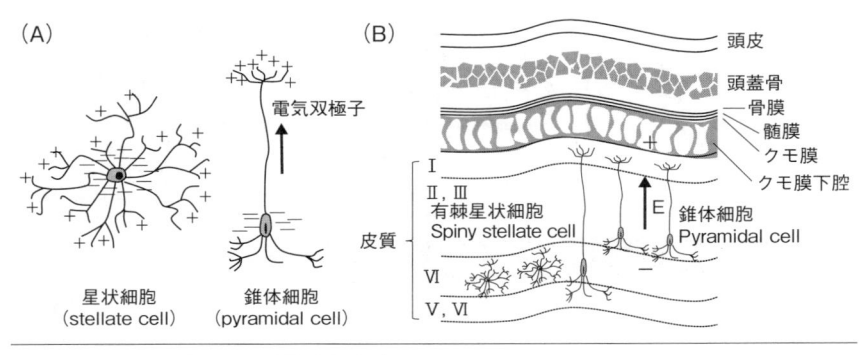

図6-6　神経細胞による電場の生成

Tomography（LORETA）により事象関連電位に対応する電源の推定が試みられた。脳内に頭皮上脳波を発生させる電源（双極子）が単独で存在する場合，電磁方程式により頭皮上脳波を厳密に計算することができる。これは，頭皮上脳波の情報から電磁方程式を使って逆伝播させることで電源を推定することが可能であることを意味する。

　図6-7は事象関連電位 P300 に対して LORETA を使って電源推定を行った事例であり，抑制に関する P300 の電源は後部帯状回にあること，これがワーキングメモリの抑制機能に関する新たな知見となり得たことを示すものとなっている。

　一方，電源推定によらず直接脳波から深部の脳活動をモニタリングする方法の開発が試みられてきた。特に α リズム（8〜13 Hz）は深部の脳活動となんらかの関連があることが示唆されてきた。アルファ波は図6-8に示すように視床にある α リズムを持つ神経細胞（ペースメーカー）が皮質の大錐体細胞に変調をかけることで出現することが推定さ

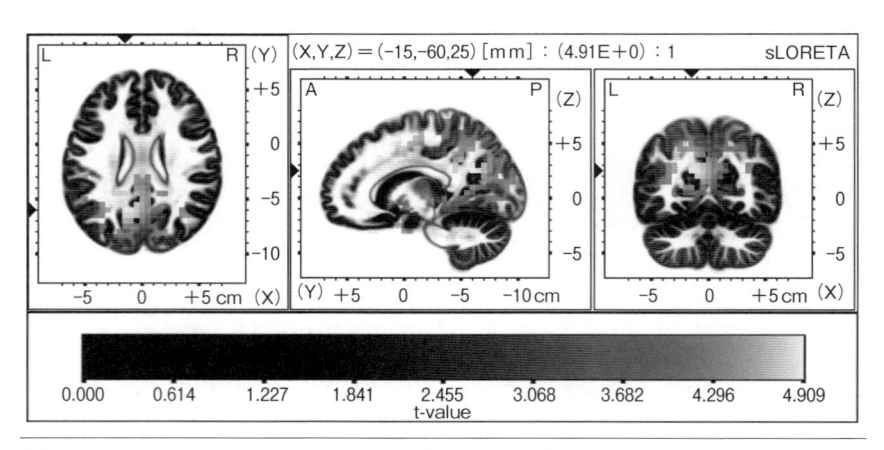

図 6-7　LORETA による P300 の電源推定（参考文献 [4]）

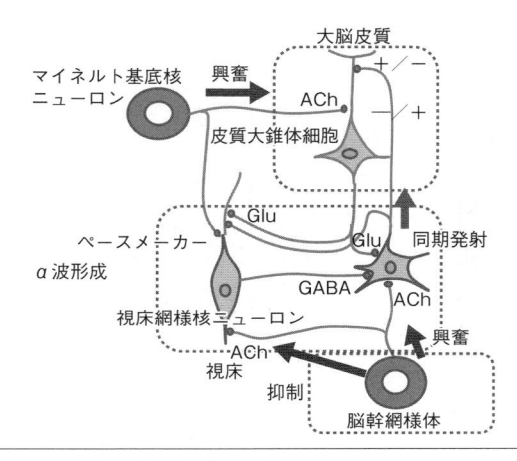

図 6-8　脳波アルファ波の出現メカニズム

れていた。そこで脳波と機能的核磁気共鳴画像法との同時計測により α 波と相関する脳の部位の特定が試みられてきた。その結果，後頭部の $\alpha 2$ リズム（10-13 Hz）の強度揺らぎが深部脳の活動と相関があること，具体的には 0.04 Hz 以下の遅い成分が上部脳幹の腹側被蓋野の活動，0.04 Hz 以上の速い成分が背側前部帯状回の活動と相関することが明らかにされた（参考文献［5］）。

　腹側被蓋野はドーパミン神経系を豊富に含むもので，その活動の低下とストレスや鬱との相関が示唆されている。図 6-9 に示すように，後頭部脳波 $\alpha 2$ の強度揺らぎは不安な状態で低下し，安堵した状態では上昇しており，心理学的な評価（自己評価）と脳波計測による測定結果は一致している。

　一方，背側前部帯状回は認知処理において，パフォーマンスモニタリングや意思決定など様々な役割を果たしていることが示唆されている。そこで後頭部脳波 $\alpha 2$ 強度の速い揺らぎ成分を対象に，事象関連電位と

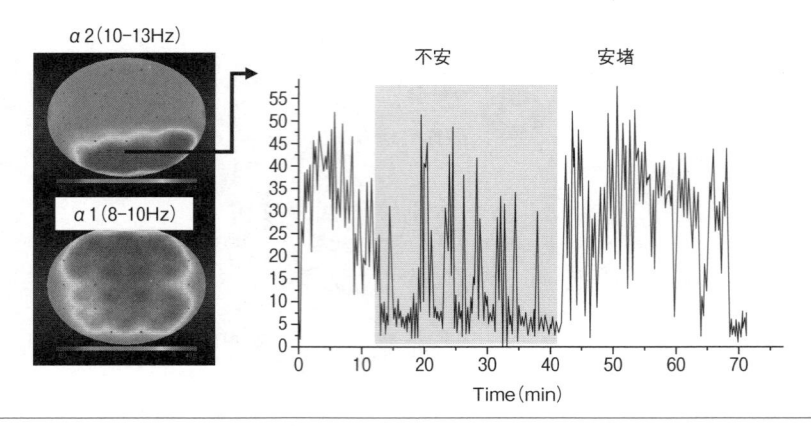

図 6-9　後頭部脳波アルファ波（α2：10-13 Hz）の強度揺らぎと心理状態との関係（口絵参照）

同様の加算平均処理を使った事象関連深部脳活動法（ER-DBA 法）による背側前部帯状回モニタリング法が開発された（参考文献［6］）。図6-10 に示すように，ER-DBA 法は認知制御における背側前部帯状回は意思決定前には抑制性に活動し，意思決定と同時にこの抑制性活動は終了し賦活に転じていることが明らかにされた。この知見は意思決定における前頭皮質の抑制賦活のタイミング制御に関する知見を深めている。また時間領域での情報を fMRI の BOLD 信号から求めようとする試みもある。この試みは ERP や ER-DBA[5] と同じく加算平均処理を基盤と

5)　Event-related desynchronization/synchronization（ERD/ERS）の略。ERD は脳波のパワーの減少，ERS は上昇を表す。ER-DBA 法では背側前部帯状回（dACC）の活動度を表している。ERD は dACC が内側前退場皮質（mPFC）との協働に対し ERS は前補足運動野（preSMA）との協働をそれぞれ表していることが明らかにされている。fMRI では ERS/ERD の活動パターンが消失しているが，これは事象関連 fMRI の時間分解能の限界が原因であると考えられている。

ER-DBA法　　　　　　　　　　　ER-fMRI法

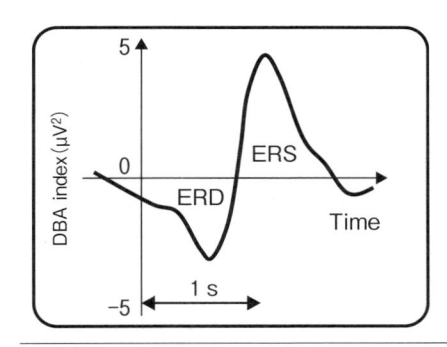

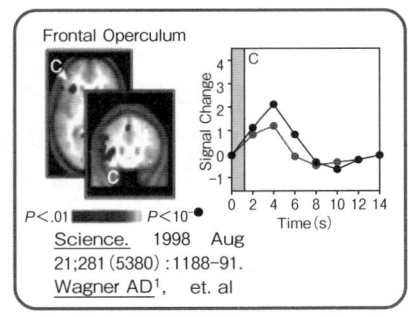

図 6-10　事象関連深部脳活動法による認知プロセスのモニタリング及び事象
　　　　　関連 fMRI 法との比較

し，事象関連 fMRI と呼ばれている。しかしながら，fMRI の時間分解
能は数秒オーダーであり，速い認知処理のダイナミクスへの適用には限
界がある。

3.　近赤外光トポグラフ法

　ヒトの身体は，主にたんぱく質と水からできていることから，遠赤外
線および紫外線は吸収されるが，近赤外線はほとんどが吸収されない。
つまり，近赤外線は透過性が高く，ヒトの身体や物体を透過する性質を
持つ。この近赤外線の性質を活用して脳神経細胞の電気活動，代謝およ
び血流などの変化を捉え，脳機能を計測した技術が光トポグラフ検査
（近赤外分光法：Near-Infrared Spectroscopy：NIRS）である。ヒト
を対象とした近赤外光による脳血流量の変化を研究した報告は 1977 年
の Jöbsis らがはじめてである。その後，NIRS 法は様々な脳機能計測法
の中でも非侵襲的で測定時も無拘束であることから，これまで，医療や

研究現場を中心として活用されてきた。NIRS は頭部に一定間隔で光源と受光センサを配置し，活動変化が見られた部位を可視化するものである。NIRS に用いられる近赤外光は約 800 nm 前後の波長帯が使用され，ヒトの組織を通過するが，ヘモグロビン（Hb）は吸収される特性がある。ヒトの脳神経活動が高まると酸素とグルコースが必要になり，脳活動の活発な箇所はヘモグロビンが増加し，近赤外光の透過度が低下するが，NIRS はこのような光の変化量を計測して，脳活動を可視化する装置である。一方，Hb は，酸素と結合している酸素化ヘモグロビン（oxy-Hb）と，酸素を放出した脱酸素化ヘモグロビン（deoxy-Hb）が存在し，それぞれ，近赤外光の吸光度が異なる。そのため，二つの波長の近赤外光を照射することで oxy-Hb と deoxy-Hb が推定できる（図 6-11）。また，脳血流量の変化は oxy-Hb の変化と相関していることが明らかとなっている。ヘモグロビン濃度変化の測定方法は，頭皮に

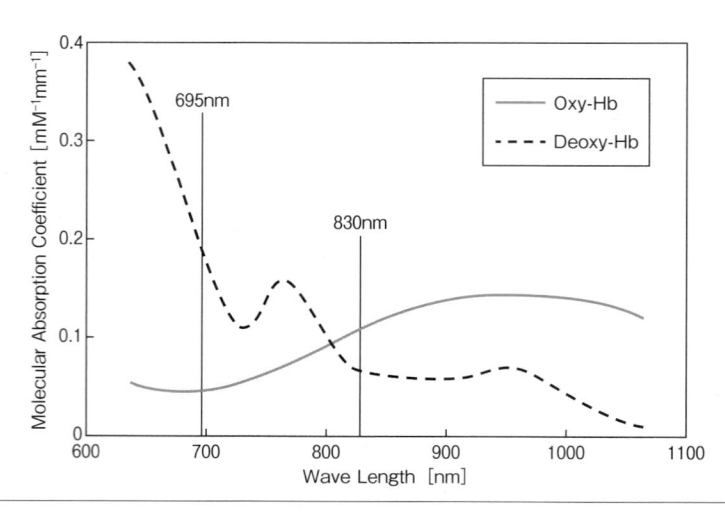

図 6-11　光の波長とヘモグロビンの吸光係数

プローブを接着し，近赤外光を照射し，3-4 cm ほど離れた受光プローブとの光量差からヘモグロビンを計測する（図 6-12）。また，NIRS 装置は簡便であり，体動制限がないことから，様々な状況下で計測することが可能である。また，NIRS は 1 秒以下といった，時間的な分解能が高く脳血流の変化をリアルタイムで解析できるなどの利点が多いことも特徴である。しかし，現時点の NIRS は脳の表層のみの測定であり，深部の脳機能を解析するまでは至ってない。今後，更なる簡易的な近赤外分光センサーの開発と分析データのデジタル化が進むことが予想され

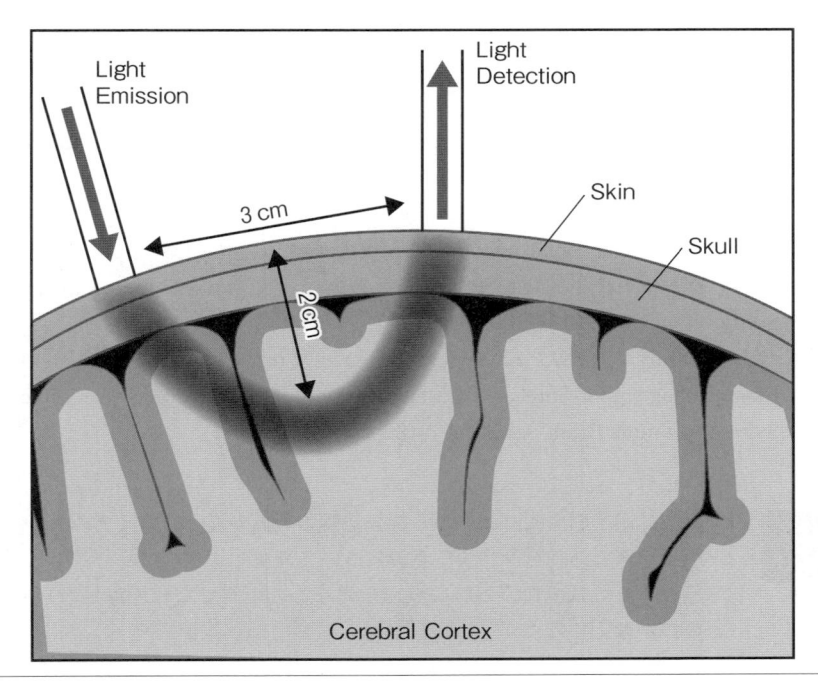

図 6-12　NIRS 測定法（Probe 間隔を 3 cm とし，頭皮より約 2 cm 下の脳表付近のヘモグロビン変化を計測）

る。さらに蓄積されたデータは AI に学習され，ヒトの機能の可視化は様々な現場で応用されることが期待される。

参考文献

[1] Samantha Schaeffer and Costantino Iadecola. Revisiting the neurovascular unit. Nat Neurosci; 2021 Sep;24(9):1198-1209.

[2] Fukumitsu K, et al: Mitochondrial fission protein Drp1 regulates mitochondrial transport and dendritic arborization in cerebellar Purkinje cells: Mol Cell Neurosci. 2016 Mar;71:56-65.

[3] Hu C et al.: Drp1-Dependent Mitochondrial Fission Plays Critical Roles in Physiological and Pathological Progresses in Mammal:Int J Mol Sci. 2017 Jan 13;18(1). pii:E144.

[4] Amirmahmoud Houshmand Chatroudi et al.: Effect of inhibition indexed by auditory P300 on transmission of visual sensory Information: PLoS One. 2021;16(2):e0247416.

[5] Kei Omata et al.: Spontaneous Slow Fluctuation of EEG Alpha Rhythm Reflects Activity in Deep Brain Structures: A Simultaneous EEG-fMRI Study: PLoS One. 2013;8(6):e66869.

[6] Maho Uemura et al.: Dorsal Anterior Cingulate Cortex Coordinates Contextual Mental Imagery for Single-Beat Manipulation during Rhythmic Sensorimotor Synchronization: Brain Sci. 2024; 14(8), 757.

学習の ヒント

1. 脳波計測と脳血流計測による神経活動の評価の違いを考えてみよう。
2. 脳の深部の活動を計測する意義について理解しよう。
3. 脳波あるいは脳血流の時間波形を異なる人の間でなぜ加算平均してよいのか考えてみよう。

7 生理計測法

竹ノ谷文子

《**目標＆ポイント**》 様々な生理データの計測法とその評価，および血液や唾液サンプルを用いた様々なバイオマーカーの解析法を学ぶ。さらに，これらの生化学的データが今後，どのような環境下で活用できるかを学ぶ。

《**キーワード**》 心拍数，血糖値，血圧，運動処方，活性酸素，抗酸化能測定，BAP 測定，ホルモン測定

---

1. センシング技術の進歩

（1） 小型化されるウェアラブルディバイス

　生体データとは，身体から取得できるデータ全般を指すが，バイオマーカーと広義的には同じである。バイオマーカーの定義は「通常の生物学的過程，病理学的過程，もしくは治療的介入に対する薬理学的応答の指標として，客観的に測定され評価される特性」とされる（参考文献[1]）。つまり，バイタルサインや生化学検査，血液検査，腫瘍マーカーなどの各種臨床検査値，さらには画像診断データなどが生体データまたはバイオマーカーということになる。

　近年では，センシング技術と Internet of Things（IoT）の発展により，様々な場面での経時的な生体データの取得が可能になっている。更にデジタル技術（Digital Health Technology：DHT）は飛躍的に進歩し，医療現場をはじめ，介護現場，さらにはスポーツ現場などにおいても，DHT を応用した個別化による生体データの活用が進められてい

る。また，今日の様々な領域における DX 化の動向により，収集された多くの生体データはデジタルバイオマーカー（Digital Biomarker：dBM）となり，価値のあるビッグデータとして集積され，今後のヘルスケアやスポーツ現場のパフォーマンス向上，さらには新規治療法や創薬への創出に向けての活用が期待されている。今日，我が国で推進されている医療 DX や健康 DX の発展は，新たなシステムの創造や，それぞれの領域でクリアできなかった問題解決につながることが期待されている。

　そこで本章では，近年の医療および健康関連のデジタル化の現状を紹介し，今後の DX 推進における生体データや dBM の正しい活用を目指すための，客観的評価となる生体データの計測方法や，その dBM がどのような環境下において活用が期待されるかなどについて解説する。

　まず，代表的なバイタルサインである心拍数，体温，血圧，血中酸素濃度などは近年のウェアラブルディバイスやモバイル技術の発達により，スマートウオッチやブレスレット型のディバイスを用い，簡易的に測定が可能となった。その他，歩数，移動距離などの運動量の他，睡眠評価なども行える。また，ディバイスは小型化され，イヤホンの形状を

 スマートウォッチ：歩数，活動量，心拍数，呼吸数，血中酸素濃度，睡眠状態

 イヤホン：心拍数，脈波，呼吸数，血圧，目・瞼の動き，歩数，咀嚼，耳体温，脳波

 メガネ：視線，瞬き，姿勢，眠気，集中度

 指　輪：活動レベル，歩数，体温，呼吸数，心拍数，血中酸素濃度，活動期状態，睡眠状態

図 7-1　生理指標搭載の様々な装着型ディバイス

したウエラブル端末も開発され，バイタルサインの他，目の動き，食事での咀嚼，脳波なども計測が可能になった。さらにはリングの形状をした指輪をはめることにより，スマートウォッチと同様な生体データを測定することも可能になってきている。

　また，メガネ型のディバイスでは，目の動きや視線，眠気，集中力，姿勢の状態などの生体データを得ることができる。

（2）　COVID-19 によるディバイスの開発

　さらに，新型コロナウイルス感染症（COVID-19）のパンデミックな拡散により，非接触型のセンサーの技術な発展が促された。例えば，これまで，腋窩に挟んで測定された体温の測定は，赤外線型のセンサーで体温計測が可能となった。また，これまで脳波や脳血流を調べる装置は有線であったが，無線のディバイスによる無線脳波計などの開発が進められている（参考文献 [2]）。

　また，コロナ禍では，血中酸素飽和度（SpO_2）を測定するパルスオキシオメーターの不足が問題となったが，現在では，低価格で家庭でも簡易的に測定が可能である。さらに Bluetooth 機能が搭載され，測定結果をスマートフォンのアプリで管理することが可能になっている。このパルスオキシオメーターの原理は後の章で解説する。

　このような様々なディバイスによって記録されやた生体データは，スマートウォッチ本体やスマートフォン，またはコンピュータによって解析され，健康状態が可視化され評価される。様々な健康に関するパラメーターを，ディバイスを利用して管理することは，健康管理のみならず，体調の変化や病状の予兆を，いち早く察知し，疾病の早期発見にも繋がることが期待される。また，今後，病気治療の際，これらの生体データ情報を医師などと共有することにより，個別化医療につながり，

より効果的な予防・治療に結びつくことが期待される。

　一方，これまで，侵襲的な採血によって測定されていた血糖値もウェアラブルディバイスにより，非侵襲的で，しかも経時的な長時間の測定が家庭においても，手軽に行われる時代になってきた。また近年，一部の医療機関では，糖尿病や肥満症患者の血糖値のクラウド管理システムを活用した遠隔治療も始まっている。

　バイオマーカーの中でも，乳酸や抗酸化値の測定は，現時点では，血液や唾液の液性サンプルの採取が必要であるが，以前の検査と比較すると，簡易的になり，容易にバイオマーカーの採取が可能となっている。

　また，これらの測定機器に生化学的なデータの保存が可能になることも時間の問題であるといってよい。将来，多くの生体バイオマーカーが一括して経時的に管理され，さらに AI による多角的なデータ解析により，質の高いオーダーメイドによる治療や予防・治療法の提案が可能となってくることが予想される。これまでの脳波や脳血流を調べる装置は有線であったが，無線のディバイスによる無線脳波計などの開発も進められている。

（3）　生体デジタルデータの貢献

　これらのディバイスを使った生体情報は，スポーツの現場では競技者の体調管理からパフォーマンス向上まで，多くの効果が期待される。

　このようなデジタルヘルス関連の産業は著しい成長を遂げていることから，今後，生体データを測定するための医療機器の開発はまだまだ進化することが予想され，膨大な医療や健康関連のデジタルデータは生成AI（Generative AI）によって，人々の健康に寄与するための新たなソースやヒントを提示してくれると予想される。

　それぞれの生体データの意義や測定方法をより深く理解することは，

新たな分野でのデジタルデータの活用やアイデアの創生が期待される。そこで，次の章では様々な生体データの意義や測定方法を解説する。

2.　主体情報の活用化

（1）　心拍数と疫学的調査

　心拍数（脈拍数）は，代表的なバイタルサインの一つであるが，日本人間ドック学会の判定基準によると，正常な心拍数の値は 45 拍/分から 85 拍/分の範囲とされている。一方，脈拍数は心臓が血液を送り出す際に動脈に生じる脈動の回数を指すが，必ずしも心拍数と脈拍数は一致するものではない。また，疫学的研究から，安静時心拍数は死亡率に大きく関与し，安静時心拍数の値が高いほど心疾患発症のリスクが高くなることが報告されている（参考文献 [3]）。また，小動物の心拍数は高く，大型の動物になるほど心拍数が低くなることも知られている。また，脈が速い動物の寿命は短く，脈の遅い動物は，寿命が長いことなども知られている。これはヒトにも該当し，脈拍数の高いヒトは脳卒中や心臓病の発生率が高く，また高血圧や心臓病疾患患者においても，心拍数が高い値の患者ほど，死亡リスクの高くなることが知られており，様々な疫学的な指標とされている。

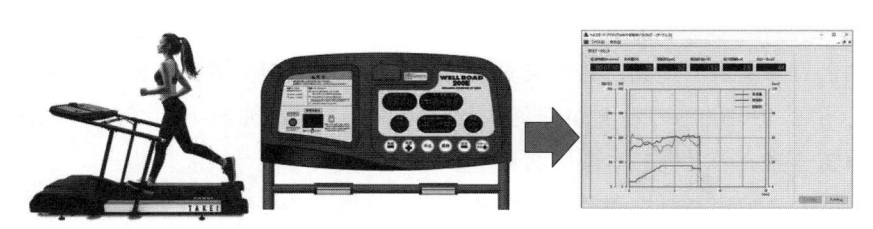

トレッドミルによる運動負荷試験　　　　（参考資料：竹井機器工業株式会社）

図 7-2

（2）　運動処方に用いられる心拍数

　その他，心拍数はトレーニング，運動療法，さらにはリハビリを行う際に，至適運動強度（THR）の目安として用いられることが多い。また，医療現場でも，様々な疾患の目安を算出する際に使用されることが多い。

　1962年にスウェーデンの心理学者であるBorg（ボルグ）は，運動を行う本人がどの程度の疲労度を感じているかを測定する指標（ボルグスケール）を作成した（参考文献 [4]）。これは運動する際の主観的運動強度（RPE：rating of perceived exertion）の「きつさ」を，「非常に楽である」から「非常にきつい」までとし，その自覚症状のスケールを6から20までに数値化したものである。目標心拍数（THR）を心拍数から推定する際，カルボーネンの式と言われる，運動強度（％）＝（運動時心拍数－安静時心拍数）÷（最大心拍数－安静時心拍数）×100というが式が用いられる。しかし，一般人では最大心拍数を求めることは難しいことから，最大心拍数は推定式の「最大心拍数＝220－年齢」で求められる。一方，高齢者の最大心拍数は「最大心拍数＝207－（年齢×0.7)」の式が用いられる。

　持久力向上が期待される効果的な運動至適運動強度を決める場合は，個々人の様々なバックグランドを考慮して決定する必要がある（参考文献 [5]）。そのため，一般人向けの安全な運動強度は，ATポイントと言われる有酸素運動から無酸素運動に変わる範囲で，最大酸素摂取量でいうと40～60％の範囲が推奨されている。この範囲をボルグスケールに置き換えると「11：楽である」から「13：ややきつい」に相当する。しかし，処方された運動強度が必ずしも該当するとは限らず，計算で導き出された至適運動強度で運動をしても，弱すぎたりあるいは強すぎたりすることもある。このような場合は，主観的に「楽である」または

「ややきつい」の範囲に入るように強度を補正する必要がある。

（3）　運動現場でのデジタル化

　また，運動負荷テストはエアロバイクやトレッドミルを用いて行われる場合が多いが，安静時の心拍数は，測定当日にエアロバイクに乗って，落ち着いたと思われる時点の値が用いられる。しかし，トレーニング現場では，慣れない測定環境により緊張し，なかなか心拍数が安定しない事例も多い。さらに，測定された値が，日頃の安静時心拍数に相当するか否か，判断できない事例がある。その為，自己のヘルスケアは勿論であるが，健康維持増進を目的としてトレーニングを行う際は，簡易的なウェラブルを用い，自身の日頃の安静時心拍数や運動を行なった際の心拍数を把握しておくことは重要であると思われる。

　これまで運動した消費カロリーを算出する際，個人の身長，体重などの身体的特性の他，歩幅，速度，走行距離，身体角度などが反映されていなかったことから，計算上の推定式の妥当性に欠けることも多かった。しかし，今日のエアロバイクやトレッドミルはこれらの情報が搭載されていることから，精密な計算が可能になってきている。

　また，握力，背筋力，柔軟性などの体力測定機器もデジタル化され，これら記録されたデータはパソコンで集計・評価し，健康・体力診断としてスコア化される。また，各種測定結果は性別・年齢別の全国平均値と比較することも可能になる。また前回の測定と比較でき，このようにトレーニングのデータが可視化されることは，実施者のやる気の向上やトレーニングの継続などにも繋がることが予想される。

　さらに，トレーニングの経時的なデータが一括して管理され，データ蓄積がされることとから，科学的で効率良いトレーニングを行うことが可能となってくる。また，これらの生体のビッグデータは，将来，医療

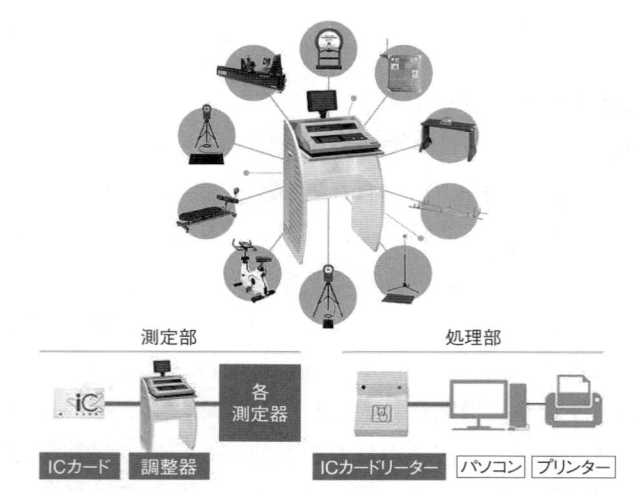

測定部　　　　　　　　　　　　処理部

| ICカード | 調整器 | | ICカードリーダー | パソコン | プリンター |

■測定は測定時に非接触式カードをポケットに入れて行います。各機種の操作方法は液晶パネルに順序良く表示されますので，利用者の方が一人で操作できます。測定結果は自動的にカードに記録されます。
■記録されたデータはパソコンで集計・評価し，健康・体力診断表をしてプリントアウトされます。各種測定結果は性別・年齢別の全国平均と比較が可能です。また2回目以降の利用者については前回の測定結果も表示されますから，トレーニングの効果なども一目でわかります。体力測定の結果をもとに1人1人に合わせた運動メニューを具体的に作成し呈示します。

ICカード

（処理部）ICカードリーダー

（参考資料：竹井機器工業株式会社）

図7-3　体力測定のデジタル化

現場と運動現場における共有とAIの活用により，オーダーメイド化された効率的，かつ効果的な運動処方が行われるのではないかと考えられる。

（4）　今後の医療 DX とスポーツ DX の展開

　DX 推進は医療現場や介護現場のみならず，デジタルの先端技術をスポーツに取り込む動きが進んでいる（参考文献 [6]）。2022 年 3 月に策定された「第 3 期スポーツ基本計画」では，今後，5 年間に取り組む施策の 12」の中に，「スポーツ界における DX の推進」を挙げている（参考文献 [7]）。そして，政策目標を，スポーツ界で DX 導入を図ることにより，国民・社会対し様々なスポーツに関する知見や機会を広く提供することと謳っている。また，スポーツを「する」「みる」「ささえる」の実効性を高めることを掲げている。さらに，自由民主党スポーツ立国調査会のうちの一つである「スポーツ DXPT」では，スポーツの産業化，スタジアム・アリーナの構想等に取り組んでいる。また，2022 年 5 月「スポーツのデータ活用に向けて（提言）」が報告されているが，現時点でのスポーツ界の DX に関し，データ活用が拡大していること，またデータの活用の活性化は，多くの関係者にベネフィットをもたらし，ビジネスとしの可能性が大あること，しかしながら，データ活用の取組は未だ検討段階であり，スポーツ界全体として横断的に十分な検討・活用できていない状況も見られるとの指摘がされている。一方，スポーツ DX のデータ活用はビジネス面のみならず，選手のパフォーマンス向上に大きく貢献することが考えられる。まず，選手のコンディションやパフォーマンスの成績管理，さらにはゲーム分析などのデータを，IT 技術を使用して活用することは，活用しないチームとの差が生まれてくることは想像するまでもない。実際，MLB，NBA などのプロスポーツチームはデータ分析の専門チームをもつことは勿論のこと，IT 技術を利用した会社と組みビッグデータを分析・活用している。また，そのような技術がチームの勝敗の要因の一つとなってきている。

3. 生理計測の意義と方法

(1) 酸素飽和度の測定

　呼吸により体内に取り込まれや酸素は，肺胞に運ばれヘモグロビン（Hb）と結合し，全身に運ばれる。通常，Hb は 96％から 99％が酸素と結合する。一方，Hb は鉄を含み，酸素と結合すると鮮紅色に変化する特性を持ち，この比率を動脈血酸素飽和度（SaO_2）（参考文献 [8]）と呼ぶ。パルスオキシメータで測定された値は，皮膚を通した光の吸収値を測定した値（酸素飽和度 SpO_2）になる。図は HbO_2 と Hb の吸光係数を示したものである。図は吸光度曲線と呼ばれるが，それぞれの曲線は酸素と結びついた HbO_2 と，酸素を離した Hb で，どの光を多く吸

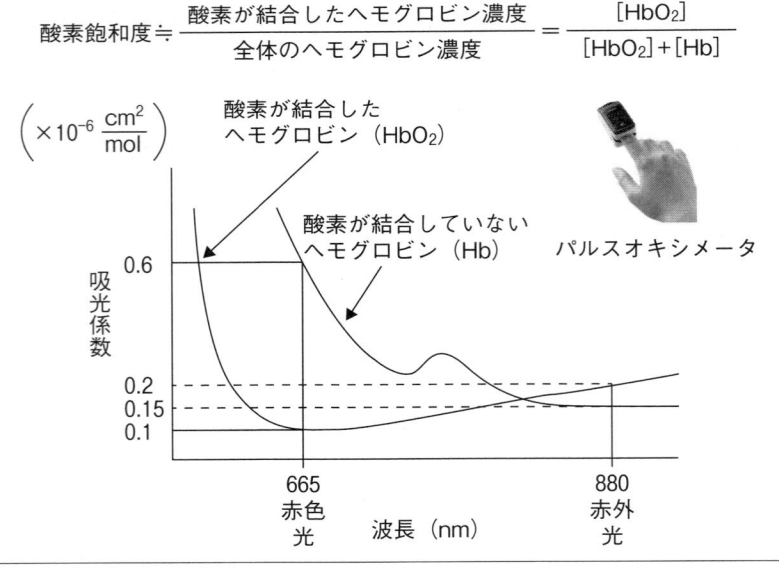

$$酸素飽和度 \fallingdotseq \frac{酸素が結合したヘモグロビン濃度}{全体のヘモグロビン濃度} = \frac{[HbO_2]}{[HbO_2]+[Hb]}$$

図 7-4　酸素飽和度の決定

収するかを示す。色は横軸の波長で表わされるが，2 本のグラフは HbO$_2$ と Hb がどの波長をよく吸収し，どの波長をあまり吸収しないかを示している。線が下に行くほど，その波長を吸収しないことを表す。

　HbO$_2$ は赤色になるが，これは赤色だけをあまり吸収せずに通すからであり，赤色の吸光度が低いことを示す。一方，酸素を離した Hb は黒色になるが，これは光を強く吸収するためである。赤色を血液に当てると，ヘモグロビンと酸素がより多く結びついていると，それだけ多くの光が指を通り抜け，センサーが受け取る光の量が多くなる。赤外光は Hb と酸素の結びつきに関係なく血液を通り抜ける。HbO$_2$ が増えて Hb が減れば，センサーが受け取る赤色光は多くなり，赤外光は変化しない。その逆の HbO$_2$ が減って Hb が増えればでは赤色光は少なくなり，赤外光は変化しないということになる。つまり，パルスオキシメータの原理は，センサーが受け取る R/IR の比率が分かれば，HbO$_2$ と Hb の比率が分かり，酸素飽和度が分かることになる。

（2）　脳波測定

　1929 年に精神科医であるハンス・ベルガー（ドイツ）のはヒトの脳の電気活動を記録し，その研究成果を「ヒトの脳波について」と題して論文を発表した。またベルガーは，脳の活動電位の曲線を脳波（Elektrenkephalogramm：EEG）と命名した。脳波は脳活動に生じる波に類似され，脳内の約 1,000 億個の神経細胞が外部刺激に反応して電気信号を伝達させて様々な処理を行うが，脳波測定はその微弱な電気信号を電極で記録し，脳波計より増幅することにより記録が可能となる。一方，脳の周波数は脳の働きや覚醒度などの精神状態によって変化し，β（ベータ）波，α（アルファ）波，θ（シータ）波，δ（デルタ）波の 4 つの種類に分けられる。β 波は覚醒，集中，緊張時に見られ，α 波

はリラックス時や閉眼時，θ波は眠い時や瞑想時，またδ波は徐波睡眠時に見られる脳波である（図7-5）。

　測定方法は，被験者の頭の皮上に電極を装着するが，国際脳波・臨床生理学会連合標準電極配置法（国際10/20法）に基づいた箇所に電極を装着する（参考文献［9］）。この電極により，頭皮，頭蓋骨，髄液，硬膜などを通して，脳の活動電位を測定する。大脳では1mm³に対して約10万個の神経細胞が存在ことから，一つの電極には膨大な数の神経細胞の総和を検出する。一方，脳波の解析はヒトの多様な心理的状態があることから，解析が難しいと言われている。しかし，様々な状況下での脳波パターンのデータを蓄積し，今日のAIを活用して脳波を解析することにより，医療や心理学の領域では勿論のこと，工学，スポーツ学などの分野においても，より詳細なヒトの状態を解析することが可能と

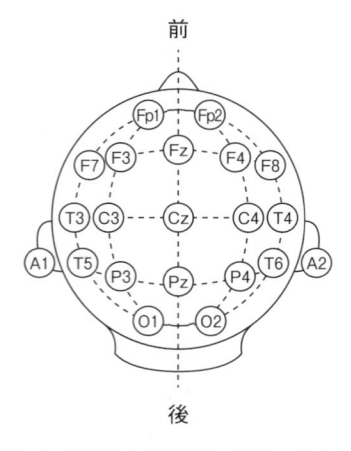

国際10/20法による電極の配置図

表. 脳波の分類

名　称		周波数（Hz）
δ（デルタ）	徐　波	0.5～3.0
θ（シータ）		4.0～7.0
α（アルファ）	基　波	8.0～13.0
β（ベータ）	速　波	14.0～

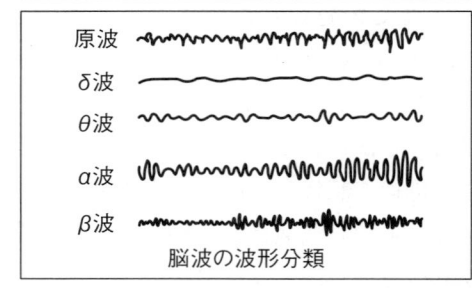

脳波の波形分類

図7-5　脳波測定法

なる。

（3）　自律神経測定

　自律神経系は，血圧，呼吸数などを調節している神経系である。その
ため，通常は意識や努力をせずに，自律的に機能する。自律神経の不調
は様々な疾患のサインにもなる。特に交感神経優位が続くと血管収縮に
よる血流低下が起こる。そのため，日頃から自身の自律神経のセルフ
チェックは疾病予防に有効である。近年では簡易的に指先で自律神経を
測定できるディバイスがある。自律神経は指先のセンサで血流を測定
し，瞬時の心拍数の測定が可能になる。その心拍数の 1 拍毎の間隔は
「ゆらぎ」があり，このゆらぎ度合をセンサーでよみとる。リラックス
度が高い（副交感神経優位）場合は心拍数のゆらぎが大きくなる。一
方，ストレス度が高い（交感神経優位）場合はゆらぎが小さくなる。解
析は脈波の波形を 2 段階微分して得られる加速度脈のピークから自律神
経の状態を測定する。

　自律神経系の状態は，心拍や指尖などから測定することができる脈波
のピーク（R 波）の間隔（R-R 間隔）の変動から得られるが，R-R 間
隔は鈍化（ブロード化）しているため，精度が低くなる。そこで，脈波
を 2 階微分して得られる加速度脈波のピーク間隔（a-a 間隔）の変動か
ら自律神経系の賦活化状態を算出する（参考文献 [10]）。

　また近年では，縮瞳率（miosis rate）を指標にした自律神経系の測定
が行われている。瞳孔は光量に応じて，その径（瞳孔径）を変化させる
が，瞳孔径の変化は網膜に投射する光量の調整に寄与する。明るい場所
では瞳孔径は小さく（縮瞳）なり，自律神経は副交感神経優位になる。
一方，暗い場所では，瞳孔の径は大きく（散瞳）なり，交感神経優位に
なる。この原理を基に刺激直後の瞳孔の径（a）と刺激後の瞳孔の径

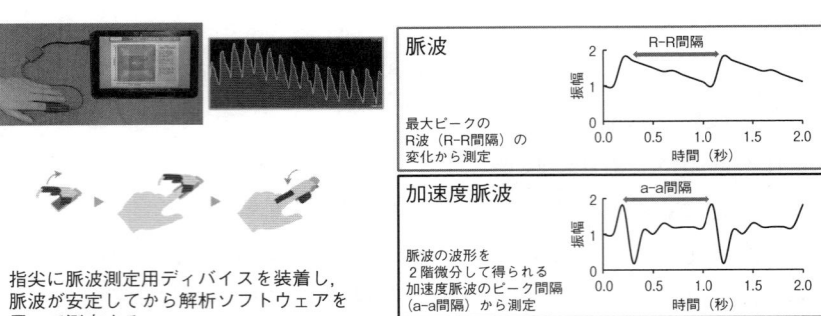

脈波

最大ピークの
R波（R-R間隔）の
変化から測定

加速度脈波

脈波の波形を
2階微分して得られる
加速度脈波のピーク間隔
（a-a間隔）から測定

指尖に脈波測定用ディバイスを装着し，
脈波が安定してから解析ソフトウェアを
用いて測定する

Lifescore Quick
（画像提供：WINフロンティア株式会社）

解析：脈波の波形を2階微分して得られる
　　　加速度脈波のピーク間隔から，
　　　自律神経系状態を測定する。

図7-6　自律神経の解析法

（b）を計測し，縮瞳率を計算する。縮瞳率が高いほど，副交感神経優位な状態と評価される。

（4）　各種ホルモン測定法

　ホルモンは，ヒトの生命維持の機能調節に重要な役割を果たし，脳，甲状腺，副腎，卵巣，精巣などから様々なホルモンが血液中に分泌され，各種組織や器官の働きを調節している。ホルモン量は，一定に保たれるように調節されていているが，年齢とともに分泌量が変化し，20代で最も高く，その後は加齢に伴い低下していく。また，男女共に40代前後になるとホルモンバランスの乱れにより心身の変化が見られることが多い（参考文献 [11]）。そのため，高齢者になると健康管理の一つとしてホルモンバランスの維持が重要になってくる。ホルモンバランスには，食事，睡眠，適度な運動などが影響を及ぼす事が明らかとなってきる。しかし，ホルモン量の不足により，心身の異常や健康問題が起きてきた際は，ホルモン補充療法により改善を試みる事がある（参考文献

［12］）。補充療法に用いられる植物抽出の天然ホルモンは，構造式が同様の際はターゲット受容体に作用することにより，内因性ホルモンと同様な生理作用が期待される。しかしながら，ホルモン補充療法は疾病の予防に留まり，治療を完治させるものではない。

　代表的なホルモンにプロゲステロン，DHEA，テストステロン，アンドロステンジオン，エストロゲン（エスラジオール，エストロン，エストリオール），コルチゾール，メラトニンなどがある。これらのホルモンを測定する場合，血液，唾液，尿から検体を採取して解析される。

（5）　血液検体によるホルモン測定

　血中ホルモンは極めて微量であり，また血液検査では外因性ホルモン濃度は反映されない事が多いことから，ホルモン補充療法時に過剰投与の傾向になる場合が多い。また，血液検査は検出度の高い，抗原抗体反応を利用した放射性同位元素標識免疫測定法（Radio Imunnoassay：RIA）や酵素標識免疫測定法（Enzyme Immunoassay：EIA）が用いられている事が多い。しかし，RIA 法は特殊設備や放射性同位元素廃棄方法に問題があるため，近年では標識物質に蛍光物質や化学発光物質を用いる方法が主流になった。

（6）　唾液検体によるホルモン測定

　唾液をサンプルとした測定は，採取方法が簡易的かつ，非侵襲性であることから，様々な条件下での測定が可能である。一方，体内を循環するタンパク質結合ホルモンは分子量が大きく，唾液腺膜の通過が制限される。しかし，唾液中ホルモンは身体全体の割合からは少ないが，分子量が小さく単純拡散により唾液に入る。このため非タンパク結合の唾液ホルモンの測定が可能になる（参考文献［13］）。

（7）　尿検査によるホルモン測定

　尿検体は，睡眠中に分泌され成長ホルモンなどの測定に適している。また，主要なホルモンとその代謝産物の両方を評価することで，ホルモンが体内で適切に分解されているか否かを判断することが可能となる。適切に分解されないホルモンの代謝副産物の蓄積は，前立腺がんや乳がんなどの危険因子となることがあるため，代謝されたホルモンが尿中に過剰に排出されていないかを検査することが可能となる。

（8）　酸素統合免疫吸着測定法（ELISA 法）

　Enzymed-linked immunosorbent assay（ELISA 法）を用いることにより，ホルモンの定量の他，タンパク質，サイトカイン，病原体の検出をすることができる（参考文献［14］）。ELISA 法の原理は，試料溶液中に含まれる標的の抗原または抗体を特異抗体または抗原で捕捉し，酵素反応を利用して検出・定量する。この ELISA 法には，抗原抗体反応の組合せによってサンドイッチ法，直接法，間接法，などがある。

1）サンドイッチ法（Sandwich ELISA）

　補足抗体，検出抗体の2種の抗体で抗原を挟み込み検出するため，特異性が高い高精度な測定であり，ELISA 法の中でも多く使われている方法である。補足抗体をプレートに吸着させる必要があるが，測定前に混合物から抗原を精製する必要がなくなり，アッセイが簡素化される。同一抗原中に異なるエピトープを認識する抗体を選択する必要があり，その際に定量性が高いモノクローナル抗体と高感度検出が期待できるポリクローナル抗体が検出目的に応じて使い分けられている。

①直接サンドイッチ法（Direct Sandwich）

　酵素標識した一次抗体で抗原を検出する。他の ELISA 法と比較し，簡易的であり，エラー抑制ができる。しかし，間接法やビオチンを用い

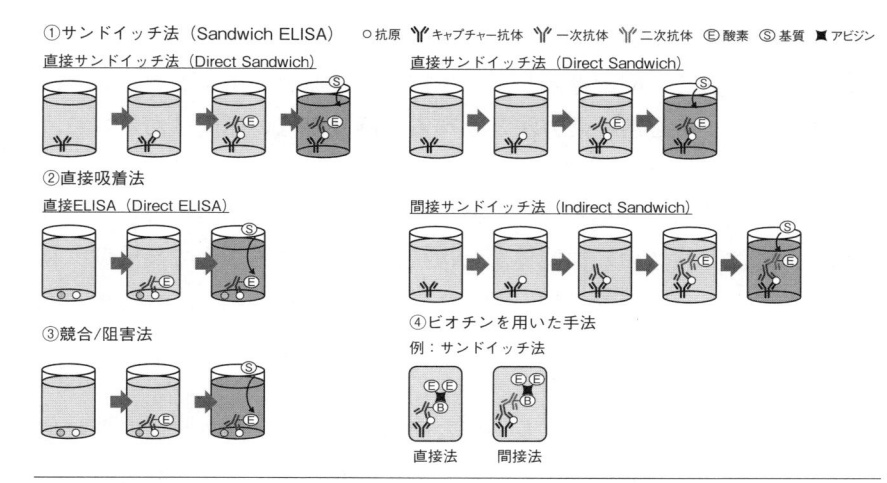

図 7-7　ELISA 法

た手法と比べ，シグナル増幅がなく感度が低い。

②間接サンドイッチ法（Indirect Sandwich）

　一次抗体で抗原を補足後，酵素標識した二次抗体と基質の添加により検出する。複数の二次抗体が一次抗体に結合し，高感度の検出が可能となる。直接サンドイッチ法に比べ，二次抗体の添加およびインキュベーションの手順が増える。また二次抗体の交差反応によってバックグラウンドが高くなってしまうことがある。

2）直接吸着法

　マイクロプレートに抗原を固相化した後，酵素を直接標識した一次抗体に用いる直接 ELISA と，未標識の一次抗体と酵素標識した二次抗体を用いる間接 ELISA がある。手順が少なく簡易的な手法で，サンプル中に目的の抗原以外のタンパク質が多めに存在する場合などは，検出感度が低下する場合がある。

①直接 ELISA（Direct ELISA）

　簡易的な手法で，酵素標識した一次抗体で抗原を検出する。しかし，間接法やビオチンを用いた方法と比べると感度が低い傾向にある。

②間接 ELISA（Indirect ELISA）

　一次抗体で抗原を補足後，酵素標識した二次抗体と基質の添加により検出する方法。複数の二次抗体が一次抗体に結合することで高感度に検出できる。しかし，直接 ELISA に比べ，手順が増える。二次抗体の交差反応によりバックグラウンドが高くなる可能性もある。

3）競合／阻害法

　目的抗原に対する抗体をプレートに吸着させた後，酵素標識した抗原とサンプルを共存させて検出する。目的抗原がサンプル中に含まれることで減少した吸光度から，サンプル中の抗原量を定量する。サンプル中に目的抗原が少ないと吸光度は高くなり，多いと吸光度が低くなる。サンドイッチ ELISA で検出できない場合は，競合／阻害法を試してみる価値もある。しかし，検出限界のギリギリで競合反応させることから，抗体と競合する抗原の量の条件検討を行う必要がある。

4）ビオチンを用いた手法

　一次抗体または二次抗体にビオチン標識することで，ストレプトアビジンを使った検出が可能となる。抗体に標識するビオチンは低分子なので，酵素と比べ，立体障害が低減される。また，ストレプトアビジンに結合させる酵素量を増やすことで増感できる。

（9）　抗酸化能，酸化ストレス

　ヒトは酸素を利用し，ミトコンドリアで ATP を生産してエネルギーを作り出すと同時に，ATP の産生過程で活性酸素を生成する。このミトコンドリアは体内で使用される約 90％以上の酸素を消費し，その内

の約 3%が活性酸素種に生成
される。活性酸素は反応性の
高い酸素の総称で，スーパー
オキシド，ヒドロキシラジカ
ル，過酸化水素，一重項酸素
の 4 つが知られている。一
方，活性酸素は不安定な不対
電子を持ち不安定なことか
ら，反応性が高い性質を持っ

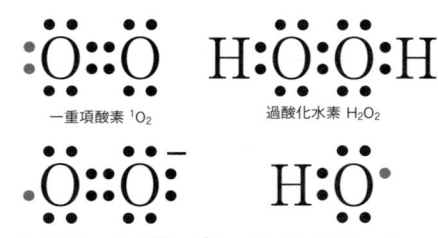

図 7-8　活性酸素の配置図

ている。その為，活性酸素は，他の物質と反応性しやすく，脂質，糖
質，核酸などの細胞成分を酸化させてしまう。しかし，通常のヒトの身
体では，活性酸素と抗酸化システムはバランスが取れており，体内の酸
化ストレスは，速やかに除去されるようになっている。また，活性酸素
は免疫機能などの生体防御において必要不可欠なものであり，さらに排
卵時やプロスタグランジンの生理活性物質の産生にも関与していること
から，必ずしも生体に有害な物質ではない。しかし，加齢，ストレス，
強運動，食品添加物，タバコなど，様々な要因により，活性酸素が増加
することが知られている。また，この活性酸素は DNA やタンパク質に
結合することにより，様々な疾病や老化促進を誘導することも明らかに
なっている（参考文献［15］）。その為，体内で過剰に蓄積された活性酸
素を除去し，抗酸化を促すことが疾病の予防に繋がると考えられてい
る。抗酸化能を持つ食品や物質は多数報告されているが，これらのラジ
カル消去活性を評価する必要性がある。抗酸化能の測定方法はいくつか
見られるが，ラジカル量を ESR（電子スピン共鳴）装置で測定する方
法や，ラジカル色素やラジカルと反応して発色する色素の吸光度変化で
測定する方法がある。また，抗酸化能を評価する上で，酸化マーカーと

148

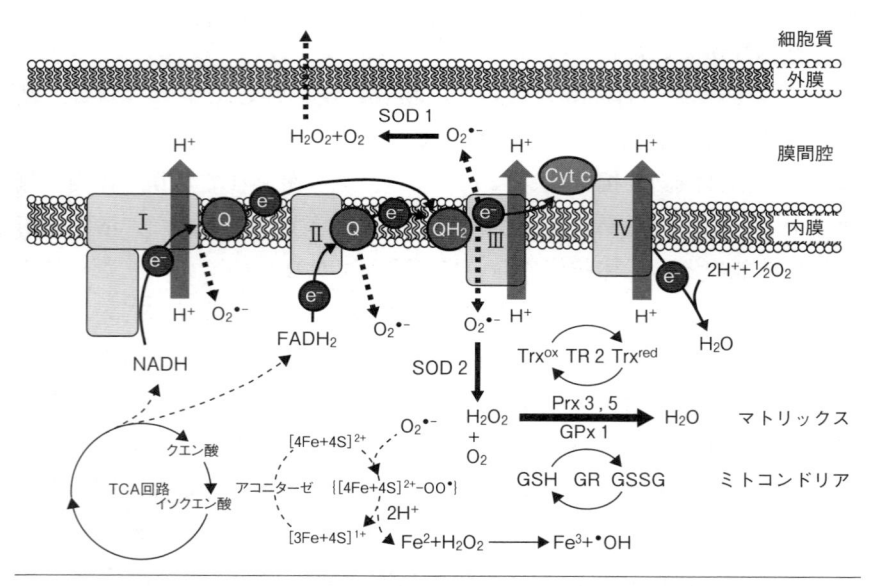

図7-9　活性酸素種

図7-10　ミトコンドリアにおける活性酸素種の発生と消去
SOD：スーパーオキシドジスムターゼ，Trx^{ox}：酸化型チオレドキシン，Trx^{red}：還元型チオレドキシン，Prx：ペルオキシレドキシン，TR：チオレドキシンリダクターゼ，GPx：グルタチオンペルオキシダーゼ，GSH：還元型グルタチオン，GSSG：酸化型グルタチオン，GR：グルタチオンリダクターゼ，$O_2{}^{\bullet-}$：スーパーオキシド，H_2O_2：過酸化水素，$^{\bullet}$OH：ヒドロキシラジカル。松本紋子，臨床病理 64（10）2016 より改変

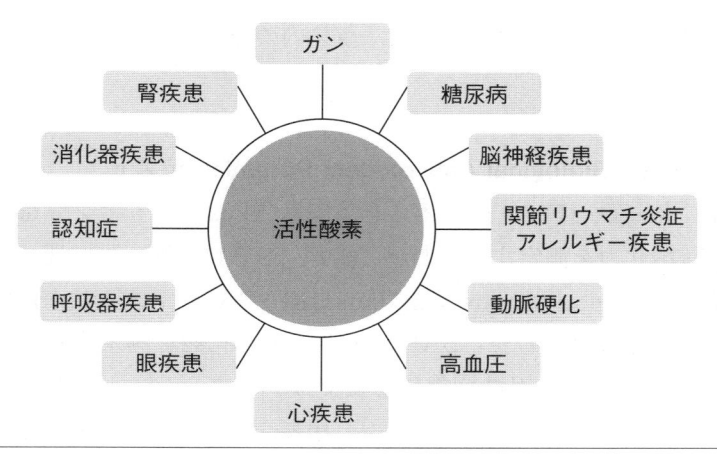

図 7-11　活性酸素が原因となって発症する疾患

抗酸化力マーカーの両者の評価も重要である。一方，これまで生体内で生成する活性酸素であるスーパーオキシドや一酸化窒素の水溶液中半減期は数秒程で，さらに反応性の高いヒドロキシラジカルにおいてはマイクロ秒程度と大変短いことから，測定が困難であった。しかし，近年では，酸化マーカーである d-ROMs テストや抗酸化マーカーの BAP テスト，OXY 吸着テストなどが開発され簡易的に測定が可能になった。

（10）　d-ROMs テスト

　酸化還元法を用いている d-ROMs テストは，血液サンプル中の酸化ストレスが簡易的に測定できる（参考文献［16］）。一方，d-ROMs テストでは活性酸素やフリーラジカルをダイレクトに測定するのではなく，活性酸素がタンパク質などを酸化させた際に生じる代謝産物のヒドロペルオキシド（ROOH）などの過酸化物を捉えて定量化する。サンプルを酢酸緩衝液（4.8 PH）に混合し，ROOH 濃度をフェントン反応に

よって試薬に呈色反応を生じさせ，生体内の酸化ストレス度の状態を総合的に評価する。

（11）　BAP（Biological Anti-oxident Potential）テスト

　近年，第二鉄（Fe3＋）イオンを第一鉄（Fe2＋）イオンへ還元することで抗酸化力を測定することが可能で，さらに手順も短時間で簡易的に行える Biological Antioxidant Potential（BAP）テスト法が用いられている（参考文献［17］）。BAP テストで抗酸化能を測定することが可能なサンプルは，内因性抗酸化物質ではアルブミン，トランスフェリン，セルロプラスミン，ビリルビン，尿酸，還元グルタチオンなど，一方の外因性抗酸化物質にはトコフェロール，カロテン，ユビキノン，アスコルビン酸，メチオニン，フラボノイド，ポリフェノールなどである。酸化還元分析装置を用いた，BAP 測定の原理は，三価鉄塩 FeCl3 と無色のチオシアン酸塩を反応させ，三価鉄 Fe3＋イオンとして赤く呈

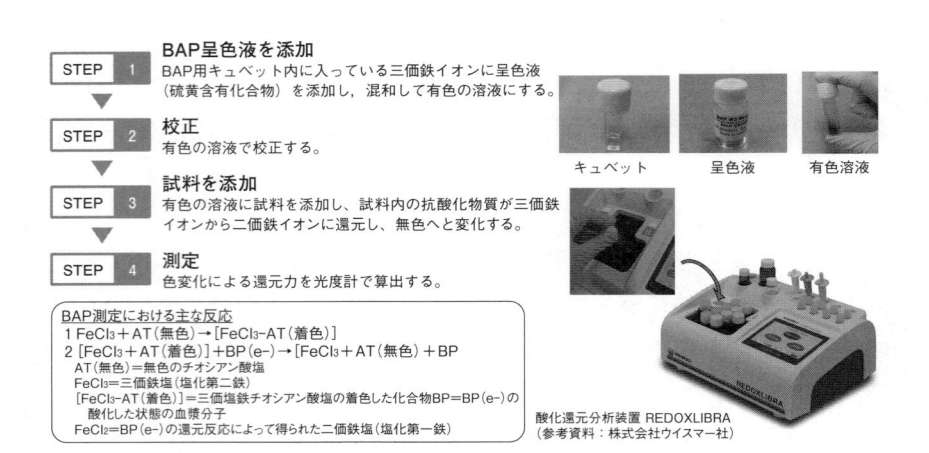

STEP 1　BAP呈色液を添加
BAP用キュベット内に入っている三価鉄イオンに呈色液（硫黄含有化合物）を添加し，混和して有色の溶液にする。

STEP 2　校正
有色の溶液で校正する。

キュベット　　呈色液　　有色溶液

STEP 3　試料を添加
有色の溶液に試料を添加し，試料内の抗酸化物質が三価鉄イオンから二価鉄イオンに還元し，無色へと変化する。

STEP 4　測定
色変化による還元力を光度計で算出する。

BAP測定における主な反応
1 FeCl3＋AT（無色）→［FeCl3-AT（着色）］
2 ［FeCl3＋AT（着色）］＋BP（e-）→［FeCl3＋AT（無色）＋BP
　AT（無色）＝無色のチオシアン酸塩
　FeCl3＝三価鉄塩（塩化第二鉄）
　［FeCl3-AT（着色）］＝三価塩鉄チオシアン酸塩の着色した化合物BP＝BP（e-）の
　酸化した状態の血漿分子
　FeCl2＝BP（e-）の還元反応によって得られた二価鉄塩（塩化第一鉄）

酸化還元分析装置 REDOXLIBRA
（参考資料：株式会社ウイスマー社）

図 7-12　抗酸化測定法（BAP テストの方法）

色をさせ，そこにサンプルを添加し，サンプル中の抗酸化物質の作用で二価鉄 Fe2 + イオンに還元され，赤色が脱色した変化を光度計で計測し，還元力を抗酸化力として評価する。

（12）　OXY 吸着テスト

　酸化ストレスとなる活性酸素・フリーラジカルは体内の代謝・免疫活動等で常に産出されている。OXY 吸着テストは，生体内の白血球が異物を攻撃する際に出す強力な活性酸素の 1 つである次亜塩素酸（HClO）を使用することで，HClO 消去能から体内の抗酸化力を評価する。食品や飲料などの水溶性のサンプルであれば測定が可能となる。

　測定の手順は，HClO の試薬に測定サンプルを混合し，サンプルの HClO に対する抗酸化反応をさせ，呈色液（N，N–ジエチルパラフェニレンジアミン）を混合し，消去しきれなかった次亜塩素酸が呈色液と反応し，赤く呈色反応を起こす（A-NH2 → ［A-NH2・］+）。OXY 吸着テストでは，ROS の酸化作用を抑制する抗酸化物質も捉えることで，トータルの抗酸化力を評価する。

　近年，酸化ストレスを防止するための抗酸化防御機構のバランスを保つための，活性酸素やフリーラジカルに対する抗酸化能を評価する研究が増え，様々な抗酸化能を評価するためのテスト方法が開発されている。今回，紹介した酸化還元分析装置を用いた 3 つの抗酸化能を評価する 3 つのテスト方法の評価基準値を図 7-13 に示した。しかし，様々な条件下で採取した酸化ストレス関連のサンプルの数は，少ないのが状況であると思われる。今後，更なるデータの蓄積により，より詳細は評価基準が出来てくると思われる。

152

d-ROMs テストの評価基準	
d-ROMs 値（単位＝U.CARR）	抗酸ストレス度
200-300	正常
301-320	ボーダーライン
321-400	軽度の酸化ストレス
401-500	強度の酸化ストレス
501 以上	重度の酸化ストレス

BAP テストの評価基準	
BAP 値（単位＝μmol/l）	抗酸化能
2200-2000	正常
2000-1800	軽度の低下
1800-1600	中度の低下
1600-1400	重度の低下
＜ 1400	非常に重度の低下

OXY 吸着テストの評価基準	
OXY 値（単位＝μmol/ml）	抗酸ストレス度
350 以上	正常
320-350	抗酸化力がやや低下
380-319	抗酸化力が中度低下
250-278	抗酸化力がかなり低下
250 以上	抗酸化力が大幅に低下

図 7-13　酸化ストレス関連テストとその評価基準

（13）　生化学的検査の自動化

　これまで手動で行われていた，採取された血液サンプルから生化学的
検査は，今日では，検体の分注，攪拌，測光，洗浄，さらには結果や評
価に至るまでの全ての分析プロセスが自動化された機器が誕生した（図

7-14)。しかも高精度で短時間での検査が可能になったなっている。このよう背景から，ホルモン測定や抗酸化能などの検査も自動化されると思われる。また，このような自動分析装置には，既にコンピュータが装備され，デジタル化されていることから，医療 DX の更なる加速も予測され，医療サービスの向上や新規治療法や創薬などにも結びつくことが予想される。

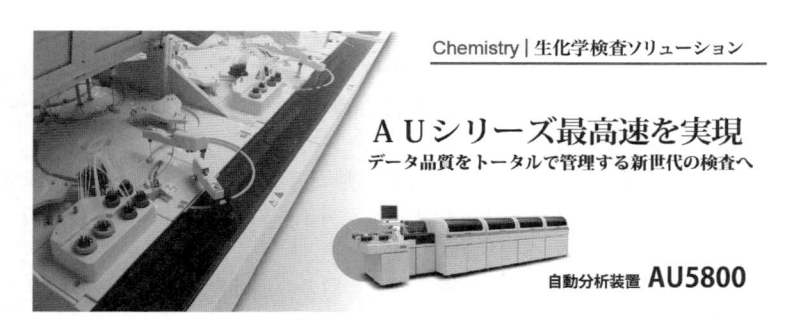

生化学的検査の自動分析装置

図 7-14　自動分析装置 AU5800
出典：ベックマン・コールター株式会社 Web サイト

参考文献

[1]　Biomarkers Definitions Working Group.Biomarkers and surrogate endpoints: preferred definitions and conceptual framework. Clin Pharmacol Ther. 2001; 69, 3, 89-95.

[2]　吉村拓巳，黄銘，田村俊世：ヘルスケアにおける体温計測のセンサ技術．日本 AEM 学会誌 31，4，510-516（2023）

[3]　Stéphane Cook, Mario Togni, Marcus C. Schaub, Peter Wenaweser, Otto M. Hess: High heart rate: a cardiovascular risk factor? European Heart Journal. 2006;27, 20, 2387-2393.

[4] Borg GA. Perceived exertion: a note on "history" and methods. Med Sci Sports. 1973;5(2):90-93.

[5] 森谷敏夫：特集 糖尿病の運動療法 運動処方の立て方の実際．糖尿病 47，8：626-628.（2004）

[6] 服部宏，山本俊：スポーツの DX 化．スポーツ産業学研究 32，4，4497-4500（2022）

[7] スポーツ庁：スポーツ界における DX の推進，第 3 期スポーツ基本計画，https://www.mext.go.jp/sports/content/000021327_20220317_3.pdf

[8] 橋本修；斉藤修：経皮的酸素飽和度測定の意義．日本呼吸ケア・リハビリテーション学会誌，9，2:126-129（1999）

[9] 人見健文，池田昭夫：脳波の基礎知識．臨床神経生理学，42.6:365-370（2014）

[10] 高田晴子，高田幹夫，金山愛．心拍変動周波数解析の LF 成分・HF 成分と心拍変動係数の意義—加速度脈波測定システムによる自律神経機能評価—．総合健診．32(6):504-512.（2005）

[11] 一戸喜兵衛，馬淵義也，北嶋朋子：更年期の卵巣背景．産婦人科の世界，42:797-806，（1990）

[12] 髙松潔，小川真里子：華麗なる加齢のために：ホルモン補充療法によって閉経後女性の QOL は向上する．歯科学報 113(3):223-232（2013）

[13] 山口昌樹：唾液マーカーでストレスを測る．日本薬理学雑誌 129，2:80-84（2007）

[14] 小林典裕，上田宏，三宅司郎，荒川秀俊，『免疫測定法 基礎から先端まで』生物化学的測定研究会（編集），（講談社，2014）

[15] 吉川敏一，谷川徹：活性酸素・フリーラジカルと疾患．化学と生物，37.7:475-481（1999）

[16] 関泰一：d-ROMS テストによる酸化ストレス総合評価．生物試料分析，32:301-306（2009）

[17] Dohi K, Satoh K, Ohtaki H, Shioda S, Miyake Y, Shindo M, Aruga T: Elevated plasma levels of bilirubin in patients with neurotrauma reflect its pathophysiological role in free radical scavenging. In Vivo. 2005;19(5):855-860.

1. ヒトの身体から得られる生体データを得るための，様々な生理計測法の基礎を学ぼう。
2. 様々な身体データをデジタル化するための課題点や課題を考えてみよう。
3. 今後の医療や健康関連の DX 化をどのように進めるべきかを考えてみよう。

8 | 環境と生理活性

竹ノ谷文子

《目標＆ポイント》 五感刺激の一つで，香り受容体を活性化させる嗅覚と，近年の精油の持つ薬理作用を活用したメディカルアロマセラピーやスポーツアロマを解説する。さらに様々な分野における香り DX に向けた取り組みを紹介する。

《キーワード》 香りの作用機序，メディカルアロマセラピー，スポーツアロマ，芳香療法，香り DX

1. 香り情報の仕組み

（1） 香りの分子

　元素は 100 程であるが，有機化学で取り扱われる主な元素は C（炭素），H（水素），O（酸素），N（窒素），P（リン），S（イオウ），ハロゲン（フッ素（F）・塩素（Cl）・臭素（Br）・ヨウ素（I）など）などになる。一方，炭素の結合によって様々な形で作り出される有機化合物は 2000 万個以上にもおよぶ。香りは主に炭素，水素，酸素の組み合わせによって合成されるが，その香りの化学種は 40 万種類以上存在するといわれている。また香料化合物の分子量は 20〜400 程度の低分子化合物であり，様々な分子構造の違いが香りの違いを作り出している。例えば，置換基の違いが香りの違いを生み出し，また同じエステルによっても酸部の炭素の長さの違いにより香りも異なる。さらには二重結合による香りの違いもあれば，分子式が同じであっても構造式が異なる構造異

性体による香りの違いも見られる。

　また「匂い」成分は揮発性を有し，親油性，親水性ならびに官能基（発香基）を持つ。そしてこの多種の香りの中には，ヒトの生理作用や心に影響を及ぼすにおい分子が存在することが知られている（参考文献[1]）。

（2）　香りの情報のメカニズム

　今から約 30 年前頃は，香りが脳に及ぼす作用の解剖生理学的な機構解明についてはほとんど解明されていなかった。しかし，1991 年にリチャード・アクセルとリンダ・バックがマウスの嗅覚受容体を発見し（参考文献[2]），2004 年に彼らが嗅覚受容に関する基礎研究でノーベル生理・医学賞を受賞すると，嗅覚と脳に関する研究が急速に進み始めた。

　この匂い分子が脳に伝達されるまでの過程を解説すると，まず，大気中のにおい分子は鼻腔内の鼻粘膜にある嗅神経細胞から出ている嗅線毛でキャッチされ，鼻腔の奥の上部にある嗅上皮に到達する（図 8-1）。この嗅上皮には，匂い分子を識別する特殊な神経細胞である嗅細胞が 1000～2000 万個ほど並んで配列し，さらにそれを支持する支持細胞が存在している。この嗅細胞は，鼻腔内に嗅小胞と呼ばれる突出した頂部にふくらみがあり，一方漿液性の粘液は嗅細胞（ボウマン細胞）から分泌される。匂い分子はこの粘液に溶け込んでいく（参考文献[1, 3]）。

　一方，嗅小毛には嗅覚受容体の細胞質内部とつながっている G タンパク質（グアニンヌクレオチド結合タンパク質）が存在し，嗅細胞内の生化学的な反応を切り替える重要な役割を担っている。そして，嗅細胞内にある G タンパク質は嗅覚（olfactory system）の頭 3 文字を組み合わせ「Golf」と名付けられている。また嗅小毛には嗅覚受容体である細

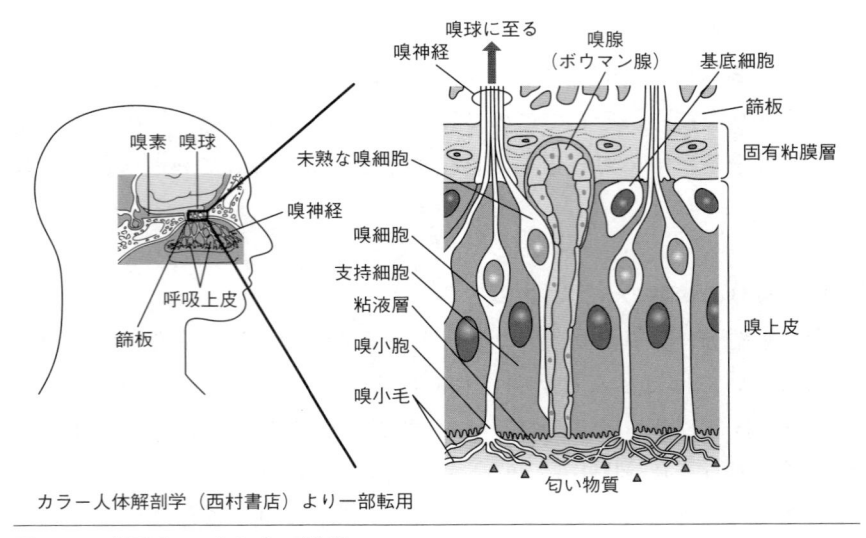

カラー人体解剖学（西村書店）より一部転用

図 8-1　鼻腔との嗅上皮の構造

　胞膜を 7 回貫通する GPCR（G タンパク質：グアニンヌクレオチド結合タンパク質結合型受容体）が存在する。この嗅覚受容体に「匂い」分子が結合すると，Golf を活性化し，細胞質内にある G タンパク質の α サブユニットが分離して，アデニル酸シクラーゼに結合する。この作用によりセカンドメッセンジャーとして知られているサイクリック AMP（cAMP）が産生され，嗅細胞のなかの cAMP 濃度が上昇する。その結果，この細胞質中で産生された cAMP は，同じ嗅小毛の細胞膜にある陽イオンチャネルに内側から結合する。その結果，この細胞膜に存在する陽チャンネルが活性化され，ナトリウムやカルシウムなどの陽イオンが外界から細胞内に向けて流入する。さらに細胞質中のクロライドイオンは細胞外に排出される。その結果として，細胞膜が脱分極することにより嗅細胞が電気的に興奮することになる。このように，鼻腔から

入った匂い分子は化学的信号から電気信号へと変換し，嗅神経を活性化
して嗅細胞から神経突起（軸索）を伝わって脳内（嗅球）に嗅覚情報を
伝達していく（図 8-2）。

　一方，この嗅覚受容体はマウスでは約 1100 種以上の受容体が存在す
ることが明らかになっている。五感の一つである視覚の視細胞は 3 種の
受容体で様々な色を受け取ることが知られている。これに比べると，嗅
覚受容体は明らかに数が多く，嗅覚はヒトの生命に重要な位置付けとな
ることが容易に理解できる。

　しかし，40 万個もの種類を持つにおい分子を約 1000 個の嗅覚受容体

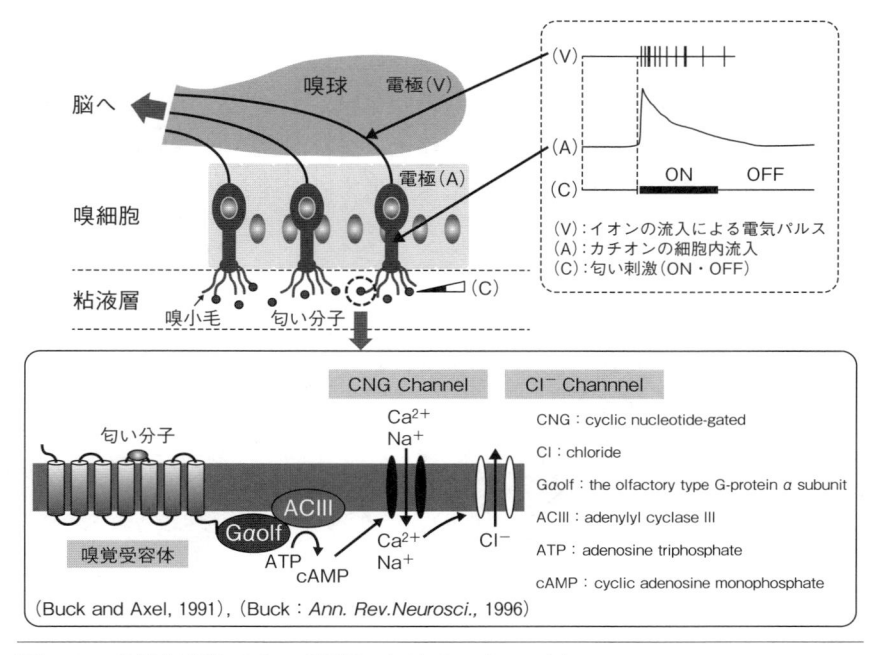

図 8-2　嗅神経細胞の匂い情報におけるメカニズム

では対応しきれないと思われる。しかし，嗅覚受容体とにおい分子の関係は，通常，よくみられるような，分子と受容体の1対1の鍵と鍵穴の関係ではなく，分子を受け入れる為に似た構造の受容体であれば，受け入れることができる仕組みが築かれていることが明らかになっている。そうなると1種類の匂い物質は複数の嗅覚受容体を活性化することになる。

　見かけ上，犬の鼻はヒトの鼻よりも大きいが，犬の嗅上皮の面積は人よりも，約十倍程度，大きいと言われている。ヒトの嗅上皮には4つの扇形の形をした領域（ゾーン）が存在し，それらと対応するゾーンが嗅球にも存在することが確認されている（図8-3）。つまり，嗅細胞から伝達された匂いの情報は，においの質が分類され，嗅球の特定のゾーンに到達することになる。しかしながら，この匂いがどのように分類されるかについての詳細は明らかにされていない。

　嗅球まで伝わった匂いの情報はその後，比較的短時間で大脳辺縁系に伝わり，視床下部，扁桃体，さらには海馬まで伝達される。におい情報

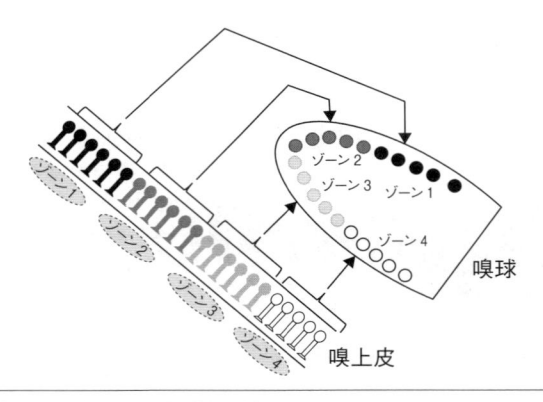

図 8-3　嗅上皮から嗅球への神経投射の模式図

のそれぞれの伝達は，視床下部では内分泌系に影響を与え，扁桃体では感情を変化させ，海馬では記憶とリンクさせるなど，様々な角度で心身に影響を与える。

　一方，五感のうち，嗅覚情報のみが，脳の中枢にダイレクト的に伝達されるが，視覚や聴覚，触覚，味覚などの情報は，他の経由を経て情報が伝わる回路を形成している。このように嗅覚情報は，他の感覚情報よりも素早く脳に伝達されるシステムが構築されていることを考えると，嗅覚はヒトの生命に重要な五感の一つであることが理解できる。

　しかし，現時点において，情報処理がどのように行われ，香りに対しての情動を司るかについての全容解明はなされていない。

　「におい」あるいは「かおり」は，「匂い」，「香り」，「臭い」，「薫り」といういくつかの単語が用いられるが，全て嗅覚に関与する表現であり，様々な場面によって使い方も異なる。特に「香り」はプラスの快感をイメージし，一方の「臭い」はマイナスの不快感的な印象を持つ単語として使われる場合が多い。ヒトに与える「におい」刺激研究は，良悪の両者の研究が行われてきた。そこでまず，悪臭や異臭を引き起こすヒトにとっての負のかおりの詳細を解説する。

2.　異臭と悪臭

（1）　異臭の閾値

　法悪臭防止法（法律第九十一号）は昭和 46 年に施行されているが，この法案は，規制地域内の工場・事業場の活動に伴って発生する悪臭について必要な規制を行うことにより，生活環境を保全し，国民の健康の保護に資することを目的としている。

　一方，このような悪臭や異臭に関する研究データは大変貴重であり，食品関連領域の安全性のみならず，ヒトの生活空間における悪臭等によ

る不快感の問題解決や快適な環境づくりのために応用される。稀に野菜からカビ臭さや薬品臭が感じられることがあるが，このような場合の原因の解明には，その食品等を GC-MS 解析を行うことにより，問題解決につながることがある。分析結果から，土壌の菌やカビ，または使用された農薬が原因であることが推測可能になる。

　通常，「匂い」物質が空気中に蒸散した単位は「ppm」（百万分の1），「ppb」（十億分の1）「ppt」（1兆分の1）が用いられる。例えば「ppm」は 1 L の水が 1000 本（1,000 L）に 1 mL（0.001 L）の溶液を垂らしたくらいに相当する薄さに値する。

　一方，悪臭や異臭の原因物質となるものは，ヒトがにおいを認識でき

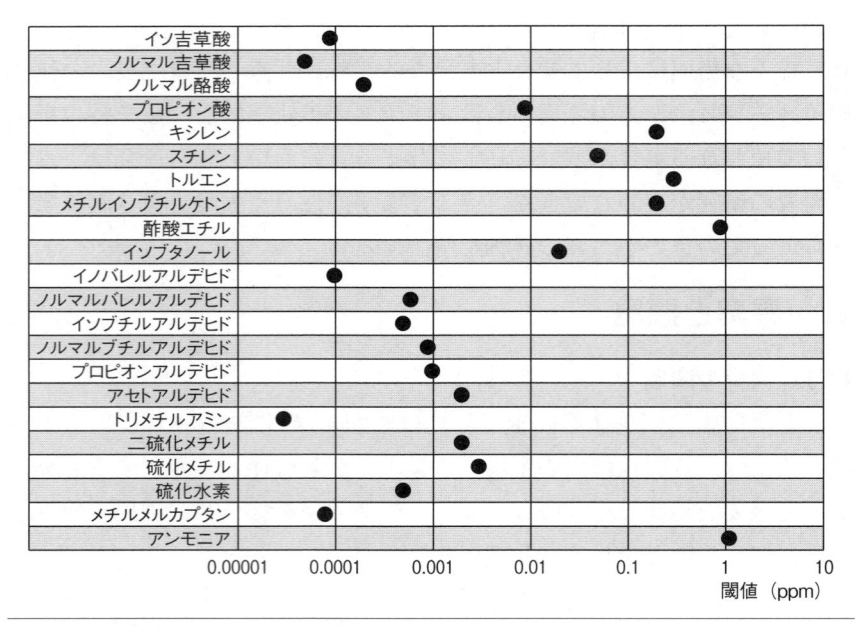

図 8-4　特定悪臭物質の閾値（日本環境センター）

る最小濃度の閾値として ppb から ppt のようにかなり低いものが多い
と言われている（図 8-4）。

　香りの分析機器における定量下限値は 0.0002 ppm 程度と言われてい
る。特定悪臭物質である排せつ臭，生ゴミ臭を漂わせるメチルメルカプ
タンの濃度は 0.00007 ppm になっても，人は匂いを感じるという。この
ようなことからも人の鼻の方は分析機器よりも優秀であることが伺われ
る。

　また，匂い物質の濃度とヒトの感覚強度との間には，ヒトの感覚強度
は刺激となる物質濃度の対数に比例するウェーバー・フェヒナーの法則
が存在している（図 8-5）。つまり，物質濃度が 10 倍になっても，ヒト
の感覚は約 2 倍にしか感じないということを示している。また，90% の
悪臭を除去しているにもかかわらず，人間の感覚では，悪臭除去が半分
程度にしか感じてないということになる。このようなウェーバー・フェ
ヒナーの法則からも，悪臭や異臭を消去する為の商品開発や方策などは
大変困難であることが理解できる。

　トイレの芳香剤は，快香を悪臭よりも強く拡散させることで，快香は

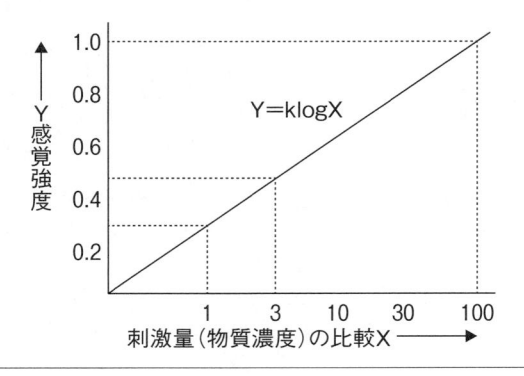

図 8-5　ウェーバー・フェヒナーの法則

感じるが悪臭の感じ方が変わるという，マスキングを用いた手法になり，悪臭物質が消えたことにはならない。

（２）　嗅覚センサーの開発

　近年では，生体センシング技術は急速に進み，生体情報をデータベース化し，ヘルスケアやかおりをサービスとするビジネスに応用する試みが，企業や大学研究機関により盛んに行われている。複雑なかおりを可視化する臭覚センサーを Electronic Nose（e-Nose）と呼ぶが，この e-Nose を様々な場面で実用化し応用するには，ディバイスやコンピュータと併用させたシステムの構築が重要になってくる。

　そこで，近年，日本での e-Nose システムを応用した取り組みとして注目された巡回警備ロボット「T2-4」を紹介する（参考文献 [4]）。このロボットは九州大学，金沢工業大学，金沢星稜大学，北九州市立大

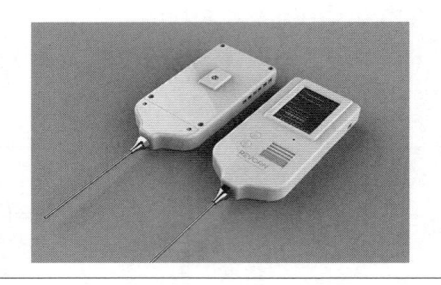

図 8-6　「T2-4」火災検知用巡回警備ロボット（株式会社テムザックのホームページより引用）

図 8-7　水晶振動子を用いたにおいセンサー
センサー搭載の水晶振動子の表面に，におい成分をとらえる 16 種類の感応膜を塗布。におい成分を吸脱着した際の周波数変化を計測してパターン化しにおいを捉える
（株式会社レボーンのホームページ　https://www.revorn.co.jp/products より引用）

学，新コスモス電機株式会社，株式会社テムザック，北九州消防局で共
同開発されたものであり，高感度な匂いセンサを搭載し，火災を初期段
階で発見できるという警備ロボットであり実用化されている（図
8-6）。得られたにおいの情報は，携帯電話に転送される仕組みである。
このようなかおりセンサーとロボット，またはコンピュータのシステム
構築による技術の進歩は，ヒトの様々な生活の質の向上や問題解決が可
能になり，特に医療分野での期待は大きい。

（3）　デジタル嗅覚技術

　将来，病院や高齢者介護施設で，病棟にいる寝たきりの患者の排尿や
排泄のにおいを検知して，その情報が受信され，さらにナースやヘル
パーの携帯に知らされるといったシステムの構築もでき，介護界の人材
不足問題や介護現場での作業効率化に貢献することが期待される。

　また，特定の匂いをデジタルで開発，生成，探知する分野はデジタル
嗅覚技術（Digital Scent Technology）と呼ばれるが，近年では水晶振
動子を用いた匂いセンシングデバイスが開発されマーケティング研究
や，研究・技術開発に使用されている（図8-7）。

（4）　嗅覚受容体のアレイ解析

　匂いセンサーが完璧に匂いの識別が可能になれば，ヒトの嗅覚に同じ
香りの感じ方が可能になる。大阪大学黒田らと（株）香味発酵は，匂い
センサーの開発のために，400近くあるヒトの嗅覚受容体を網羅的にデ
ジタル化する必要性を考え，400種類の嗅覚受容をアレイ状に並べ，匂
いマトリックスで表現し，嗅覚受容体応答を光学的に測定する方法を開
発した（参考文献 [5]）。これは嗅覚受容体が反応すると細胞内カルシ
ウム濃度の上昇過程を光学カルシウムインジケーターで可視化するもの

図 8-8 Scent Store（スマートフォンから香りデータが通信され，専用ディフューザーから香りが合成される）画像提供：Horizon 株式会社

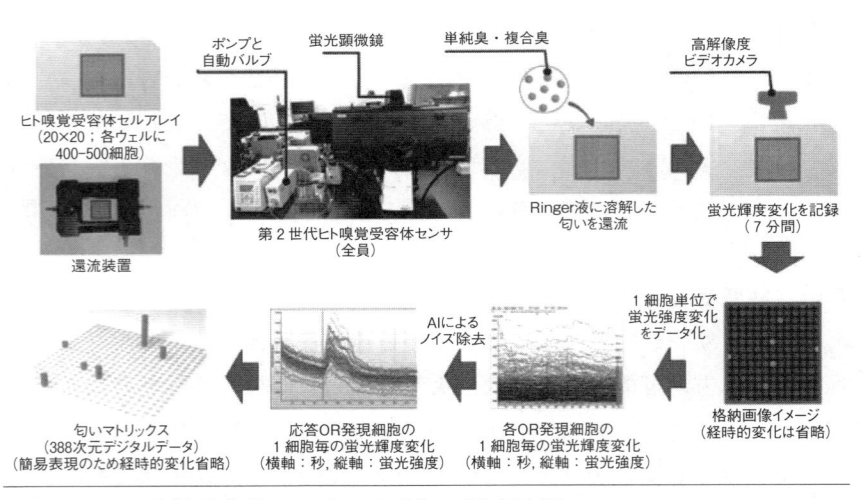

図 8-9 ヒト嗅覚受容体センサによる匂い測定手順
（作成：大阪大学黒田俊一教授）

である。さらにこの匂いマトリックスを用い，同じ効能を持つ異なる精油の匂いで，共通した嗅覚受容体のパターンを探し取得されたデータはAIによって解析される（図8-9）（参考文献［6］）。このような方法で共通した香り受容体を見つけることにより，効果的な精油の開発に繋がる可能性を述べている。

　さらに世界的に見ると，香りのデジタル化によるAIの活用が活発に展開されている。遠隔における商品の香りの体験が可能になっている。さらに，香水などの香りが，消費者の好みや嗜好に合わせ，提供される。「香り」をデジタル化する試みはAIの進化で急激な進歩を遂げ，さらにバーチャルリアリティーの発展も伴い，香りテクノロジーの市場は，年間10％の成長が予想されているという。日本においても，香りのDXを推進することにより，香りをデジタルコード化し，インターネットから香りデータをダウンロードできる仕組みが構築されてきた。消費者が音楽をダウンロードするのと同じように，好きな香りをダウンロードして楽しむ事が実現している（図8-8）。

（5）　香りの奥深さ

　「匂い」を嗅ぐと記憶がよみがえる現象を精神医学的には「プルースト現象」あるいは「プルースト効果」と呼ぶ（参考文献［7］）。香りの嗅覚神経は海馬に伝達することから，「匂い」は記憶と密接な関係がある。

　また，香りの混合により，全く別の匂いに感じるという変調がある。ヒトによっては，多くの匂いを嗅ぎ取れるのに，ある特定のにおいのみが感じ取れない嗅盲を有するヒトもいる。さらに，「匂い」には嗜好の違いがあり，嗜好は後天的要因の影響を強く受けると言われている。特に幼少期の体験や生活習慣なども香りに影響を与えると言われており，

最近は子どもの香りの教育という「香育」という言葉も生まれている。また視覚情報が匂いの感じ方に影響を与えることもある。

3. アロマセラピー

（1） 精油の吸収経路

　アロマセラピーとは，芳香植物の抽出物（精油）に含まれる健康促進作用を利用し，脳や細胞を通して，身体だけでなく精神にも働きかけ，その人本来が持っている自然治癒力を高める療法をいう（参考文献［3，8］）。これまでの一般的なアロマセラピーでは，主にリラクゼーションや香りを楽しむことが目的で行われてきた。しかし近年では，アロマセラピーに用いられる精油の様々な生理・薬理作用が明らかとなり，医療や福祉の現場で導入されるようになり，「メディカルアロマセ

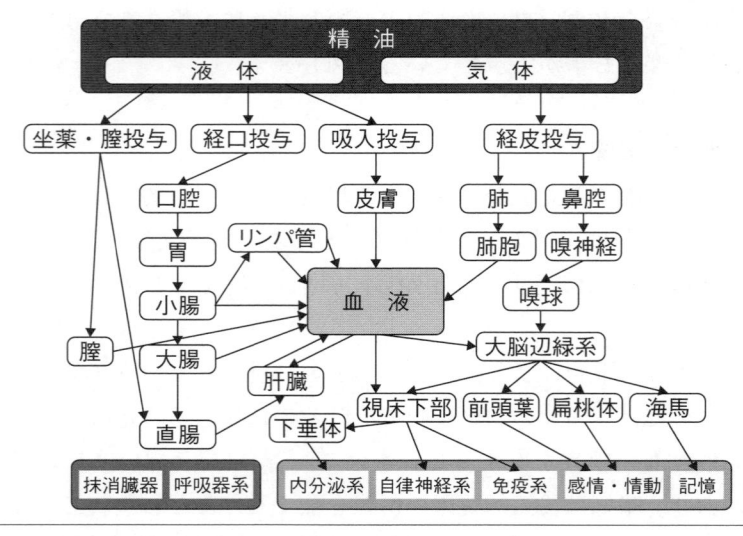

図 8-10　精油の吸収経路およびその標的臓器と効果

ラピー」として発展してきた。また，メディカルアロマセラピーは，心や体の不調や機能改善を目的とした代替医療の一つとされ近年注目されている（参考文献［9，10]）。

　日本でのアロマセラピーに使用される精油の投与方法は，吸入投与と経皮投与がある。海外の一部では精油の経口投与や坐薬・膣投与も見られるが，現在日本ではこれらの投与法は行われていない（図 8-10)。

（2）　ラベンダー精油の作用

　アロマセラピーで最も多く使用される精油はラベンダー精油である。アロマセラピーの基礎を築いたルネ・モーリス・ガットフォセは，実験中に手に火傷を負った際，近くにあったラベンダー精油に手を浸したところ，傷の治りが早かったという体験からアロマセラピーの研究を始めるようになったと言われている。そのラベンダー精油は，古くかヨーロッパの地方では古くから，様々な薬理効果をもつ植物として知られていたが，近年においても，様々な研究により，多くの薬理学的効果が検証されたことから，アロマセラピーにおいての用途の高い精油として用いられるようになった（表 8-1)。ラベンダー精油の生理・薬理効果を表に示す。

　ラベンダー精油の代表的な作用は，身心を鎮静させるリラクゼーション作用や睡眠作用（参考文献［11]）である。その他緩和ケア（参考文献［12]），認知症予防（参考文献［13，14]）などの効果も明らかになっており，多くの医療分野で用いられている。

　また，精油の吸引による芳香療法が使われている分野は産婦人科である。女性特有の疾患に，月経困難症，月経前症候群，更年期障害などは女性ホルモンのバランスの乱れが原因であることが多い。精油の吸入によりこれらの症状の改善が報告された報告は多く見られる（参考文献

表 8-1　ラベンダー精油の主な薬理作用と適応疾患

○薬理作用		
「駆風（胃腸内にたまったガスの排出を促進），血糖降下，抗うつ，抗炎症，抗カルタ（タン，鼻水・鼻づまりなどの排出を促進），収斂，鎮痙，鎮静，通経，皮膚軟化，癒傷，利尿		
○適応疾患		
精神神経系	不眠症，心身症，うつ病，緊張やストレスが原因の頭痛，喫煙欲求	
筋骨格系	運動前の筋肉痙攣，肩こり，膝の痛み，腰痛，座骨神経痛	
循環器系	高血圧，動悸，静脈瘤	
呼吸器系	鼻づまりによる呼吸困難，風邪，インフルエンザ，ぜんそく，気管支炎	
消化器系	便秘，腹痛，消化不良，吐き気	
婦人科系	月経困難症，月経不順	
皮膚系	アトピー性皮膚炎，湿疹，皮膚炎，外傷，火傷	
その他	緩和ケア，ヒゼンダニ除去	

［15］）。

（3） 精油の吸入による脳機能

　ところで，近年，近赤外線分光法（Near-infrared spectroscopy：NIRS）を用いた実験により，ラベンダー精油の香り吸入は前頭葉野の脳血流の低下が起こり鎮静化傾向に，一方の柑橘系のレモングラスやグレープフルーツ精油を吸入することにより，脳血流が促進され活性化されるという，香りの違いにより脳血流量が異なることが明らかとなった（図8-11）。

（4） スポーツアロマ

　さらにはメディカルアロマセラピーの効果は，スポーツ現場でも応用され，アスリートをはじめ，「スポーツアロマ」として導入されている。スポーツアロマは，芳香療法により，試合前などに気分が乗らない

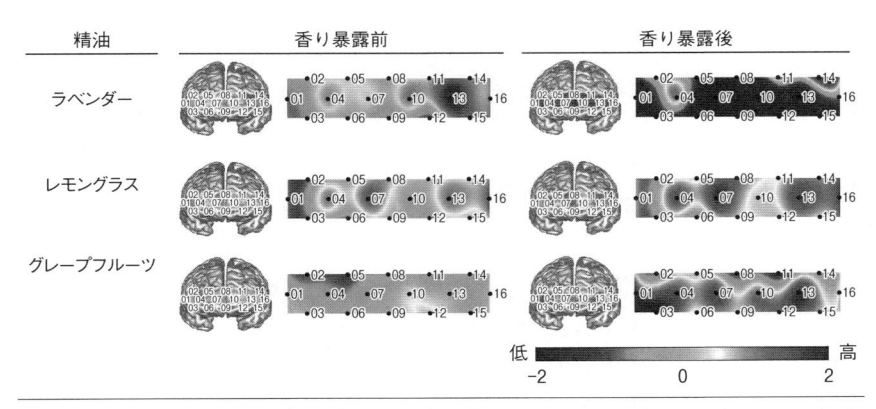

図 8-11　NIRS 脳機能測装置による各種精油暴露が前頭前野の脳流量に与える影響

時のモチベーションアップや，逆に緊張し過ぎた際のリラクセーション効果を誘導したり，さらには試合後の心身の疲労回復に用いられている（参考文献［16］）。また精油を使用したスポーツマッサージは，香りを嗅いだことによる疲労回復効果は勿論のこと，精油が筋肉にダイレクトに働きかけて，筋肉の損傷を助ける働きがあることが解明されつつある。今後，様々なスポーツ種目における，香りの効果のデジタルデータと生体デジタルデータを併用し，AIを活用した解析が可能になれば，香りDXとスポーツDXの融合となり，様々な運動特性や疲労レベルに応じた精油の提案が可能になり，スポーツのパフォーマンス向上や健康向上が期待される。

（5）　精油成分と抽出法

　今回はラベンダー精油の効果の例を挙げたが，その他にも多くの精油の薬理効果が報告されているが，アロマセラピーで使用される精油の種類は300種類以上あると言われている。精油は芳香化合物を含んだ植物の花，葉，果皮，根，種子，全草などから抽出される。また，その抽出法も水蒸気蒸留法，圧搾法，溶媒抽出法，超臨界二酸化炭素抽出法，低温真空抽出法（参考文献［9］）などがある。精油は低沸点で低分子化合物であるが，これらの抽出法の違いは勿論のこと，産地によっても成分構成は異なる。さらに同じ名称の植物であっても成分が異なるケモタイプがある。特にケモタイプの違う精油として有名な精油はローズマリー精油であり，3つのケモタイプが存在する（図8-12）。

　精油は炭素，酸素，水素から出来ているが，基本は5つの炭素からなるイソプレン（C_5H_8）という鎖状の構造単位からなる。植物が作り出す多くの香り成分は，イソプレンが頭と尾を結合して，イソプレンが複数個集まってできたテルペン化合物（テルペノイド）にある。テルペン

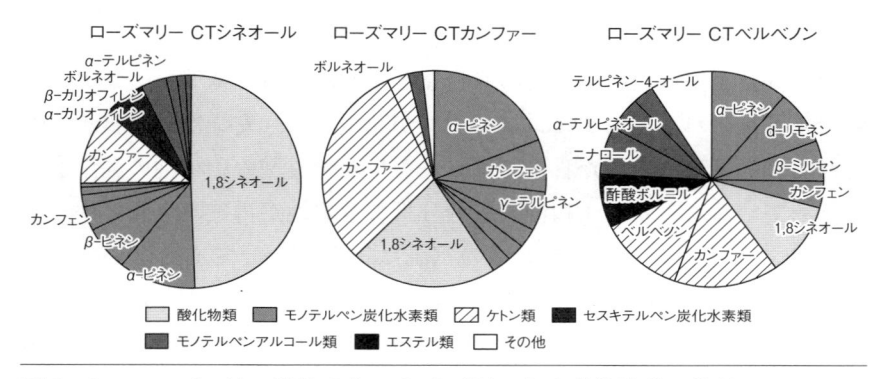

図8-12 ローズマリー精油のケモタイプ別による成分構成の比較

類は，結合しているイソプレンの数によって分類される（モノテルペ
ン，セスキテルペンなど）。

　また香りは，質や強さを特徴づける官能基があり，有機化合物の基本
構造は，テルペン化合物やベンゼン環など，炭素原子（C）と水素原子
（H）を主体としたものになる。有機化合物は多種存在するが，分子構
造に特徴的なかたまりを持つが，それぞれのかたまりを官能基という。

　主たる官能基は以下の5つがある。

官能基

ヒドロキシ基（—OH）：アルコール，フェノール類

アルデヒド基（—CHO）：アルデヒド類

カルボニル基（—CO—）：ケトン類

エステル結合（—COO—）：エステル類，ラクトン・クマリン類

エーテル結合（—O—）：オキサイド類

（6）　精油の安全性と情報のデジタル化

　一方，海外の精油には，欧州のエコサート（ECOCERT）をはじめ，

第三者の認定機関が定めた厳しい品質基準が設定されている。化学合成成分，残留農薬・放射線物質の有無などが問われる。基準をクリアした場合に精油のパッケージにロゴマークが記載され，安全性や品質が担保される精油となる。また日本ではヒノキやゆずなどの和精油の利用も増え始めていることから，精油の成分分析の重要性が再確認されている。

　アロマセラピーのエビデンスの実証はまだ不十分であるといって良い。さらに精油は必ずしも使用濃度によっては安全なものではなく，稀に症状（妊娠など）禁忌によっては使用禁止する場合もある（参考文献[15]）。

　今後の課題としてアロマセラピーに使用される精油の成分分析情報や精油の効能がデジタル化され，利用者は直ぐに精油の情報を理解することが可能になり，安全で効果的な使用ができること，また，アロマセラピーの研究発展，さらには新しいアロマセラピーの活用に繋がることが期待される。

参考文献

[1]　東原和成：嗅覚の匂い受容メカニズム，日本耳鼻咽喉科学会 118, 8, 1072-1075（2015）

[2]　Buck L, Axel R: A novel multigene family may encode odorant receptors: a molecular basis for odor recognition. Cell. 1991;5;65(1):175-187.

[3]　塩田清二，『〈香り〉はなぜ脳に効くのか　アロマセラピーと先端医療』（NHK出版，2015）

[4]　南戸秀仁："においセンサ，日本ロボット学会誌，21, 1, pp.38-39（2003）.

[5]　佐藤翔，山﨑智子，立松健司，黒田俊一：AIを活用したヒト嗅覚受容体応答の網羅的解析．生産と技術，大阪大学生産技術研究会編，72. 2: 78-80（2020）

[6]　Yasunaga M, Takai E et al: Effects of 3-octen-2-one on human olfactory

receptor responses to vanilla flavor. Biosci. Biotechnol. Biochem. 2022;86, 1562-1569.

[7] Proust, M. (1913). À la recherche du temps perdu, Paris: Bernard Grasset. 鈴木道彦（訳），『失われた時を求めて 1 第一篇スワン家の方へ』（集英社，1996）

[8] 塩田清二：竹ノ谷文子，『「植物の香り」のサイエンス なぜ心と体が整うのか』（NHK 出版，2024）

[9] 一般社団法人 日本アロマセラピー学会，『第 2 版 アロマセラピー標準テキスト 基礎・実技編』（丸善出版，2022）

[10] Vora LK, Gholap AD, Hatvate NT, Naren P, Khan S, Chavda VP, Balar PC, Gandhi J, Khatri DK: Essential oils for clinical aromatherapy: A comprehensive review. J Ethnopharmacol. 2024;10;330:118180.

[11] Chien L, Cheng S, Liu C. The effect of lavender aromatheraphy on autonomic nervous system in midlife women with sleep insomnia. Evidenced Based Compl and Altern Med 2012;2012:740813.

[12] Gonçalves S, Marques P, Matos RS: Exploring Aromatherapy as a Complementary Approach in Palliative Care: A Systematic Review. J Palliat Med. 30;2024.

[13] 塩田清二，平林敬浩，竹ノ谷文子：感覚機能の低下と認知症，嗅覚の低下と認知症および芳香療法について，老年精神医学雑誌，30，2，137-144（2019）

[14] 竹ノ谷文子，平林敬浩，塩田清二：そもそも香りはなぜ脳に効くのか？ 老年科＝Geriatrics ／老年科編集委員会編，5，2，133-140（2022）

[15] 竹ノ谷文子，塩田清二：今月の臨床 更年期症状への補完代替医療の最新知見—科学的根拠を踏まえて 補完代替医療それぞれの作用機序と効果 アロマセラピー．臨床婦人科産科 77，6，612-620（2023）

[16] 竹ノ谷文子，和田匡史，平林敬浩，山本憲志，山下道生，塩田清二．スポーツアロマセラピーの現状と今後の課題—スポーツアロマの発展を目指して—．一般社団法人日本アロマセラピー学会誌，20(1)，024-034（2021）

1. 生活の中に健康に寄与する精油の香りを取り入れるために，香りと脳機能や生理作用について学ぼう。
2. 近年，医療現場で導入されはじめているメディカルアロマセラピーやスポーツアロマの効果について理解しよう。
3. 香りの DX 化を目指すための課題や問題点について考えてみよう。

9 | 情報と快適性

片桐祥雅・川原靖弘

《**目標＆ポイント**》 人工知能の深化とともにサイバー空間とリアル空間の融合が進みつつある。こうした生活空間が変容する中で，自然環境の中で享受してきた快適性がサイバーとリアルの融合された生活空間において持続的担保するために必要となる要素技術について考えていく。

《**キーワード**》 情報空間，不気味の谷，欲求の階層

1. AI による情報空間の深化

　デジタルトランスフォーメーションの深化の帰結として，快適未来社会を象徴する Society 5.0 が提唱されている。Society 5.0 とは，人類の生活様式の変遷を，狩猟採取時代（Society 1.0），農耕社会（Society 2.0），工業化社会（Society 3.0），行動情報化社会（Society 4.0）と鳥瞰する中で，実空間とサイバー空間が融合し人間中心に技術が集約された社会であると定義されている。この社会を実現する基盤技術として IoT/ICT 及び生成 AI があり，それらが実社会での様々なイベントを制御することで Society 5.0 を実現しようとするものである。

　例えば，医療分野で期待されるメディカル DX（図 9-1）では，問診・検査・診断・処置すべてを院内で行っていた従来型医療に対し，未来社会では，デジタル化技術により事前に詳細な問診に答えるのみならず自らの健康情報や既往歴などの診療情報を提供し AI に分析させることで膨大な情報のサマリーを医療者に提供することでパーソナライズさ

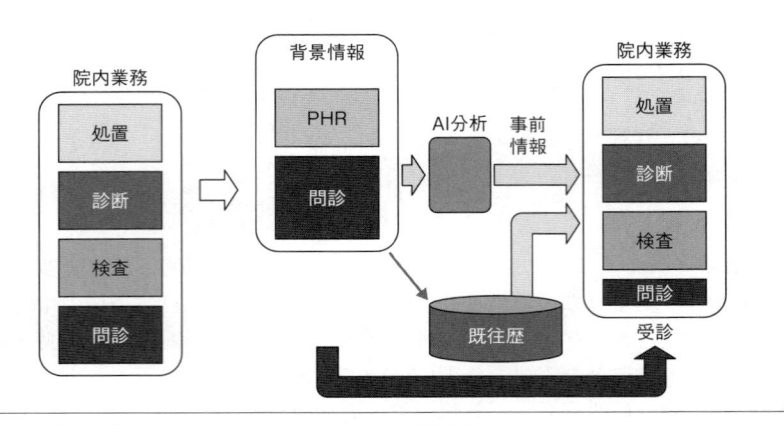

図 9-1　未来社会におけるメディカル DX 構想

れた医療が実現され得る。提供する情報に医療機関受診前のデータ
（PHR）を含ませることにより，未病から発症までの推移を連続的に
把握することが可能となる。様々な医療機関に分散蓄積されている情報
を水平的に統合するのみならず，時間軸に沿って垂直的に情報を統合す
ることも重要である。例えば，原因不明の下血に対し幼少の頃の既往歴
（結核）情報から腸結核（肺からの経口転移）の確定診断に至り一命を
とりとめた事例がある。また，認知症の診断においても，問診を AI が
行うことにより，主観に依存しない評価を行うことを可能とするのみな
らず，蓄積データの推移から軽度認知症の発症を検知することも期待さ
れる（参考文献 [1]）。このように DX による医療情報の統合は，従来
行われていた院内業務を DX により院外に分散させることにより医療
従事者の負担を軽減するのみならず，適格な検査・診断・処置を受ける
確率を上げ，質の高い医療を提供するものとして期待されている。
　公衆衛生で下水が感染モニタリングに利用された事例がある。2019
年末に始まる新型コロナウイルス感染症（COVID-19）パンデミックに

おいて感染状況を把握することが喫緊の課題であった。この課題に対し，安全かつ迅速に感染状況を環境からモニタリングする方法として，下水のウイルス RNA 濃度を定量評価する方法が提案・実施された（図9-2）。環境モニタリングから疾患を予測する技術は，現在研究段階であるが，コロナウイルスに止まらず，鳥インフルエンザ等パンデミックに発展する恐れのある感染症を初期の段階で検知しパンデミックを回避する手段として期待される。

　一方，サイバー空間とフィジカル空間を融合するサービスがすでに実現している実例がある。その典型が eSports である。eSports は PC ゲームを基盤とするもののインターネットを介してバーチャルに人が一同のものに参加できるゲームであり，インターネットを介して観戦することができるという特徴を有している。さらに，観戦会場がフィジカル空間にも実現しており（図9-3），新たな社会コミュニティの形成の場となっている。

　eSports はゲームゲームに起因した依存的行動に伴う障害の発症リスクが懸念されている。WHO は 2019 年に ICD-11 に Disorders due to addictive behaviors の中に gaming disorders 加え，インターネットゲームに関連するリスクに対しての注意喚起を促している。この一方でゲームを行うことと障害の発生の因果関係を示す科学的根拠は明白ではない。社会的ストレスが交絡因子となり極度なゲーム依存がその代償的行動を誘発している場合もあり，因果関係の同定には慎重を要する。ゲーム依存が代償行動である場合，行動の障害の元となっている社会的ストレスに対するケアが重要となる。また，長時間の PC の使用による弊害，例えば，運動不足による深部静脈血栓症など，フィジカル空間におけるリスクへの対処の重要性が指摘されている。

　これまで，サイバー空間はフィジカル空間と隔絶された空間であり，

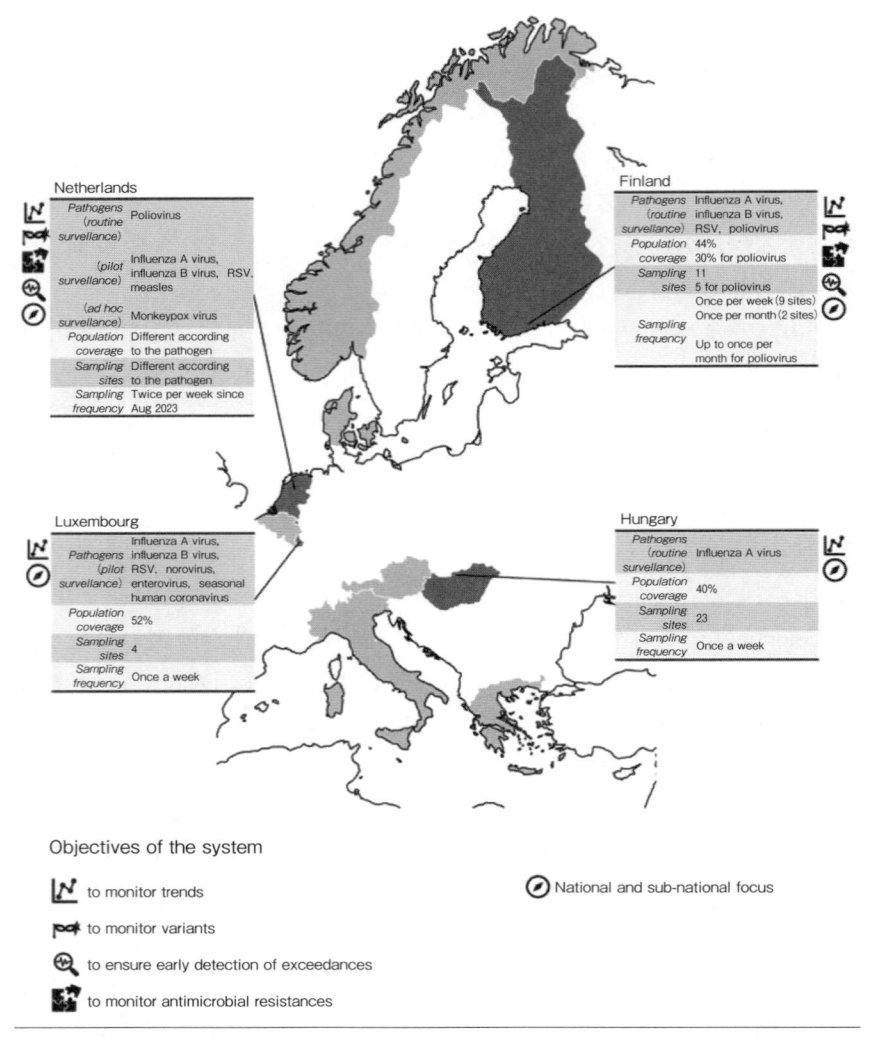

Netherlands

Pathogens (routine survellance)	Poliovirus
Pathogens (pilot survellance)	Influenza A virus, influenza B virus, RSV, measles
(ad hoc survellance)	Monkeypox virus
Population coverage	Different according to the pathogen
Sampling sites	Different according to the pathogen
Sampling frequency	Twice per week since Aug 2023

Finland

Pathogens (routine surveillance)	Influenza A virus, influenza B virus, RSV, poliovirus
Population coverage	44% / 30% for poliovirus
Sampling sites	11 / 5 for poliovirus
Sampling frequency	Once per week (9 sites) / Once per month (2 sites) / Up to once per month for poliovirus

Luxembourg

Pathogens (pilot surveillance)	Influenza A virus, influenza B virus, RSV, norovirus, enterovirus, seasonal human coronavirus
Population coverage	52%
Sampling sites	4
Sampling frequency	Once a week

Hungary

Pathogens (routine surveillance)	Influenza A virus
Population coverage	40%
Sampling sites	23
Sampling frequency	Once a week

Objectives of the system

- to monitor trends
- to monitor variants
- to ensure early detection of exceedances
- to monitor antimicrobial resistances
- National and sub-national focus

図 9-2　**IoT による感染モニタリング**　下水からコロナウイルスを検知し，感染状況を推測する（**口絵参照**）

出典：Guido Benedetti et al., A survey of the representativeness and usefulness of wastewater-based surveillance systems in 10 countries across Europe in 2023, Euro Surveill. 2024 15；29(33)：2400096. doi：10.2807/1560-7917.ES.2024.29.33.2400096.

図 9-3　eSports をフィジカル空間で実現する事例　左パネル：商用施設（上新電機株式会社 三宮 1 ばん館 eSPORTS アリーナ KOBE 三宮）右パネル：大学内施設（近畿大学 esports Arena）（口絵参照）

遊びの場としての色合いが強かった。しかし，eSports をはじめとしてサイバー空間内で形成されるコミュニティはフィジカル空間の拡張であり，フィジカル空間と同等のコミュニケーション力が求められつつある。社会的地位に無関係に人格が重視されるサイバー空間では，むしろフィジカル空間よりも強く自我を意識していくことになる。サイバー空間とフィジカル空間の融合は，単純にインターネットが両者を物理的に接続するにとどまらず，人間の精神が両方の世界で融合することで統一した自我の形成の一助になる可能性がある。一方，統一的自我の形成に失敗した場合，フィジカル空間よりも大きな精神的ダメージを引きおこす可能性もある。Society 5.0 を実現していく過程で，人間の精神的変化についてもフォローしていく必要がある。

2.　人工知能に対する違和感

　人工知能やヒト型ロボット技術の進展ともに，人間に似せた人工物に対する違和感といった心理現象が存在することが以前より指摘されている。その典型が「不気味の谷」（参考文献 [1]）である。不気味の谷と

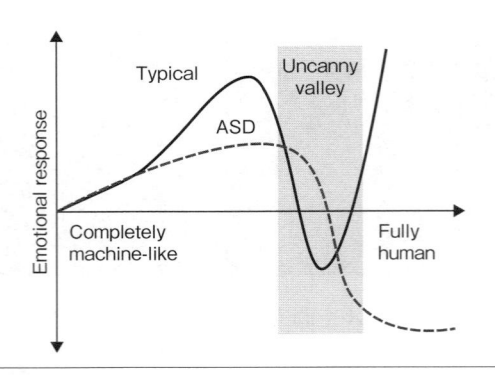

図 9-4　不気味の谷

は図 9-3a に示すように，ロボットと人間の類似度の増大とともに増加する親近感（正の感情）がある閾値を超えると急速に減退し負の感情（違和感または憎悪）に転換したのち，類似度の増大とともに再び正の感情が増大するというものである。不気味の谷（図 9-4）が出現する現象はヒト型ロボットのみならず AI による創作物の多くに認められている。不気味の谷現象を最初に報告したのは Masahiro Mori（1970）であり，類似の現象も報告されている（参考文献 [3]）。

　不気味の谷現象に反論する研究者も存在する（参考文献 [4]）。一方，不気味の谷を凌駕したアンドロイドの社会的役割という視点で人間に酷似するロボットの開発抑制に異を唱えるものもある。成長期の（健常な）子供に比べ ASD を持つ子供は不気味の谷現象を示さない。緻密なテキスチャーの変化に対する感度が低いことがその原因であることが報告されている（参考文献 [5]）。しかしながら認知心理学的特異性を利用することで，ASD に対してアンドロイドを使った介入法に人間の介入とは異なる効果を見出すことができるという報告もある。したがって，不気味の谷を凌駕するための神経科学的基盤を明らかにし，アンド

ロイド技術の活用の幅を広げていくことが今後重要になると考えられる。

　不気味の谷が発生する神経生理学的メカニズムについては，fMRI により imagery と perception との離齬が不気味の谷現象を表出させる原因であることが推察されている（参考文献［6］）ものの詳細については未だ不明である。しかしながら，メカニズム解明の可能性についてここで言及しておきたい。

　imagery と perception（心象と知覚）に関する脳のメカニズムは第 5 章で述べたように，Frontoparietal area と sensory cortices との間での top-down 及び bottom-up の双方向の結合によって成立する。このメカニズムに立脚すると，アンドロイドと人間との類似性が低い場合には知覚的な離齬がメタ認知的に両者が異なることを判定し，その結果，背側前部帯状回が OFC と協働してアンドロイドを非人間として排除する方向に誘導しているものと考えられる。しかし，アンドロイドと人間との類似度が著しく高くなると，心象による top-down 結合が sensory cortex（1 次視覚野）を変調することでメタ認知的に人間であると判定する。この時背側前部帯状回はこの判定を受け入れ，この判定に沿った行動を誘導するものと考えられる。不気味の谷の排除のメカニズムを考慮すると，現在進められている人工知能を人間に近づけるという方略は，将来的に人間と AI とのギャップを埋める方向に作用するものと考えられる。

　一方，生成 AI を高齢者や ASD の子供に適応し，良好な性能（親近感の増大など）を達成したという報告も増大している。しかし，これらの人々の深部脳機能特に上部脳幹モノアミン神経系[1]及び背側前部帯状

1）　ドーパミン，ノルアドレナリン，及びセロトニンの三つの神経系の総称であり，神経修飾物を放出して神経活動を変調する。

回の機能の減弱から心象の機能が脆弱化していることが明らかにされている（参考文献 [7，8]）。したがってこれらの人々は imagery（心象）の機能の脆弱性から AI に対する違和感が減退していると考えられることから，AI に対して不気味の谷効果を表出しにくい，すなわち AI に対する親和性が高いと推察される。

3.　欲求の充足

　生成 AI の深化とともに AI 脅威論が唱えられるようになった。すなわち，AI が人間の機能を代行できるのであれば職業も代行でき，人間は失職するというものである。この一方で，人間が行ってきた単純作業をすべて代替するのみならず様々な社会問題を AI が解決するサイバー空間とフィジカル空間が融合する未来社会（Society 5.0）において，「人間は何をすべきか」という問題が議論されている。

　錯綜した議論が生まれる背景には，AI＝人工知能という言葉がデータを統計処理して特徴を抽出する機械を人間と同等とみなし，人間と同等の能力をデバイス性能の向上とともに発現するのではないかという認知バイアスであることが指摘されている（参考文献 [9]）。我々は，AI という技術を正しく理解するとともに，幸福とはなにか，ということについて別次元で考えていく必要がある。

（1）　欲求の階層と快適性

　マズローは人間の行動の動機を階層化された欲求の構造として提唱している（図 9-5）。Society 5.0 が目指す未来社会では人間の生理的欲求・安全欲求を機械により保証しようとしている。この前提に立つと，まず人間は社会的欲求，承認欲求を求めることができる位置を想定するであろう。

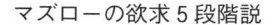

マズローの欲求 5 段階説

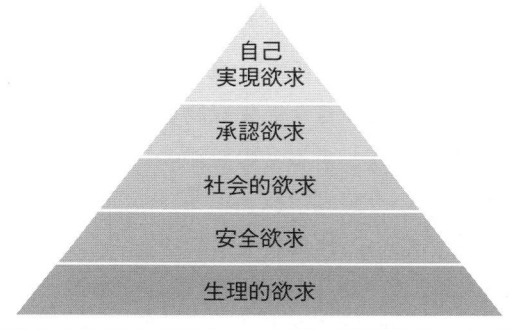

図 9-5　欲求の階層仮説

　この時問題となるのが，承認欲求を充足されるため生成 AI を利用するという行為である。Generative pre-trained transformer[2]に代表されるように質問事項を文で入力すると結果がレポートとして出力されるという便利な機能をすでに生成 AI は獲得している。生成 AI を利用すれば，個々人に課せられた課題に対するレポートを短時間で生成することができ，その結果，承認欲求を満たすことも場合によっては可能となるであろう。しかしながら，生成 AI に依存することにより本来あるべき作成能力が涵養されない。このため，問題を主体的に解決していくというプロセスは極めて脆弱となり，想定外のインシデントによりいつでも崩壊する危険性がある。当然のことながら承認欲求は満たされない。

　また，生成 AI を使うことにより，「小説」や「作曲」も形式的には可能であることから，小説家あるいは作曲家になったという気分が味わえる。しかしながら，AI の生成物を芸術作品としてコンテストに応募

---

2)　GPT

し優勝したことが大問題となった。これがきっかけとなり，米国では
キーワードを工夫しただけの AI 自動生成物に対して著作権は認められ
ないとの結論が裁判により確定している。日本においても AI 以外の人
間の活動の寄与を自ら証明できない生成物には著作権は与えられない。
さらに，事前に創作しようとするものを頭の中で描かなければ自分が主
体となって創作したという感覚（Sense of Agency）は低くなることに
も注意しなければならない。作成物をインターネットで公開したとして
も，読み手あるいは聴き手は創作者に無関心である。つまり，生成 AI
での創作が進展すると没個性化が進む。

　従って生成 AI を利用して創造性の高い活動をしようとしても承認欲
求を満たすことは困難であることに留意する必要がある。つまり，生成
AI を使った創作活動は「だれでも尤もらしいものを想像せずに創るこ
とができる」ということは「だれがつくってもよい」ことを意味する。
AI に求めた気軽さによる没個性化はブーメランとなり自分自身の個性
を消失させるという反作用となって帰ってくる。承認欲求を満たすため
には，AI の生成物に依存することなく個々人の能力を涵養していく必
要がある。

　芸術的創作活動は別として，生成 AI を使って承認欲求を満足するた
めにはどうすればよいか。データサイエンスという点でいうと生成 AI
の機能は実は限定されており，人間が介在することにより初めて高度な
分析が可能となる。図 9-6 に示すように，データから知見を創製するプ
ロセスは人間と生成 AI とでは大きく異なる。生成 AI はある検索キー
ワードが与えられると，公開されているデータベースから情報を収集
し，統計処理することにより一つの「知見」としてレポートを出力す
る。しかしながら，AI はデータベースの信頼度に頓着しないため，
フェイク情報も含めて収集してしまう。このため生成したレポートには

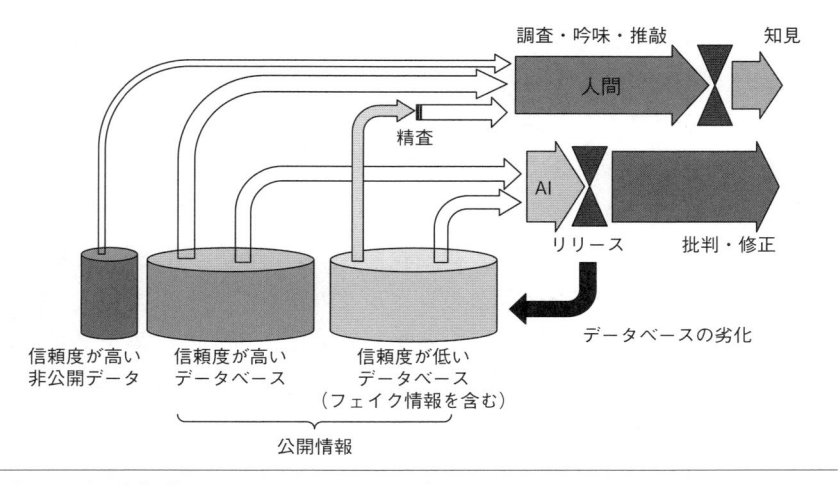

図 9-6　知見生成における AI と人間の違い

誤理が含まれている可能性がある。こういう誤りは生成 AI のユーザが気づく場合もあれば，ユーザがレポートを公開したのち，他の読者が指摘する場合もある。公共の場での誤りの指摘は生成 AI の信頼度を低下させるのみならず，公開情報がデータベースに組み込まれることによりデータベース自体が劣化する。

　一方，人間の場合は，信頼度の低いデータベースの情報を精査することでフェイク情報を排除する。また，近年論文で推奨されているオープンデータベースの仕組みを利用することで，研究者から直接信頼性の高い非公開情報を取得することが可能となってきた。この情報を使うことにより，人間はデータを慎重に調査・吟味・推敲することにより，生成 AI にはできない知見を創製することが可能である。人間のレポート作成には多くの労力と時間がかかる。一方，生成 AI は労力をかけず短時間でレポートを作成することを特徴としているが，AI の生成したレポートをリリース後に多くの人間が時間をかけて精査する時間と手間を

考慮すると，人類の知見獲得に AI は効率的であるという主張は今一度考えなおす必要がある。逆に言えば，こういう知的活動の部分に人間が果たすべき役割があるといえる。

　また AI 脅威論の背景にある生成 AI の機能に関する誤解は，「AI は人間と同等の創造性を持つことができる」という主張にも及ぶ。創造性とは「新規で価値のあるもの」と定義されているが，具体的な定義は曖昧である。新規といったときどのレベルなのかが漠然としている。新規性を今までにないものであると定義するならば，数学的に再現できない数列を発生させればよいことになる。例えば，ヤニス・クセナキス[3] Iannis Xenakis は数理的に音符を配置することで全く新しいメロディを計算により創製し，前衛音楽といった新たなジャンルを創製に寄与した音楽家（建築家）の一人である。

　しかし，創造性は新規性だけでは達成できず，そこに価値が認められなければならない。さて，それでは，創造性のもう一つの指標である「価値」を AI は創製することができるかという問題が残る。しかしながら絶対的な価値は物に帰属するものではなく，供与された人間に帰属するものである。その価値基準は個々人毎に異なるものである。従って，真になにかを創造しようとする場合，自らが探索し，自らの価値観により判断したものを生成していく必要がある。生成したものは真に新規でなくても個々人にとって新規で斬新であれば有価値となる。個々人毎の創造性を mini-c と呼ぶ。歴史に名を遺す作家や作曲家の創作活動で生まれた生成物，すなわち Big-C は mini-c が基盤となっていると考えられる。創造的活動は AI による没個性の活動とは真逆である。

---

3)　ヤニス・クセナキス（1922-2001）。ルーマニア生まれのギリシャ系フランス人建築家でありまた現代音楽家でもある。作曲に建築の設計にも通じる数学を導入することで斬新な知覚を与える曲風を創出することを特徴とする。

（2）　人間と AI の住み分け

　サイバー空間とフィジカル空間を AI により融合させ，すべてを自動化しようというのが Society 5.0 の基本理念である。この世界の中で人間は Internet of human（IoH）として組み込まれる。この世界では社会問題はすべて設定され，問題が自動的に解決できるようにアルゴリズムが作られる。センサー情報はこの自動的に問題解決する線形システムを駆動するための入力である。しかしながら，IoT により収集されるデータを AI が分析して機械を最適に制御するだけではこのシステムをうまく稼働することはできない。そこに予測不能の人間が介在するためである。そこで人間を IoH としてシステムに組み込み行動を予測可能とすることで，線形システムが完成する。従来より AI の最大の課題は遂行機能がないことであったが，IoH によりこの問題が解決されることになる。例えば，自動車の自動運転における事故や渋滞は，すべての自動車とヒトの行動を一元的に制御することにより完全に撲滅することができる。

　しかしながら，線形システムは予測不能の社会問題が発生したとき，あるいは発生を予見できたときに線形システムでは対応できずに破綻する。例えば，予想外の気候変動としての Younger Dryas（約 1 万年前に北ヨーロッパを襲った小氷河期（平均で−6℃程度の寒冷化）で 1300 年ほど続いた），巨大隕石の衝突，大規模な火山活動や地震，太陽の活動変異による日射量の大幅な変化や太陽風（太陽からの放射性粒子の飛来）による送電システムの障害など様々な大規模環境変動や，未知のウイルスによる感染症によるパンデミックは予測不能な社会問題と位置付けられる。問題を解決するためには，人間が自ら問題を提起し，その解決に向けて IoT によるデータ収集の詳細を決め，さらに既存の方法論にとらわれずに自由にデータ分析を行い，さらに結果を自ら思考して解

釈していかなければならない。この解釈にあたっては，既存の理論体系にとらわれずに全く新しい方法での解釈が必要である。このように新たな社会問題に対する対処に多様な人間の思考が有効である。特に，理論的根拠が明確ではなく時に論理的飛躍を伴う推論としてのアブダクションは人間独特のものであり，未知の問題の解決に有用である。

　このように，既知の問題に対して自動的に対処していくのが AI による線形システムであり，その限界を超える未知の問題に対しては人間による非線形システムが対処していく必要がある（図 9-7）。Society 5.0の描く未来社会を安定に維持していくため，未知の問題に対処する人間の活動は重要である。また，予測不能な問題解決にあたっては AI やロボットの活用とともに多様なニーズに対応するため人の協力が重要となる。マズローの欲求階層の自己実現はこの人と人の協力を推進するための駆動力となり得る。自己実現（self-actualization）は「やりたいことを成し遂げる」といった利己的活動として誤解されているが，マズローは自己実現を絶対的な自我の確立であると位置づけており，活動の特徴としてはむしろ利他的である。人類はそもそも社会的動物であり社会を

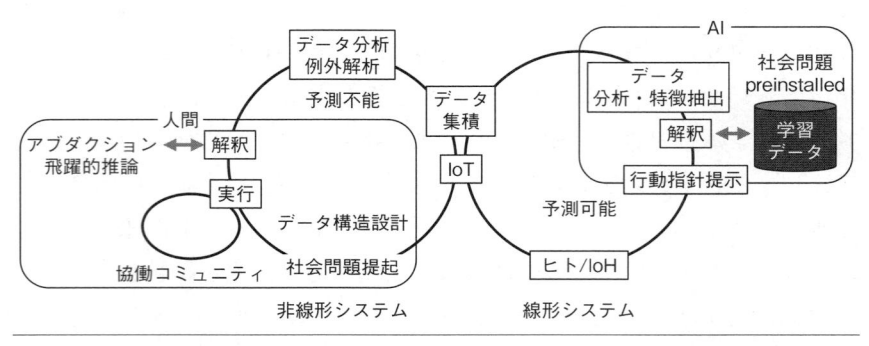

図 9-7　AI による線形システムと人間による非線形システムの融合

持続させようという本能が自己実現欲求として表れているという解釈もある。いずれにしても自己実現欲求は Society 1.0 から 4.0 にかけて首尾一貫して存在し，Society 5.0 においても継承される人間社会の基盤であると考えられる。

（3）　リアルかバーチャルか

　サイバー空間とフィジカル空間が融合する未来社会の担い手は，いわゆる Z 世代と呼ばれる若者である。この世代が今後，サイバーとフィジカルをどうアレンジしていくかについても今から考え，未来に選択枝を残しておくことは重要である。

　未来社会での価値が人間中心であるということは，人と人との繋がりが重要であることを意味する。IoX はこの繋がりを支える技術として期待されている。しかしながら，インターネットの普及とモバイルフォンの浸透に伴いソーシャルメディアが新たな情報インフラストラクチャーとして確立した世界で，Z 世代は SNS を介して人と人のつながりの実現を果たしているようである。この繋がりはサイバー空間の中で，フィジカル空間の属性を保持し拡張したものとなっている。フィジカル空間では肩書に本性を隠すことができるが，サイバー空間内でのコミュニティでは，人間性に基づいた真のコミュニケーションが求められる傾向にある。特にフランスで始まった「BeReal」というサービスは，ありのままの自分を投稿することを特徴とし，フィジカル空間でのリアルの像の提示により真のコミュニケーションが促進されているようである。また，Z 世代はありのままの自分に従って行動する傾向にある。こういう点において，Z 世代は強く自己実現を見据えているともいえる。

　人類が社会を持続させることできるかは，Z 世代が未来社会でどのように活躍するかにかかっている。人間社会は Society 1.0 から 4.0 を経て

5.0 に向かっている，というシナリオが立てられた。しかしながら，これらすべてが過去のものとなって捨て去られたわけではない。Society 1.0 は，アウトドア活動や自然の中での発見の楽しみを，Society 2.0 は園芸や家庭菜園の楽しみを，Society 3.0 は物作りやつくった物（道具）の活用（例えば自動車運転）の楽しみを，Society 4.0 はプログラミングの楽しみ（自分でプログラムしたものが実際に動くという感動）をそれぞれ与えている。Society 5.0 に移行したとしても，人間が獲得した財産は継承されると考えられる。

　Ｚ世代が今後すべての世代の人とどう繋がっていくか，そのために IoX の技術をどう進展させなければいけないか，を今後考えていく必要がある。これが Society 5.0 に続く時代をユートピアとするかディストピアとするかの分水嶺になるかもしれない。

参考文献

[1] Mori, M. Translated by MacDorman, K. F.; Kageki, Norri. The uncanny valley. IEEE Robotics and Automation. New York City: Institute of Electrical and Electronics Engineers. 2012;19(2):98-100. doi:10.1109/MRA.2012.2192811.

[2] A Meta-analysis of the Uncanny Valley's Independent and Dependent Variables, Alexander Diel, Sarah Weigelt, Karl F. Macdorman ACM Transactions on Human-Robot InteractionVolume 11Issue 1Article No.:1pp 1-33https://doi.org/10.1145/3470742

[3] David Hanson, Andrew Olney, Ismar A. Pereira & Marge Zielke. Upending the Uncanny Valley. PROCEEDINGS OF THE NATIONAL CONFERENCE ON ARTIFICIAL INTELLIGENCE; 2005. 20, p. 1728-1729.

[4] PLoS One. A Bayesian Model of the Uncanny Valley Effect for Explaining the Effects of Therapeutic Robots in Autism Spectrum Disorder Yuki Ueyama. 2015;10(9):e0138642. doi:10.1371/journal.pone.0138642

［5］ The thing that should not be: predictive coding and the uncanny valley in perceiving human and humanoid robot actions Ayse Pinar Saygin, Thierry Chaminade, Hiroshi Ishiguro, Jon Driver, Chris Frith. Social Cognitive and Affective Neuroscience. April 2012; Volume 7, Issue 4, Pages 413‑422, https://doi.org/10.1093/scan/nsr025

［6］ J Neurosci. Diminished Top-Down Control Underlies a Visual Imagery Deficit in Normal Aging Jonathan Kalkstein, Kristen Checksfield, Jacob Bollinger, and Adam Gazzaley. 2011 Nov 2;31(44):15768-15774. doi:10.1523/JNEUROSCI.3209‑11.2011

［7］ Brain Sci. Development of Motor Imagery in School-Aged Children with Autism Spectrum Disorder: A Longitudinal Study Anna-Maria Johansson, Thomas Rudolfsson, Anna Bäckström, Louise Rönnqvist, Claes von Hofsten, Kerstin Rosander, and Erik Domellöf. 2022 Oct;12(10):1307. Published online 2022 Sep 28. doi:10.3390/brainsci12101307

［8］ AI 脅威論の正体と人と AI との共生，栗原聡，情報通信政策研究／ 4 巻（2020）2 号／書誌，2020 年 4 巻 2 号 p. 45-54，DOI https://doi.org/10.24798/jicp.4.2_45

1. コンピュータやスマホが繋がらない状況が 1 か月も続いたとき，どのような対策が考えられるか考えてみよう。
2. 気候変動により電力の供給が停止したときどうするか考えてみよう。
3. 自分が認知症になりそうなとき，AI をどのように活用したらよいか考えてみよう。

10 環境計測と生活環境監視

川原靖弘

《目標＆ポイント》 大気や音環境などの日常生活環境の管理について，その測定手法や管理方法を学ぶ。また，これらの生活環境の現状や情報の共有方法，予測方法について学習する。
《キーワード》 環境モニタリング，環境基準，大気汚染，騒音，浮遊粒子状物質，GIS，大気汚染地図

1. 住環境の監視

　日常生活において，生活者の健康や文化的生活が損なわれることがないよう，行政機関を中心に生活環境のモニタリングが行われている。生活環境の屋外の空間においては，このモニタリングを実施するための基本理念である環境基本法で環境基準が定められており，各行政は，環境基準を達成することを目標に担当地区の環境監視を行っている。この章では，屋外の生活空間に焦点を当て，環境監視における，環境モニタリングの技術とモニタリング情報の共有方法について解説する。

（1） 環境基準

　環境基準とは，「人の健康を保護し，及び生活環境を保全する上で維持されることが望ましい基準」として，環境基本法第 16 条に定められている基準であり，大気・水質・土壌汚染，騒音に係る数値目標が定められている。環境基本法は，地球環境問題と都市・生活圏の環境問題の

ように日常生活や事業活動の基本的な要素が原因となる環境問題に対する施策として，公害対策基本法に代わるものとして 1993 年 11 月に施行された。環境基本法は，「環境の保全に関する施策を総合的かつ計画的に推進することにより，現在及び将来の国民の健康で文化的な生活の確保に寄与するとともに人類の福祉に貢献する」ことを目的としている。実際の規制は，「大気汚染防止法」「水質汚濁防止法」等の法律や法律を補完する条例により定められた具体的な数値により行われており，これらの数値と環境基準を指標として，環境モニタリングが行われている。

（2）　大気，水質，土壌に係る環境基準

この節では，大気，水質，土壌に関する環境基準の例を示し，どのように設定されているか概観する。大気が，人の健康や動植物を含めた生活環境を悪化させる状態になることを大気汚染と呼び，大気に関する環境基準では，大気汚染物質に対する基準が設けられている。その物質は，環境基準設置時に，二酸化硫黄，浮遊粒子状物質，二酸化窒素，光化学オキシダント，一酸化炭素が定められ，1997 年 2 月にベンゼン，トリクロロエチレン，テトラクロロエチレンが，2001 年 4 月にジクロロメタンが追加された。さらに 2009 年には，微小粒子状物質（浮遊粒子状物質で粒径が 2.5 μm の粒子を 50％の割合で分離できる分粒装置を用いて，より粒径の大きい粒子を除去した後に採取される粒子）に係る環境基準が設定された。大気汚染に関わる環境基準について，表 10-1 にまとめる。

表中の単位 ppm は，parts per million（10^{-6} の分量）の略であり，空気 1 m^3 の中の該当気体の体積（mL）を示している。表中の単位 TEQ は，Toxic Equivalents（毒性等量）の略であり，pg-TEQ は，測定されたダイオキシン量を 2, 3, 7, 8-四塩化ジベンゾジオキシンと等価

表 10-1　大気汚染に係る環境基準

物質	環境上の条件（設定年月日等）	測定方法
二酸化硫黄 （SO_2）	1 時間値の 1 日平均値が 0.04 ppm 以下であり，かつ，1 時間値が 0.1 ppm 以下であること。	溶液導電率法又は紫外線蛍光法
一酸化炭素 （CO）	1 時間値の 1 日平均値が 10 ppm で以下あり，かつ，1 時間値の 8 時間平均値が 20 ppm 以下であること。	非分散型赤外線分析計を用いる方法
浮遊粒子状物質 （SPM）	1 時間値の 1 日平均値が 0.10 mg/m^3 以下であり，かつ，1 時間値が 0.20 mg/m^3 以下であること。	濾過捕集による重量濃度測定方法又はこの方法によって測定された重量濃度と直線的な関係を有する量が得られる光散乱法，圧電天びん法若しくはベータ線吸収法
二酸化窒素 （NO_2）	1 時間値の 1 日平均値が 0.04 ppm から 0.06 ppm までのゾーン内又はそれ以下であること	ザルツマン試薬を用いる吸光光度法又はオゾンを用いる化学発光法
光化学オキシダント （Ox）	1 時間値が 0.06 ppm 以下であること。	中性ヨウ化カリウム溶液を用いる吸光光度法若しくは電量法，紫外線吸収法又はエチレンを用いる化学発光法

物質	環境上の条件	測定方法
ベンゼン	1 年平均値が 0.003 mg/m^3 以下であること。	キャニスター又は捕集管により採取した試料をガスクロマトグラフ質量分析計により測定する方法又はこれと同等以上の性能を有すると認められる方法
トリクロロエチレン	1 年平均値が 0.13 mg/m^3 以下であること。	
テトラクロロエチレン	1 年平均値が 0.2 mg/m^3 以下であること。	
ジクロロメタン	1 年平均値が 0.15 mg/m^3 以下であること。	

物質	環境上の条件	測定方法
ダイオキシン類	1 年平均値が 0.6 pg-TEQ/m^3 以下であること。	ポリウレタンフォームを装着した採取筒をろ紙後段に取り付けたエアサンプラーにより採取した試料を高分解能ガスクロマトグラフ質量分析計により測定する方法

物質	環境上の条件	測定方法
微小粒子状物質	1 年平均値が 15 μg/m^3 以下であり，かつ，1 日平均値が 35 μg/m^3 以下であること。	微小粒子物質による大気の汚染の状況を的確に把握することができると認められる場所において，濾過捕集による質量濃度測定方法又はこの方法によって測定された質量濃度と等価な値が得られると認められる自動測定機による方法

表 10-2　長期的評価の方法

二酸化硫黄 一酸化炭素 浮遊粒子状物質	年間にわたる 1 時間値の 1 日平均値のうち，高い方から 2％の範囲にあるもの（365 日分の測定値がある場合は 7 日分の測定値）を除外した最高値（1 日平均値の年間 2％除外値）を環境基準と比較して評価を行う。ただし，人の健康の保護を徹底する趣旨から，1 日平均値につき環境基準を超える日が 2 日以上連続した場合は，このような取扱いは行わない。
二酸化窒素	年間にわたる 1 時間値の 1 日平均値のうち，低い方から 98％目に相当するもの （1 日平均値の年間 98％値）を環境基準と比較して評価を行う。
ベンゼン トリクロロエチレン テトラクロロエチレン ジクロロメタン	同一地点で連続 24 時間サンプリングした測定値（原則月 1 回以上）を算術平均した年平均値により評価を行う。

の毒性量に変換し，ピコグラム（pg，1 兆分の 1 g）で表している。

　環境基準の評価方法には，短期的評価と長期的評価がある。短期的評価は，測定を行った時間または日についての測定結果を環境基準として定められた 1 時間値または 1 時間値の 1 日平均値を用いる評価で，二酸化硫黄，一酸化炭素，浮遊粒子状物質，光化学オキシダントの濃度の評価に適用する。長期的評価は，年間にわたる測定結果を長期的に観察するための評価方法であり，それぞれの物質についての方法を表 10-2 にまとめる。

　水質汚濁に係る環境基準において，水域によりいくつかの視点から環境基準が設けられている。人体に有害な物質について全公共用水域で一律に定められている，人の健康の保護に関する環境基準においては，カドミウム，鉛，ヒ素などの重金属，ジクロロメタンやトリクロロエチレ

ンなどの有機塩素化合物などの有害物質27項目において，基準値（年間平均値）が設けられている。生活環境の保全に関する環境基準において，水素イオン濃度（pH），溶存酸素量［mg/L］，大腸菌群数［MPN/100 mL］に加え，河川では，生物化学的酸素要求量（BOD）［mg/L］と浮遊物質量［mg/L］に，湖沼では，化学的酸素要求量（COD）［mg/L］，浮遊物質量［mg/L］，全窒素［mg/L］，全燐［mg/L］に，海域では，化学的酸素要求量（COD）［mg/L］，浮遊物質量［mg/L］，n-ヘキサン抽出物質，全窒素［mg/L］，全燐［mg/L］に対して，基準値が設けられている。

　土壌汚染に係る環境基準には，カドミウム，鉛，ヒ素，水銀，ジクロロメタン，トリクロロエタン，ベンゼン等の29項目の物質に対して基準が設けられている。

（3）　騒音に係る環境基準

　騒音に関しても同様の目的で，環境基準が設定されている。屋内の住環境における睡眠や会話への騒音の影響を適切に防止された状態を確保することが，この環境基準の主たる目的である。

　騒音に係る環境基準は，地域，時間帯により異なっており，表10-3のとおりである。地域の類型への当てはめは，都道府県知事，または市長が指定することになっており，類型 AA は療養施設，社会福祉施設

表 10-3　騒音に係る環境基準

地域の類型	基準値	
	昼間（6:00–22:00）	夜間（22:00–6:00）
AA	50 デシベル以下	40 デシベル以下
A および B	55 デシベル以下	45 デシベル以下
C	60 デシベル以下	50 デシベル以下

等が集合して設置される地域，類型 A はもっぱら住居の用途に使用されている地域，類型 B は主として住居の用途に使用されている地域である。さらに，道路に面する地域については，表 10-4 のとおりに環境基準が定められている。この他に，航空機騒音と新幹線騒音については，別途，環境基準が設定されている。

表 10-4　特定地域における騒音に係る環境基準

（道路に面する地域の騒音に係わる環境基準）

地域の区分	基準値	
	昼間	夜間
A 地域のうち 2 車線以上の車線を有する道路に面する地域	60 デシベル以下	60 デシベル以下
B 地域のうち 2 車線以上の車線を有する道路に面する地域及び C 地域のうち車線を有する道路に面する地域	60 デシベル以下	60 デシベル以下
幹線交通を担う道路に近接する空間 備考：個別の住居等において騒音の影響を受けやすい面の窓を主として閉めた生活が営まれていると認められるときは，屋内へ透過する騒音に係る規準（昼間にあっては 45 デシベル以下，夜間にあっては 40 デシベル以下）によることができる。	60 デシベル以下	60 デシベル以下

（航空機騒音に係わる環境基準）

地域の区分	基準値
I　専ら住居の用に供される地域	57 デシベル以下
II　I 以外の地域であって通常の生活を保全する必要がある地域	62 デシベル以下

（新幹線鉄道騒音に係る環境基準）

地域の区分	基準値
I　主として住居の用に供される地域	70 デシベル以下
II　商工業の用に供される地域等，I 以外の地域であって通常の生活を保全する必要がある地域	75 デシベル以下

　騒音に係る環境基準の単位であるデシベルは，音による大気圧の変動振幅（実効値）である音圧のレベルの単位（2〜3桁の数値で便利に表すことのできるもの）である。この音圧レベル $L_p[\text{dB}]$ は，騒音の音圧（$p[\text{Pa}]$）とヒトの最小可聴値（$p_0 = 20 \times 10^{-6}[\text{Pa}]$）の比の二乗の対数であり，次の式で表される。

$$L_p[\text{dB}] = 10 \log_{10}\left(\frac{p}{p_0}\right)^2$$

　音圧の単位であるパスカル（Pa）は，力との間に，

$$1[\text{Pa}] = 1[\text{N/m}^2]$$

のような関係があり，1 N が，質量約 100 g の物体に働く重力の大きさ（$0.1[\text{kg}] \times 9.8[\text{m/s}^2] = 0.98[\text{N}]$）であることを考えると，1 Pa は，1 m² の面積に 100 g の重さの物体が載っている場合の圧力であることが分かる。また，音の強さ（単位面積における音のパワー）は単位 W/m² で表され，音圧の二乗と比例関係にある。音圧レベルと音圧，音の強さの関係を表 10-5 に示す。音圧レベルが 20 dB 増加すると音圧は，10 倍になることがわかる。

　ヒトの聴覚の大きさにおける範囲は，120 dB と言われており，0 dB（$p_0 = 20 \times 10^{-6}[\text{Pa}]$）の最小可聴値なので，聴きとれる最大の音の大きさ 120 dB の音圧が 20 Pa であることを考えると，ヒトの聴覚は，最小可聴式の音圧の 100 万倍の音圧も受容できるということになる。また，ヒトに加える刺激の大きさ S と刺激から受ける感覚の大きさ R の間に

$$R = k\log_{10}S \quad (k：定数)$$

の関係があることが，ウェーバー・フェヒナーの法則として知られて

表 10-5　音圧レベルと音圧，音の強さの関係

音圧 [Pa]	音圧レベル [dB]	音の強さ [W/m²]	場所・状況
10^2	134		
	130	10	
20	120	1	飛行機エンジン近く
10	114		
	110	10^{-1}	自動車警笛（前方 2 m）
2	100	10^{-2}	
1	94		
	90	10^{-3}	工事現場，地下鉄車内
2×10^{-1}	80	10^{-4}	列車（屋外）
	70	10^{-5}	静かな街頭
2×10^{-2}	60	10^{-6}	会話
	50	10^{-7}	日中の閑静な住宅地
2×10^{-3}	40	10^{-8}	図書館内
	30	10^{-9}	ささやき声

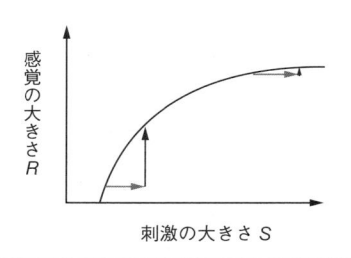

図 10-1　ウェーバー・フェヒナーの法則

いる（参考文献 [4]）。刺激 S と感覚 R の関係をグラフにすると，図
10-1 のようになり，刺激 S が小さいときは，刺激の変化量が小さくて
も感覚の変化量は大きくなるが，刺激が大きいときは，同じ刺激の変化

量でも感覚の変化量は小さいことがわかる。つまり，この法則は刺激 S が小さいほど刺激の変化に対して敏感になることを表している。したがって，デシベルで表される音圧レベルは，音の強さに対するヒトの感覚量を表していると考えることもできる。

2. 環境モニタリング技術

（1） 環境モニタリング

　環境モニタリングは，環境を監視・追跡するために行う観測や調査のことであり，生活環境における大気，水質，土壌，騒音のモニタリングは，前節で述べた環境基準を基準として地方行政において継続的に実施されている。

　大気，水質，土壌のモニタリングにおいて，測定対象は物質であり，その量や化学成分の測定・分析を行う。測定・分析を行うためには，まず物質の採取（サンプリング）を行う必要がある。サンプリングは行政が設置した観測地点において，一定時間間隔で行われている。サンプリングされた物質は，機器で測定・分析が行えるように前処理が施される。この測定・分析のために処理されたサンプルは，濃度測定機器や化学分析機器により，その濃度や質量が数値化される。数値化された情報は，機関内および機関間のネットワークを通じて，測定日時や測定場所の情報とともにサーバ上のデータベースに蓄積される。

　騒音のモニタリングも，行政が定めた地点において，音をマイクロフォンでサンプリングすることにより行われている。サンプリングされた音は，デジタル処理により分析され，その場で騒音レベルが計算され，ネットワークを通じて，測定日時や測定場所の情報とともにサーバ上のデータベースに蓄積される。

　定地点におけるモニタリング（定点観測）を補完するモニタリングと

して，モバイルモニタリングや移動モニタリングが行われることがある。可搬サンプラーや可搬分析機器を使用することにより，定点観測地点以外の環境モニタリングが可能になる。移動モニタリングは，可搬サンプラーや可搬分析機器を利用して，移動しながら行う環境モニタリングの形態で，定点の経時的な環境変化を測定することはできないが，短時間で広範囲の環境情報のモニタリングを高密度に行うことができ，放射線量など短時間で変化しない測定対象に対し有効である。また，個人がサンプラーを身につけ移動サンプリングを行うことにより，個人が一定期間に曝露した環境情報を測定することもある。浮遊粒子状物質と騒音を例にとり，環境基準測定のためのモニタリング方法の例を解説する。

（2）　浮遊粒子状物質のモニタリング

　浮遊粒子状物質（SPM）の主なモニタリング方法には，ローボリュームエアサンプラー方式，圧電天秤方式，ベータ線吸収方式，光散乱方式，吸光方式がある。各方式において，大気を吸引することにより測定を行うが，粒径 $10\,\mu m$ 以上の粒子を除外するために，大気の吸引口に，インパクタやサイクロンと呼ばれる分粒装置を設置する（図10-2，10-3）。実際のモニタリングにおいては，浮遊粒子状物質は「$10\,\mu m$ の粒子を捕捉する」測定装置で測定される物質であり，測定装置の分粒部は，$10\,\mu m$ の粒子 50% が通過するよう設計される。微小浮遊粒子状物質（PM2.5）のモニタリングにおいても，同様に，測定装置の分粒部において，$2.5\,\mu m$ の粒子 50% を通過させて測定されている。ローボリュームサンプラー方式と光散乱方式による計測についてさらに説明する。

　ローボリュームエアサンプラー方式において，大気をポンプで吸引

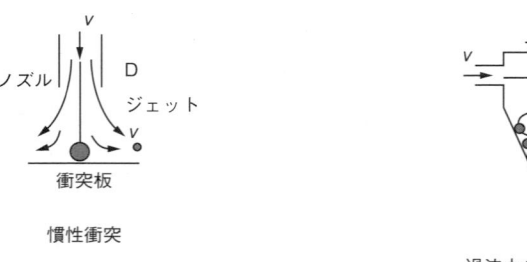

図 10-2　インパクタ　　　　図 10-3　サイクロン

し，大気中の浮遊粒子状物質をフィルタで捕捉する。吸引流量は，16.7-30 L/min で，24 時間の連続吸引を行う。フィルタには，圧力損失が低い石英繊維製フィルタが用いられる。温度 20℃湿度 50％において，浮遊粒子状物質を捕捉したフィルタの重量と，使用前のフィルタの重量を 0.01-0.001 mg まで測定し，その差を捕捉した浮遊粒子状物質の質量とする。この質量を吸引空気量で割ることにより，浮遊粒子状物質の濃度［mg/m^3］を求める。1 時間値を連続的にモニタリングするためには，自動化が困難なこの方式では不可能なため，測定値にこの方式と線形的な関係のある光散乱法，ベータ線吸収法，吸光法が用いられている。これらの方式は，速報を行うために必要な方式である。

　ベータ線吸収方式を例にとり，測定方法を説明する。ベータ線吸収法は，低いエネルギーのベータ線を物質に照射した場合，その物質の質量に比例してベータ線の吸収量が増加する原理を利用する測定方法である。測定機では，ろ紙上に捕集した粒子状物質にベータ線を照射し，透過ベータ線強度を計測することにより，浮遊粒子状物質の質量濃度を測定する。

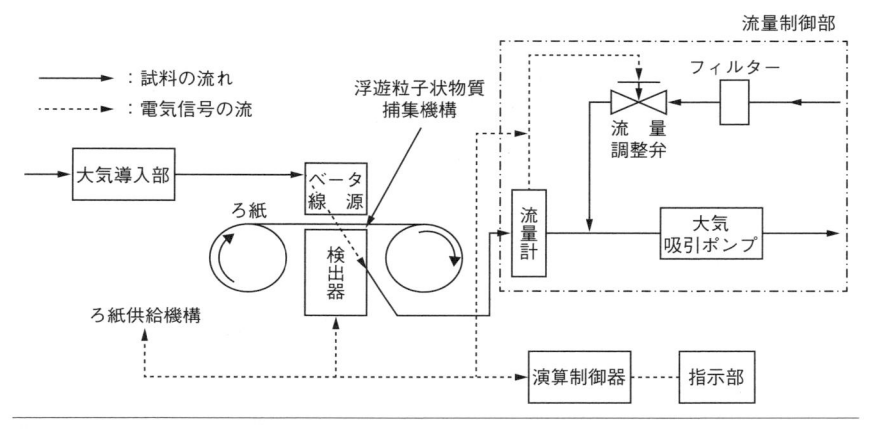

**図 10-4　ベータ線吸収法自動測定機の構成（環境大気常時監視マニュアルか
ら引用）**

（3）　騒音モニタリング

　環境基準の騒音のモニタリングにおいて，計量法第 71 条の条件を満
たし，JIS（日本工業規格）C1509-1 の使用に適合する騒音計を用いて
測定し，等価騒音レベル L_{Aeq} [dB] を算出する。騒音計の構成例と実
際の写真を図 10-5，6 に示す。

　計測する騒音の音圧は，マイクロフォンによって電圧に変換され，増
幅された後，周波数重み特性回路（A 特性フィルタ）を通り，その実
効値が検波され，騒音レベルが算出される。A 特性フィルタは，マイ
クで取り込んだ音圧をヒトの知覚と合うように周波数に応じて補正する
ためのフィルタである。図 10-7 には，Fletcher-Munson が 1933 年に
提案した，音の大きさに対する人間の感覚を表した曲線で，横軸の周波
数の音が，基準の周波数 1000 Hz の何 dB の音と同じ大きさに聞こえる
かを表している（参考文献 [7]）。A 特性フィルタは，この中の 40 phon
の曲線を基準に設計されている。この A 特性フィルタで重み付けをし

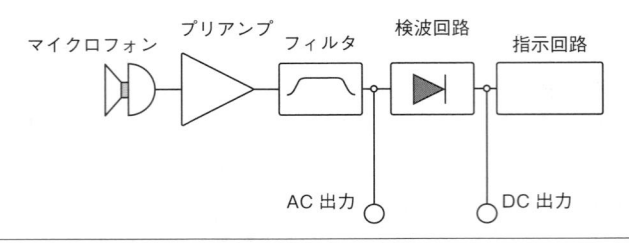

図 10-5　騒音計の構成例

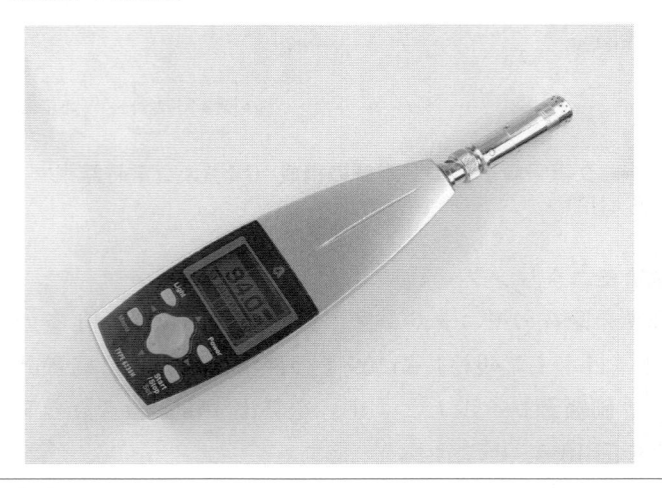

図 10-6　騒音計（写真提供：アコー）

た p_A 音圧から，A 特性の騒音レベルが求められる（次式）。

$$L_A = 10 \log_{10} \left(\frac{p_A}{p_0} \right)^2 \quad (p_0：基準音圧 20[\mu\mathrm{Pa}])$$

　測定される等価騒音レベル L_{Aeq}（Equivalent continuous A-weighted sound pressure Level）とは，ある時間内で変動する騒音レベルのエネルギーの時間平均値のこと（図 10-8）で，次式のように，変動する騒音レベル $L_A(t)$ の二乗平均で表される。

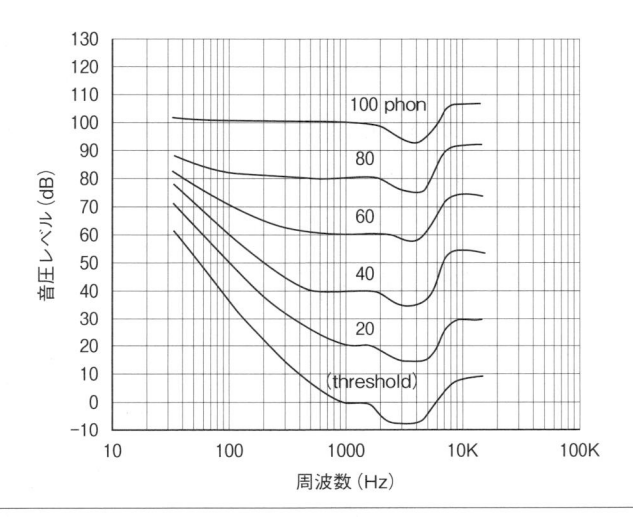

図 10-7　聴覚の周波数特性（Fletcher-Munson 曲線）

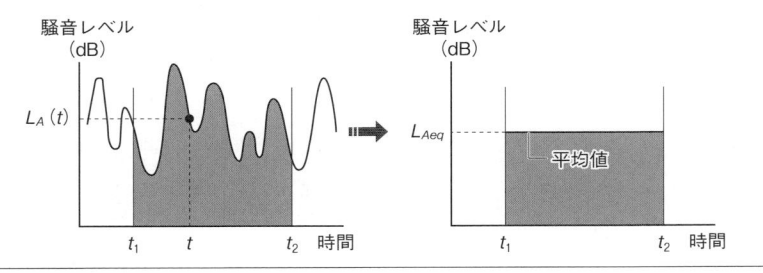

図 10-8　L_{Aeq}（等価騒音レベル）

$$L_{Aeq} = \frac{1}{T} \int_{t_1}^{t_2} L_A{}^2(t)\,dt$$

　環境基準に係わる騒音の評価は，基準時間帯の全時間を通じた等価騒音レベルによって評価を行うのが原則である。一般地域においては，基準時間帯（昼：6:00-22:00，夜：22:00-6:00）において連続測定を行い，等価騒音レベル L_{Aeq} を求める。測定日は，騒音が年間を通して平

均的な状態である日を選定することが適当であるとされ，秋季の平日が一年を代表する日とされることが多い。マイクロフォンの位置は，建物から1〜2m距離にある地点の生活面の高さに設置する。建設作業の音や鳥や虫の声などの平常でない自然音，暴走族やパトカーのサイレンなどによる時限的に発生する音は，測定対象から除外される。

3. 環境情報の可視化と共有

（1） 環境情報の可視化

　測定された環境情報は，地方行政によって情報公開がされている。大気汚染情報の常時監視が必要とされる項目に関しては，地方行政は，何らかの手段で情報公開を行っている。インターネットが普及している今日，ほとんどの地方行政の運営している Web サイトにおいて，大気汚染常時監視項目の数値が公開され，定期的に更新されている。

　地方行政が管理するデータセンターと，常時監視（測定）を行っている測定局は，ネットワーク回線でつながっており，測定されたデータは逐次（1分ごとなど）データセンターに送信され，センター内のサーバに蓄積される（図10-9）。環境情報の可視化は，このデータセンターのデータを用いて行われる。

　光化学オキシダントなど，生活者に即時に影響を及ぼす物質に関しては，基準値を超えたときにメールや放送などで注意や警報を配信している地方行政もある。環境省の大気汚染物質広域監視システム「そらまめ君」は，地方行政のデータセンターから測定局の測定データを集約し，全国の地図上に毎時間の測定値を色で表すことにより，生活者が情報を入手，共有する機会を提供している（図10-10）。より多くの利用者で情報共有できるよう，マップ上でユニバーサルデザインを考慮した配色が採用される場合も多い。

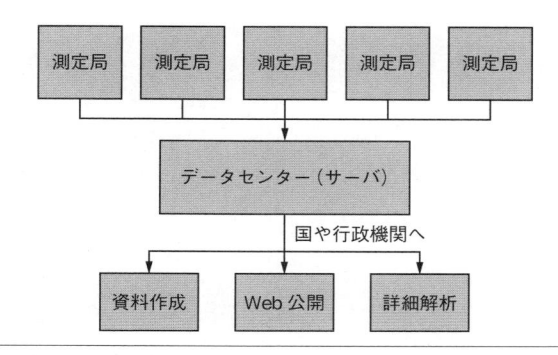

図 10-9　環境データの収集と利用

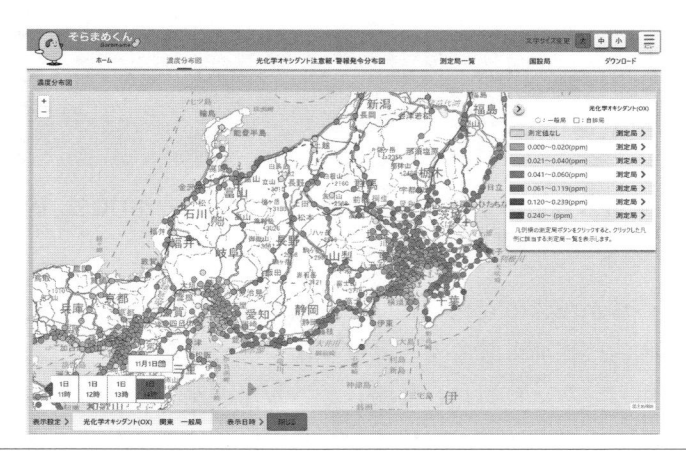

図 10-10　大気汚染物質広域監視システム「そらまめ君」（環境省）

（2）　環境情報の解析と表現

　国立環境研究所が web サイトで提供する大気汚染予測システムは，時々刻々と変化する気流や温度などの気象情報や汚染物質発生源などの情報を用いて，大気汚染予測情報を地図上に表現している。データを補

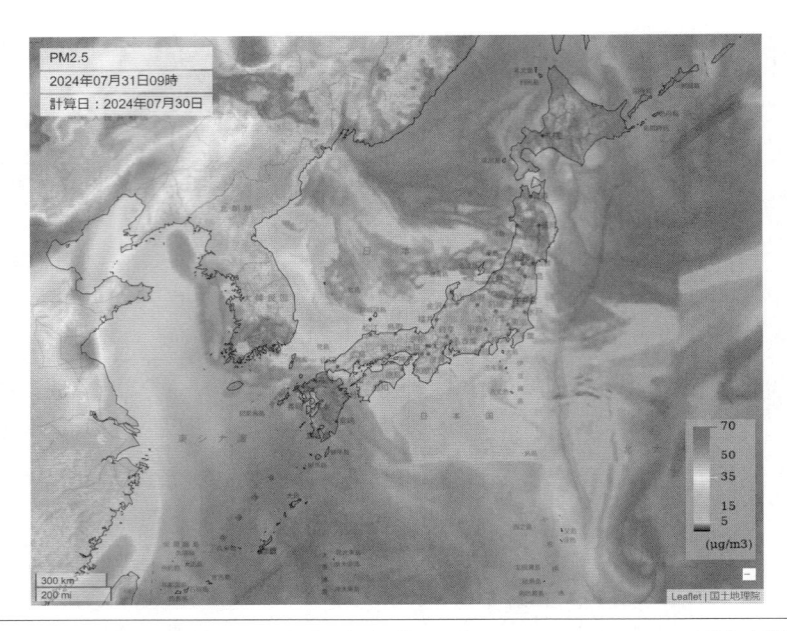

図 10-11　PM2.5 濃度の予測（大気汚染予測システム VENUS，国立環境研究所）（口絵参照）

間し，なめらかな色の変化で濃度を表現することにより，大気汚染情報をより直感的に把握できるように可視化されている。

　騒音に関しても，可視化し公開している都市がある。図 10-12 にその例を紹介する。騒音レベルが色で示されており，知りたい地域の騒音レベルを視覚的に把握することができる。

　道路や鉄道，空港などの騒音源に関するデータをもとに，発生するであろう騒音を計算し，地図化する場合もある。

　環境汚染情報と風向などの複数の環境情報を重ね合わせることや，汚染物質の成分を解析することで，発生源を推定する研究も行われている。自動測定装置では測定できない，特定の場所でサンプリングされた

図 10-12　**騒音マップ（ロンドン）**（Defra, Explaining the 2022 noise maps. environment. data. gov. uk/explore/562c9d56-7c2d-4d42-83bb-578d6e97a517 の表示画面を引用）

重金属成分や揮発性有機化合物（VOC）成分の濃度を，分析機器を用いて分析することにより，汚染物質発生源を推定することが行われている。

参考文献

[1]　環境省，環境基準，www.env.go.jp/kijun/

[2]　堀雅宏，『環境化学計測学─環境問題解決へのアプローチ法としての環境測定』（共立出版，2006）.

[3]　環境省　水・大気汚染局，環境大気常時監視マニュアル第 6 版，2010.

[4]　久野和宏，野呂雄一，『騒音の計測と評価/dB と LAeq─音を診る』（技報堂出版，2006）.

[5] Fechner, G. T., Elemente der Psychophysik. Leipzig: Breitkopf u. Härtel. 1860.

[6] 環境省，騒音に係る環境基準評価マニュアル，2015.

[7] Fletcher, H. and Munson, W. A., Loudness, its definition, measurement and calculation, Journal of the Acoustic Society of America. 1933;5:82-108.

1. 環境情報モニタリングにおける情報収集方法について，他にどのようなものがあるか調べてみよう。
2. 身の回りの公開されている環境情報にどのようなものがあるか調べてみよう。

11 | 生態系保全と生活

安東義乃

《**目標＆ポイント**》　人間の生活と生態系保全との関連について解説し，生態系保全における，自然環境情報の把握の手法を解説する。また，社会において継続的にモニタリングを続けるための取り組みについて紹介する。

《**キーワード**》　生態系保全，生態系サービス，生物多様性，可視化，環境モニタリング，環境教育

1.　生態系保全に関連する世界情勢と社会動向

（1）　自然生態系と人間社会

　生態系とは，ある地域や場所における生物やその生息地が相互に関わり合いながら機能する生命のシステムである。生態系における生物の相互の関係は，食物連鎖や食物網を通じた栄養関係だけではなく，共生関係や競争関係など非栄養関係にも及ぶ。そして，このさまざまな生物間相互作用は大気や水，土壌，温度，地形などの非生物的要因によって，その強度や方向性が変化する。このように，生物間，およびこれを取り巻く環境との相互作用によって多様な生態系が形成され，多様な機能が発揮される。

　生態系がもつ機能のうち，特に人間がその恩恵を享受する機能に着目した，生態系サービスという概念がある。国際連合によるミレニアム生態系評価では，生態系サービスが「供給サービス」「調整サービス」「文化的サービス」「基盤サービス」の4つに分類されている。図1-1のと

供給サービス	私たちの生活に不可欠な資源を提供する機能であり，日常の衣食住が確保される。
調整サービス	生態系が環境を調整する機能であり，地球の気候や生態系のバランスが維持される。
文化的サービス	文化を育み，人間の生活を豊かにする審美的，精神的，教育的な機能である。
基盤サービス	さまざまな生態系において，そこに棲む生物の存続の基盤となる環境を提供する機能である。

図 11-1　生態系サービスの種類

出典：https://www.wwf.or.jp/activities/news/5027.html

おり，私たちの生活や文化は，実に多様な生態系サービスに支えられて成り立っている。自然はヒトを必要としていないが，ヒトは生態系の機能の恩恵を受けてこそ生存できることを忘れてはならないのである。近年，生態系サービスという表現は，自然と人間の関わり方を正確に表していないため，自然の恵み，あるいは，生物多様性の恵みという表現が

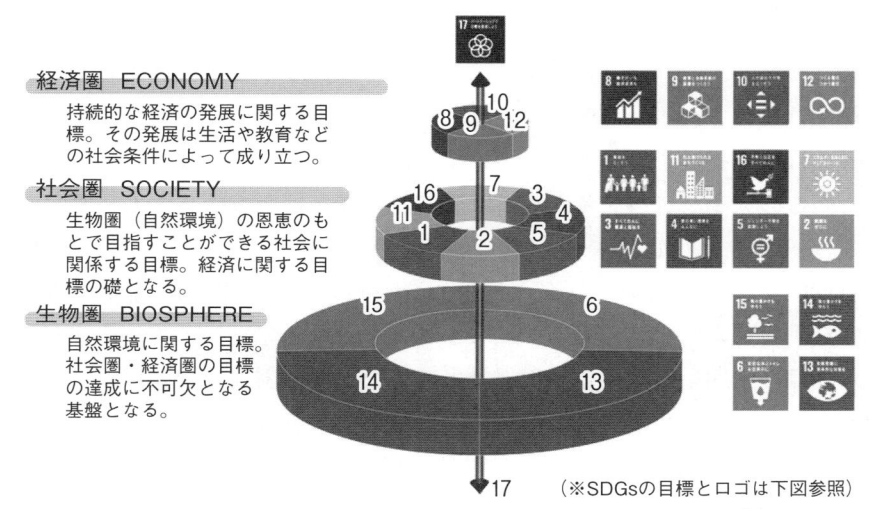

Original Illustration credit: Azote Images for Stockholm Resilience Centre, Stockholm University ⓒ CDP, Inc.

図 11-2　SDGs ウェディングケーキモデル

出典：株式会社コミュニティ・ディベロップメント・パートナーズの HP より
https://www.cdp-japan.com/blog/decade/　SDGs ウェディングケーキのオリジナルは，ストックホルム大学のストックホルム・レジリエンス・センター。

図 11-3　SDGs の目標とロゴ

出典：国際連合（https://www.un.org/sustainabledevelopment/）

主に使われている。

　生態系と人間社会は密接に結びついており，その関係は自然の恵みとして具現化される。自然の恵みは，私たちの生活や文化の基盤となる多様な機能を提供しており，その重要性はますます認識されている。しかし，この恩恵を維持するためには，持続可能な社会を構築する必要がある。そのためには，持続可能な開発のための 2030 アジェンダ「通称 SDGs[1)]」が示す環境，社会，経済の 3 つの目標群が相互に連関することを理解することが不可欠である。SDGs のウェディングケーキモデルからは，生態系の保全は環境保護だけでなく，貧困削減や教育の普及，ジェンダー平等などの社会的・経済的な問題の解決にも貢献することが見えてくる。実際，世界銀行の最新の報告書によると，世界の GDP の半分以上に相当する 44 兆米ドルが生物多様性や生態系に依存しており，それらが損失すると経済に深刻な影響を及ぼすことが示されている。

（2）　環境法制度と国際的動向

　日本は環境技術の先進国として知られるが，歴史を遡ると環境汚染の歴史がある。環境汚染の歴史は日本のみならず，戦後の高度経済成長により公害が拡大し公害対策基本法が制定された後，環境問題は国際化し，1972 年の国際人間環境会議以降，多くの国際条約が採択されたのである。その後，日本では 1993 年に環境基本法が制定され，環境基本

---

1)　Sustainable Development Goals の略称。2015 年の国連総会「持続可能な開発サミット」で採択された。誰もが取り残されない持続可能で多様性と包摂性のある社会を，環境，社会，経済の三位一体の視点から統合的に実現することを目指しており，2030 年を達成期限として，「17 の目標」と「169 のターゲット（具体目標）」がある。

計画が策定された。環境基本計画は，環境基本法の下で策定され，法的な拘束力を持っており，国や地方自治体，関係機関が環境政策を進める際の指針となってきた。環境基本計画は，環境問題の重要性や社会の変化に応じて，時代に合った内容に更新される。これまで計画は 1994 年の初策定以来，6 年ごとに見直され，次期第六次基本計画の期間は 2024 年〜2030 年となる。

　第五次基本計画は，SDGs やパリ協定といった国際的潮流を背景に策定されており，環境・経済・社会の統合的な改善を目指すものとなっている。日本が目指す持続可能な社会の姿とされる地域循環共生圏の概念も導入された。これは，都市も地方も多くの課題が山積することから，それぞれの地域が主体的に「自ら課題を解決し続け」，得意な分野でお互いに支えあうネットワークを形成していくことが，地域も国全体も持続可能にしていく「自立・分散型社会」へとつながるというものである。この基本計画に沿って，2020 年に菅政権が政府として温室効果ガスの実質ゼロ目標を宣言し，2022 年には岸田政権が炭素中立型経済社会への変革を表明したのである。また，同年 12 月には，新たな生物多様性に関する世界目標である「昆明・モントリオール生物多様性枠組」が採択されたことを受け，日本政府は 2030 年までに（生物多様性の損失を食い止めて回復軌道に乗せる）「ネイチャーポジティブ」の実現を目指す「生物多様性国家戦略　2023-2030」を策定したのである。ちなみに，環境法制度は持続可能な社会の実現に向けた重要な枠組みである一方で，排出源技術の改善や新たなクリーンテクノロジーの開発促進といった，環境技術の発展や産業の成長を支援する重要な役割も果たしている。

（3） 地球環境へのアプローチ

　地球環境は深刻な状況であり，人間の消費や廃棄の増加が原因であることに，すでに多くの人々が気づいているだろう。世界経済フォーラム（WEF）が2023年の1月に発表した報告書は，次の10年間における10のリスクとして，気候変動の緩和の失敗や，自然災害と極端な気象現象，生物多様性の喪失と生態系の崩壊など，環境関連のリスクを6つ挙げている。その中でも，生物多様性の喪失と生態系の崩壊は今後10年間で最も早く悪化するグローバルリスクの1つとされている。

　日本においても政府・企業・自治体で脱炭素化（気候変動対策）の動きが本格化してきたため，次の焦点は生物多様性といわれている。しかし，気候変動と生物多様性は複雑に絡み合った問題である。気候変動が進むと生物多様性が影響を受ける。また，気候変動対策をしても，その方法によっては生物多様性に悪影響を及ぼすことがある。たとえば，自然再生エネルギーとして風力発電や太陽光発電のための施設建設により，生物の生息地や渡り鳥の飛行経路の妨げや海洋生態系に与える影響などである。したがって，一連の環境関連の課題は独立に取り組むのではなく，同時に取り組んでいく必要があるだろう。「2021年IPCC-IPBES報告書[2]」によると，従来独立して取り組んでいた生物多様性保全と気候変動対策は両方を考慮しながら効果を最大化することが重要であり，これによってパリ協定や生物多様性目標が達成しやすくなると結論づけている。

---

2)　生物多様性及び生態系サービスに関する政府間科学-政策プラットフォーム（IPBES）と気候変動に関する政府間パネル（IPCC）という2つの政府間科学政策機関の初の共同開催による仮想メディアワークショップの報告書で，生物多様性保全と気候変動の緩和・適応の間の相乗効果とトレードオフが検証された。

　生物多様性と気候変動は，ともに不確実性が高く，価値観が争われ，政策の進路が不明確になりやすい問題であるが，両方の対策のために行動を起こすことは急務である。特に「自然に根ざした解決策：NbS[3]」は，生態系管理を通じて気候変動と生物多様性の共同利益を生み出す潜在性が大きいとして注目されている。多くの NbS は，環境課題に対する解決だけでなく，わたしたち人間の精神的および身体的健康の改善や良質な生活のための自然の寄与（NCP）の促進など，副次的に複数の人間に対して利益を生み出すことがある。

　一方で，NbS を含む解決策の利点だけに注目するのではなく，気候，生物多様性，そしてすべての人々の良質な生活に関する目標の相互作用を認識し，トレードオフのリスクに注意する必要もある。気候変動と生物多様性の問題は，単なる環境の問題にとどまらず，社会的・経済的な不平等や大規模な構造的な問題と密接に関連する。これらの問題を解決するためには，単なる技術的な解決策だけでなく，政策や制度，社会システム全体における行動変革が求められる。

2.　生物多様性の可視化

（1）　生物多様性の定量化と評価

　生物多様性 biodiversity は 1980 年代の後半に作られた生物学的多様性 biological diversity を短縮した造語である。生物の多様性は種の数だけで表されるものではない。形態的，あるいは生態的特徴の様々な違いも含む。そうした多様さを支える基盤には遺伝子があり，遺伝的変異は生命の進化や多様化の根源である。したがって，生物多様性は，種や分

---

3)　Nature-based Solutions の略称。社会課題に効果的かつ順応的に対処し，人間の幸福および生物多様性による恩恵を同時にもたらす，自然及び人為的に改変された生態系の保護，持続可能な管理，回復のため行動を指す。

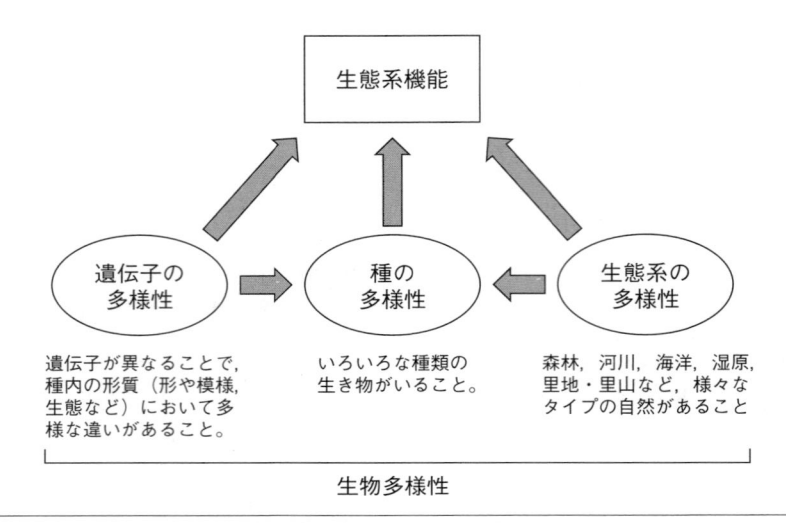

図 11-4　生物多様性の階層間の関係と生態系機能との関係
出典：宮下直・井鷺裕司・千葉聡，『生物多様性と生態学　―遺伝子・種・生態系
　　　―』5頁（朝倉書店，2012）。

　類群の多様性だけでなく，遺伝的な要素や生態的な複合体（群集や生態
系）に至るさまざまな階層を含んでおり，遺伝子，種，生態系の３つの
レベルの多様性は，それぞれ相互に関連しあっている。それだけでな
く，各レベルの多様性は物質生産や物質循環の速度などに代表される生
態系機能と密接に関係する。近年の研究から，生物多様性は生態系機能
の安定性や持続性と関連することがわかってきた。つまり生物多様性
は，生態系機能の健全なはたらきを支え，食物生産，水資源の浄化，気
候の調節などを通じて私たちの健康や生活を支えているわけである。し
たがって，生物多様性の保全と生態系の安定性は，私たちの生存と健康
に密接に関連しており，単なる価値観の問題ではなく，人間の存続のた
めの本質的な要素と言える。

　2022 年 12 月にカナダのモントリオールで開かれた国連生物多様性条約第 15 回締約国会議（COP15）では，自然を回復軌道に乗せるため，生物多様性の損失を止め反転させる「ネイチャーポジティブ（自然再興）」の考え方が掲げられた。COP15 は，2030 年までに地球上の陸域，海洋・沿岸域，内陸水域の 30％を保護するという画期的な合意とともに閉幕した。そのネイチャーポジティブに向けた施策の一つとして，里地里山やビオトープ，森林施業地，企業の森といった「自然共生サイト」がある。「自然共生サイト」とは，生物多様性を守ることにつながる民間の取り組みなどを促進する目的として，「民間の取組等によって生物多様性の保全が図られている区域」を国が認定する区域のことである。認定区域は，保護地域との重複を除き，「OECM[4]」として国際データベースに登録される。

　さて，生物多様性を守るという枠組みはできてきた。管理するためには，生物多様性がどの程度あるかを定量化して比較できなければいけない。生物多様性の定量化の方法は，種や遺伝子，生態系レベルにおいて異なる指標が存在しており，それぞれのレベルにおける生物多様性は別々に定量評価することが可能である。

　種の多様性の指標は，「種の豊富さ」と「種の均等度」で表される。種の豊富さとは種数であり，種の均等度とは，それぞれの種における個体数がどれだけ均等に存在するかで表す。また「両方を考慮した尺度[5]」もある。遺伝的多様性の評価でもっとも一般的に使用されているのは，「ヘテロ接合度」である。これは，個体レベルの値ではなく，ある種の

---

4)　Other Effective area based Conservation Measure の略称。里地・里山や企業や大学の私有地など，保護地域以外の生物多様性保全に貢献している場所のことを指す。
5)　シンプソン指数やシャノン指数などが代表的な指標である。

集団内における任意の2個体を比べたときに，それらが異なった対立遺伝子を保持している確率で計算される。近年は次世代シーケンサーという技術の進歩によって，非モデル生物であっても短期間のうちに大量のDNA塩基配列データを解読できるようになり，同一種内の複数個体において全ゲノムを解読できるようになった。この技術の発展により，海中，土壌中，動物の腸内などの環境中に生育する多様な生物のゲノムを一括して解析できる「メタゲノム解析」も進み，より広範での遺伝的多様性の評価ができる。そして生態系レベルでの多様性を図る尺度は景観内に存在する景観要素の種類数や各要素が占める総体割合で算出される「組成の異質性」や，景観要素の複雑性や景観内での配置で表す「形状の異質性」がある。

（2）　テクノロジーを駆使した生物多様性の可視化と実践

　生物多様性の観測において，適切な指標やモニタリング手法の導入，データ技術の活用により，生態系の健康状態や多様性を把握する試みがなされている。

　たとえば，モニタリングサイト1000（重要生態系監視地域モニタリング推進事業）は全国各地に1000か所程度の定点を設定し，様々なタイプの生態系（森林，草原，里地，陸水域，干潟，砂浜，小島嶼，サンゴ礁等）をモニタリングして，生物多様性に関する基礎的な情報の収集を長期にわたって継続して日本の自然環境の質的，量的な変化を把握している。データの解釈には専門的スキルが必要であり，だれもが簡単にできるわけではない。

　現在，誰もが生物多様性や生態系の価値を感じ，保全活動の効果を正確に評価するための工夫として，直感的にとらえやすい生物多様性の可視化が進んでいる。たとえば，地理情報システム（GIS）やリモートセ

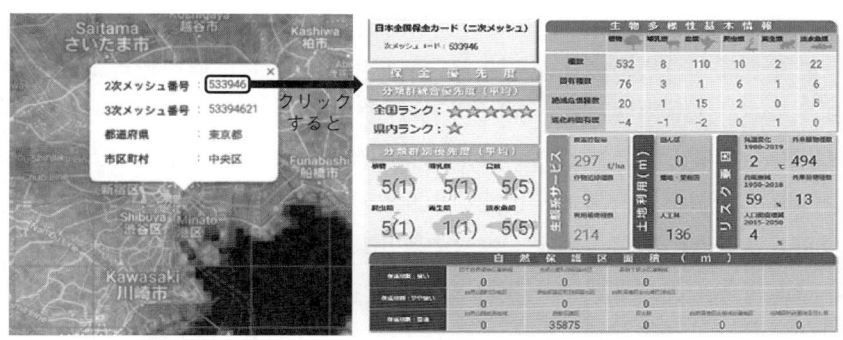

地図上の任意の場所に
ポップアップが表示される

1 km四方の面積の「保全優先度」「生物多様性基本情報」
「生態系サービス」「リスク要因」などが現れる

Credit：Think Nature（https://biodiversity-map.thinknature-japan.com/）

図 11-5　日本の生物多様性地図：J-BMP
出典：宙畑　https://sorabatake.jp/28490/

ンシング技術を使用して，生物多様性の分布や変化を地図上にマッピン
グして可視化することで，観察者が生態系の状態やパターンを容易に把
握できたりする。たとえば，日本の生物多様性地図化プロジェクトは，
自然環境保全の基礎調査で得られた情報など我が国の生物多様性に関す
る空間情報を収集・整理し，1 km の空間解像度の分布データをもとに
した機械学習で野生生物の種分布といった膨大な生物の分布情報を分析
し，網羅的に地図化して生物多様性を可視化したシステムである。作成
した地図は，多様な主体が利用できるよう，ウェブサイトで成果を公表
するとともに，GIS データ等も提供している。このデータを用いた発展
的利用には，各地点の生物多様性や保全上の重要性をスコア化して，相
対的に各地点の保全優先度ランクを地図化するという方法がある。この
可視化は，都市部にも優先度の高い赤いエリアが多数あり，人々が暮ら
す身近な場所にも保全優先エリアが結構あることが，誰でも見て取れる

ものである。

　最近では，自然の多様性を資本に換算する実践的な可視化も進んでいる。いくつかあるが，米国農務省が開発したアプリケーション「i-Tree」は有名である。たとえば，オランダのアムステルダムにあるフランケンダール公園は，景観美やレクリエーションなどの文化的価値の向上，炭素の蓄積・固定，雨水の流出抑制，大気汚染物質の除去などの調節機能の作用があり，年間231,730ユーロ（日本円で約3740万円）の資産価値が算出されている。

（3）　社会への生物多様性の伝達

　生物多様性の状況は地球規模で悪化をしており，また，日本の生物多様性の危機も解消されていない。生物多様性の危機への対処に必要な取組を強化・充実していくことが必要であるが，加えて，私たち一人一人の日常の暮らしや社会全体で生物多様性について意識し行動につなげていくことが重要である。そのためには，私たち一人一人が自発的に取り組み，社会全体のうねりに高めていく流れをつくらねばならない。

　昨今，生物多様性の社会浸透に向けた取り組みの強化にむけて，3つのアプローチが進行している。1つ目は，多様な主体の参画である。政府，産業界，学術界，市民社会など，さまざまな関係者が協力して生物多様性の保全や持続可能な利用を促進する取り組みである。2030生物多様性枠組実現日本会議（J-GBF）において，ステークホルダー間の連携が推進中である。2つ目は，ビジネスにおける生物多様性の主流化，自然資本の組み込みである。2021年2月に英国財務省から好評された生物多様性の経済学に関する報告書であるダスグプタレビューでは，企業の経営戦略として生物多様性へ配慮する必要性が科学的知見に基づき，説得力のある形で提示されている。3つ目は，自然とのふれあいの

推進を通した意識醸成と社会参加の促進である。教育や啓発を通じて一般市民が生態系保全に参加しやすくする取り組みとしては，自然観察会などによる身近な自然環境での体験活動やワークショップ，エコツアーなどはよく知られるものであるが，さらなる推進に向けて地域社会との連携強化が鍵と言われる。具体的な話は次節 3―（ 2 ）でご説明する。

3.　環境モニタリングがすすむための社会の取り組み　～ボトムアップアプローチ～

　生物多様性の可視化の精度は，環境モニタリングなどの実地データに支えられている。人手や資金難の地域でも，解像度の高い環境モニタリングが継続して各地で行われるために，社会での仕組みづくりや技術開発が進んでいる。

（1）　環境教育を通した環境モニタリング活動の拡充

　環境教育は，しばしば学習者の態度や行動を変え自然の保護に貢献するために行われる。したがって，環境教育の普及は，個人や社会が環境に対する理解を深め，環境モニタリングに向けた行動を促進するのに役立つ。多くの教育は子どもを対象としているが，その理由は子どもが親をはじめ家族の態度に影響を与えるという間接経路によって対象者全体に広く行動変容を引き起こすことが高いためである。そのため，環境教育を学校教育の中で取り組むことは，社会全体で環境モニタリングが進むアプローチとして効果的と言える。

　環境教育の最終的な目標は，学習者がより環境志向的な行動ができるようになることである。一方で，環境教育には人材育成という別の側面における利点もある。環境教育は，持続可能な行動の変化に必要な前提条件である，望ましい探究心，反省的態度，批判的態度を学習者の中で効果的に育成しうる。このことから，環境教育は持続可能な開発のため

の教育（ESD：Education for Sustainable Development）として，貢献人材の創出という根本を支える効果的なアプローチとして有用である。現在，全国各地でのESD推進ネットワークの拡充や科学者・技術者養成をめざしたスーパーサイエンスハイスクール（SSH）の指定校の設置など，主体的に行動できる人材を社会で創出するための取り組みが進行中であり，環境モニタリングのさらなる推進が期待できる。

（2） 地域協働型の生態系保全活動

　生態系保全の活動を促すための環境整備については地域コミュニティでの連携が不可欠である。地域住民が共に参画する活動は，地域社会全体での環境意識の向上につながるため，行動変容にもとづいた自発的な参画がいっそう推進されるだろう。それだけではなく，経済合理性が重視される現代の社会システムにおいて，生態系の保全を社会経済システムの中によりよく統合させることで保全が進みやすいというのもある。たとえば，グリーンインフラは，自然の恵みに着目するが人間主体的な考え方のもとにあり，生態系の保全そのものが目的ではない。それはNbSの概念とも共通している。いずれも生態系の保全が目的ではなく課題解決のための手段としており，生態系に関心のない層からの注目を集め，協働を促す狙いがある。生態系はさまざまな自然の恵みをもたらしてくれることは先に述べたが，自然の多面的な機能ゆえに，グリーンインフラやNbSにはさまざまな相乗効果が期待できる。たとえば，グリーンインフラを活用した災害に強い都市づくりという活動においては，生態系の回復の過程で，環境・防災教育をしたり，自然を生かした雇用が創出されたりするのである。

　今や少子高齢化の時代，環境が大切だとは言え，都市化集中による過疎化や人口減少は喫緊の課題である。日本における様々な地域課題を解

決しながら同時に，環境に対する意識づけをしていくという包括的なアプローチが必要となる。また，生態系保全活動を進めるにあたって，人間の安全保障や健康・福祉といった社会面に留意することは大変重要である。そうすることでより人と自然の一体的な結びつき，自然共生社会という概念に共感が生まれ，地域協働の生態系保全活動が文化として社会に根付いていくからである。

（3）　テクノロジーと環境への新たなアプローチ

　近年，データ技術，仮想現実（VR），そしてメタバースなどのテクノロジーの進化により，新しいアプローチから生物多様性を理解するための取り組みが急速に広がっている。これらの技術を活用することで，生態系やその重要性をわかりやすく伝えることが可能となり，環境保護の活動や環境モニタリングが促進されるのではないかと期待されている。

　自然の現状を把握する生物調査は，捕獲や直接観察に頼る従来の手法は膨大な労力や費用がかかっていたが，幅広い範囲を効率的に調査する「環境 DNA[6)]」の手法が確立された。環境 DNA は，「バケツ一杯の水」から存在する生物の種類や分布が分かる革新的な生物調査で，その手法は日本で開発された。調査現場での作業が圧倒的に少ないことから，従来の調査法では容易ではなかった多地点，高頻度での生物調査を実現する画期的な方法として注目されている。77 の観測ステーションでの定期観測に加えて，2020 年からは市民ボランティアによる調査も実施され，約 200 名もの市民が参加して 146 サイトでの調査が進行しており，全国

6)　水中や土壌中など環境中に存在する生物由来の DNA のこと。生物はフンや粘液などと一緒に自らの DNA の痕跡を環境中に残す。野外で採取した水や土壌などから生物由来 DNA を抽出，分析することでそこに住む生物の種類を知ることができる。

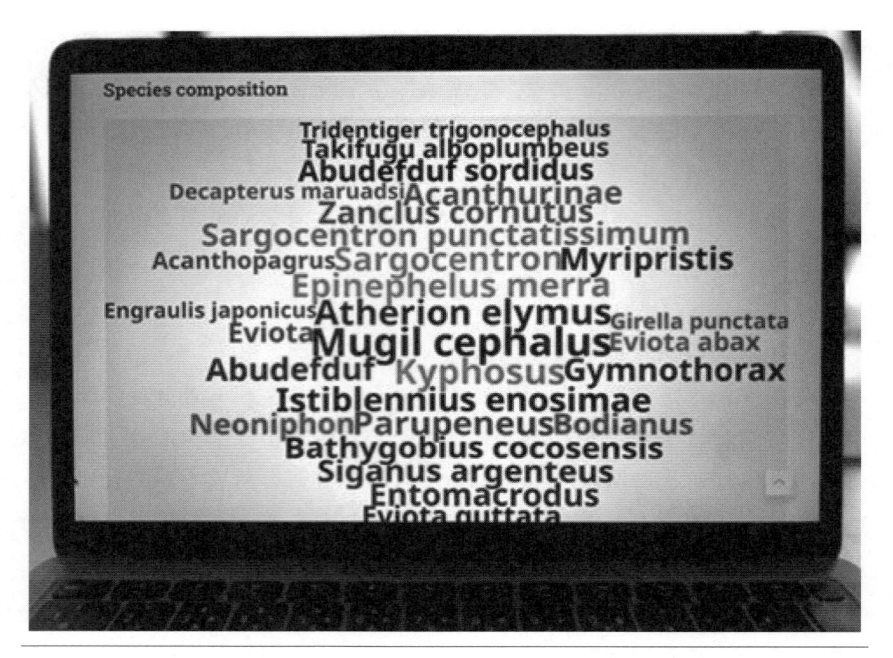

図11-6　環境DNA調査のデータベース「ANEMONE DB」閲覧画面。（DNAが検出された魚種（学名）を表示。検出量に応じた大きさで表示される仕様。）

出典：東北大学 HP，https://www.lifesci.tohoku.ac.jp/en/date/detail---id-51283.html

レベルでの大規模な生物多様性観測のネットワーク「ANEMONE：All Nippon eDNA Monitoring Network」がつくられている。

　VRやメタバースを活用した生物多様性の体験では，フィールドに出なくてもユーザーが生態系に没入し，自然環境や生物の生態を簡易体験できる上に，エンターテインメント性が高いという利点がある。しかし，仮想空間内での体験は現実世界との関連性を失いやすく，自然界の再現や体験の限界は初学者には伝わらず，見た情報が全てであると誤解をまねく危険性もある。VRやメタバースの有効的な使用としては，現

図 11-7　北海道大学雨龍研究林の全天トレイル
出典：北海道大学北方生物圏フィールド科学センター森林圏ステーション HP,
　　　https://forestcsv.ees.hokudai.ac.jp/wst/vr_explain/index.html

実世界での学びと組み合わせた利用がよいであろう。例えば，北海道大
学は VR 技術を使用した視覚情報教材として，研究林全天トレイルを公
開している。この全天トレイルは，普段は入ることができない研究林内
の自然の林床を探索しながら，季節による環境の違いや生物の多様性を
体験することができる。さらに，体験者は全天トレイルのリンクからそ
のまま，研究林の成果データや論文の閲覧やフィールドの説明や調査法
の説明動画から科学的知見に基づいた情報を得ることができるため，探
求学習として発展させることもできる。

参考文献

[1] 宮下直・井鷺裕司・千葉聡，『生物多様性と生態学—遺伝子・種・生態系—』（朝倉書店，2012）.

[2] Alvarado, O. A., Measuring the benefits of urban nature-based solutions through quantitative assessment tools. MS thesis, 2019.

[3] Pörtner, Hans-Otto, et al., Scientific outcome of the IPBES-IPCC co-sponsored workshop on biodiversity and climate change, 2021.

[4] 世界銀行，世界銀行インパクトレポート 2022：サステナブル・ディベロップメント・ボンド＆グリーンボンド（日本語版），2022.

[5] 環境省，『環境白書（令和5年版）』（日経印刷，2023）.

 学習のヒント

1. SDGs ウェディングケーキモデルについて説明しよう。
2. 生物多様性の3つの階層について説明しよう。
3. 生物多様性の可視化の利点を説明しよう。
4. 地域協働型の生態系保全活動について説明しよう。
5. 環境モニタリングが生態系保全においてなぜ重要なのかを説明しよう。

12 | 生物指標を用いた環境モニタリング

安東義乃

《**目標＆ポイント**》　環境モニタリングにおける，生物指標の利用方法について解説する。生物指標のデータ管理の現状についても触れ，その人間の生活圏における利活用の意義について論じる。
《**キーワード**》　生物指標，ネイチャーポジティブ，情報開示，TNFD，温暖化，サンプリング，環境 DNA，生態系ビッグデータ

1.　生物指標の利用方法

（1）　生物指標とは

　環境モニタリングは，環境の変化や健康状態を定量的に評価するための重要な手法である。生物指標を利用した環境モニタリングは，従来の化学物質や物理的なパラメーターだけでなく，生態系の複雑な相互作用が考慮できるため，環境評価の精度を向上させるとして注目される。生物指標は，どんな生物でも良いわけではない。生態学的によく研究されており，生息できる環境条件が限られていることが判明している生物，すなわち生態系の変化に対して敏感な反応を示すものが使われる。その生息状況や変化などを調べることにより，ある地域の環境の質などを類推・評価することができるのである。たとえば，オサムシ科 Carabidae やホソクビゴミムシ科 Brachinidae の分類群を対象とする地表性甲虫類を利用した環境影響評価は河川水辺の国勢調査や自然再生事業など各地で実施されている。実際，地表性甲虫類は環境にきめ細かく適応し，ま

た撹乱の程度によく反応するため有力な環境指標として利用できるとされる。また，地表性甲虫類はその生態学的性質だけでなく，調査のしやすさという点でも環境指標として優れているとされる利点が２つある。1つは，氷で閉ざされた極地帯以外のあらゆる地域に，そして島幌部，草原，森林，都市部，里山等々と生息環境を問わず広く分布しているため，大きなスケールでの環境モニタリングが可能であるという点である。2つめは，ピットフォールトラップ法（落とし穴法）という調査者の採集能力によることなく採集し，定量的に評価できる点である。古澤ら（2023）は，ゴミムシを生物指標として山腹崩壊後の生態系回復のプロセスを調べた。その結果，山腹崩壊後はその厳しい環境がフィルターとして機能するが，異種のランダムな移出入を生じる結果，山腹崩壊した場所に特異的なプロセスで自然再生可能性を示した。指標となる生物には植物も含まれる。例えば，大気汚染全般をモニターする目的のためには，大気汚染に弱い植物を指標値物として選定することがある。常緑高木のスギや落葉高木のケヤキなどは大気汚染悪化のスケールとして実践利用されている。近年は，都市の発展にあわせた環境モニタリングの重要性が高まっているが，都市の影響を調べる指標として植物が使用できるのではないかと筆者は考えている。たとえば，都市の交通騒音はさまざまな生物同士の音を介したコミュニケーションを阻害したり，人々の健康に影響を及ぼしたりするため，環境汚染の一種としてノイズポリューションと呼ばれる。都市騒音が動物間の求愛コミュニケーションの妨害をするのは想像に難くないが，実は植物もこの騒音に敏感に反応することがわかっている。都市の騒音が，植物の物理的な環境条件の悪化ストレスに関連したホルモンであるアブシジン酸の濃度を高めたり，抗酸化活性や酵素レベルの上昇をもたらしたりするのである。もちろん今は実践の段階ではないが，都市の環境をモニタリングする指標とし

て，街路樹などの植物を使えたら汎用性が高そうである。

　このように，適切な生物指標の選択と正確なデータ収集・解析により，環境保全や自然再生のプロセスの理解，持続可能な資源管理などに貢献することが期待できる。

（2）　ESG 投資と環境情報の開示

　2021 年 6 月，民間の企業や金融機関が，自然資本及び生物多様性に関するリスクや機会を適切に評価し，開示するための枠組みを構築する国際的な組織である自然関連財務情報開示タスクフォース（Taskforce on Nature-related Financial Disclosures。以下「TNFD」という。）が立ち上がった。TNFD は，気候関連の財務情報の開示に関するタスクフォース（Taskforce on Climate-related Financial Disclosures：TCFD）の自然版の枠組みであり，2019 年世界経済フォーラム年次総会（ダボス会議）で着想された。漸進的に生物多様性への負の影響を削減し，資金の流れをネイチャーポジティブに移行させるという観点で構築された自然関連リスクに関する情報開示フレームワークである。具体的内容としては，TCFD と整合した 4 つの柱と 14 項目の開示を推奨しており，民間の企業と金融機関が自然関連課題を特定・評価・管理し，開示等を通してしてリスク管理をする枠組みである。

　環境情報の開示は，ESG 投資家が企業の環境リスクや機会を評価し，持続可能な投資先を選択する際に重要な役割を果たす。ESG 投資（Environmental, Social, and Governance investment）とは，企業の環境，社会，およびガバナンスの側面に焦点を当てた投資手法である。投資家が企業の持続可能性や社会的責任に関連する要因を評価し，その情報を取引や投資判断に活用するのである。TNFD フレームワークに沿った自然関連リスク・機会に関する情報開示をするためには，どうす

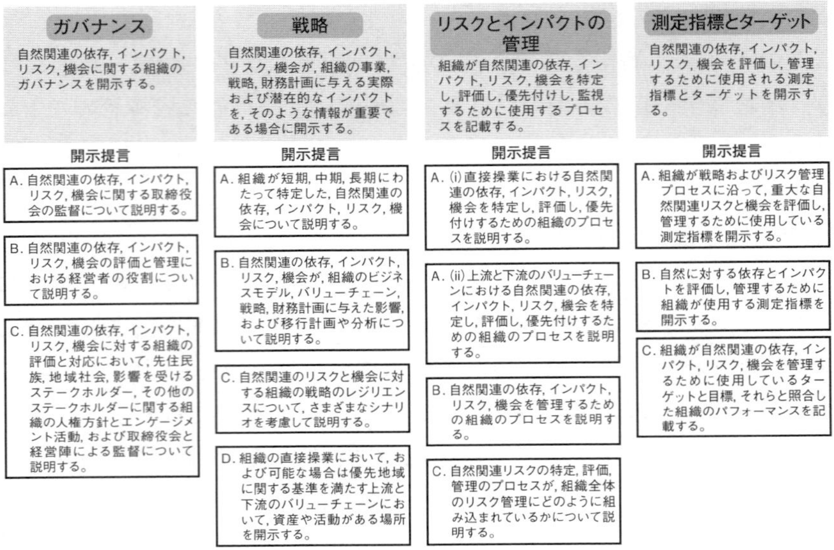

ガバナンス	戦略	リスクとインパクトの管理	測定指標とターゲット
自然関連の依存、インパクト、リスク、機会に関する組織のガバナンスを開示する。	自然関連の依存、インパクト、リスク、機会が、組織の事業、戦略、財務計画に与える実際および潜在的なインパクトを、そのような情報が重要である場合に開示する。	組織が自然関連の依存、インパクト、リスク、機会を特定し、評価し、優先付けし、監視するために使用するプロセスを記載する。	自然関連の依存、インパクト、リスク、機会を評価し、管理するために使用される測定指標とターゲットを開示する。

開示提言	開示提言	開示提言	開示提言
A. 自然関連の依存、インパクト、リスク、機会の評価と管理における取締役会の監督について説明する。	A. 組織が短期、中期、長期にわたって特定した、自然関連の依存、インパクト、リスク、機会について説明する。	A. (i)直接操業における自然関連の依存、インパクト、リスク、機会を特定し、評価し、優先付けするための組織のプロセスを説明する。	A. 組織が戦略およびリスク管理プロセスに沿って、重大な自然関連リスクと機会を評価し、管理するために使用している測定指標を開示する。
B. 自然関連の依存、インパクト、リスク、機会の評価と管理における経営者の役割について説明する。	B. 自然関連の依存、インパクト、リスク、機会が、組織のビジネスモデル、バリューチェーン、戦略、財務計画に与えた影響、および移行計画や分析について説明する。	A. (ii)上流と下流のバリューチェーンにおける自然関連の依存、インパクト、リスク、機会を特定し、評価し、優先付けするための組織のプロセスを説明する。	B. 自然に対する依存とインパクトを評価し、管理するために組織が使用する測定指標を開示する。
C. 自然関連の依存、インパクト、リスク、機会に対する組織の評価と対応において、先住民族、地域社会、影響を受けるステークホルダー、その他のステークホルダーに関する組織の人権方針とエンゲージメント活動、および取締役会と経営陣による監督について説明する。	C. 自然関連のリスクと機会に対する組織の戦略のレジリエンスについて、さまざまなシナリオを考慮して説明する。	B. 自然関連の依存、インパクト、リスク、機会を管理するための組織のプロセスを説明する。	C. 組織が自然関連の依存、インパクト、リスク、機会を管理するために使用しているターゲットと目標、それらに照合した組織のパフォーマンスを記載する。
	D. 組織の直接操業において、および可能な場合は優先地域に関する基準を満たした上流と下流のバリューチェーンにおいて、資産や活動がある場所を開示する。	C. 自然関連リスクの特定、評価、管理のプロセスが、組織全体のリスク管理にどのように組み込まれているかについて説明する。	

図 12-1　TNFD 開示提言（4 つの柱と 14 の開示推奨事項）
出典：「環境省」LEAP/TNFD の解説（13 頁）　https://www.env.go.jp/content/000178847.pdf

　ればよいだろうか。TNFD が推奨する評価手順である「LEAP アプローチ」がある。このアプローチには、作業の仮説を立て目標とリソースの調整をする流れでスコーピングがあり、発見する（Locate）・診断する（Evaluate）・評価する（Assess）・準備する（Prepare）というステップで作業が組まれている。分析に用いるデータ／情報は、基本的に一次データ（直接測定）が望ましいとされているが、公表されている査読有の文献などの二次データも基準を満たすことで用いることができる。

　TNFD が推奨する評価手順である LEAP アプローチに準拠して開発された「TN LEAD」は、生物多様性への事業インパクトを全産業セク

スコーピング			
作業の仮説を立てる			
目標とリソースの調整			
発見する (Locate)	**診断する (Evaluate)**	**評価する (Assess)**	**準備する (Prepare)**
L1 ビジネスモデルと バリューチェーンの範囲	E1 環境資産, 生態系サービスと インパクトドライバーの特定	A1 リスクと機会の特定	P1 戦略とリソース配分計画
L2 依存関係とインパクトの スクリーニング	E2 依存関係とインパクトの特定	A2 既存リスクの軽減とリスクと 機会の管理の調整	P2 ターゲット設定および パフォーマンス管理
L3 自然との接点	E3 依存関係とインパクトの測定	A3 リスクと機会の測定と 優先順位付け	P3 報告
L4 インパクトを受けやすい 地域との接点	E4 重要性のインパクト評価	A4 リスクと機会の重要性の評価	P4 公表

LEAPを実施する上でサポートとなるTNFDの開示提言

戦略D	戦略A 戦略D リスクとインパクトの 管理A (iおよびii) リスクとインパクトの 管理B 測定指標とターゲットB	戦略A 戦略C 戦略D リスクとインパクトの管理A (iおよびii) リスクとインパクトの管理B リスクとインパクトの管理C 測定指標とターゲットA 測定指標とターゲットB	ガバナンスA ガバナンスB ガバナンスC 戦略B 戦略C 測定指標とターゲットC

図 12-2　LEAP アプローチ
出典：「環境省」LEAP/TNFD の解説（4 頁）　https://www.env.go.jp/content/000
　　　178847.pdf

ター＆グローバルスケールで定量的に評価する世界初のサービスであ
り，2023 年から運用が始まっている。TN LEAD は，自然史の研究論
文や標本情報，リモートセンシング（人工衛星・ドローンデータ），環
境DNA 調査，バイオロギング，ハイアマチュア市民調査などで収集さ
れた生物関連データ（分布，遺伝子，機能特性，生態特性など）など信
頼性の高いデータを学術的な知見に基づいて統合したものを利用してい
る。データ解析においても，現役の研究者による最新の研究知見を反映
しており，企業の情報開示に対する主要なサービスの 1 つになると思わ
れる。

236

（3）　温暖化予測で描く未来の社会

　この100年間で世界の平均気温は，0.74度上昇し，氷河や海氷の融解を引き起こしている。地球温暖化については2100年ごろまでを念頭に各国で将来予測が研究されてきたが，米国のハリケーン「カトリーナ」など温暖化の影響が疑われる異常気象が世界各地で頻発しており，世界有数のスーパーコンピューター「地球シミュレータ」によると，2030年を過ぎると世界のほとんどの地域で温度上昇が起こることが予測されている。「パリ協定」のとおり，気温上昇を2℃以下におさえるには2050年の温室効果ガスの排出量を世界全体で，1990年レベルの50％以下に削減する必要がある。この温室効果ガスの排出を抑えられなければ，温暖化にともない陸上の生態系が二酸化炭素を吸収しにくくなる炭素循環のフィードバックによって温暖化がますます進むと言われている。大循環モデル（GCM）を用いた温暖化シミュレーション解析によると，炭素循環のフィードバックのメカニズムやその温暖化の影響予測がされている。明らかになった予測は，海洋や森林など二酸化炭素の吸収減が放出減に変わり，21世紀中の温度上昇が0.1〜1.5 K 増幅されるというものである。そのメカニズムは，大気中の二酸化炭素の濃度が上昇していくと，陸域植生の光合成は活発化し，海水への二酸化炭素の溶解が促される。やがて飽和に近づくと正味吸収量は低下する。さらに，温度上昇が続くと，海水の溶解度は低下し，陸域では中高緯度で植物の成長が促進される反面，土壌微生物の分解作用による二酸化炭素の放出が促される，というものである。ただし，温暖化の度合いは地域間で異なるため，より詳細な影響予測のためには，異なる気象や地形を有する世界の各地で，環境をモニタリングする必要があるだろう。ここで，低コストで簡便なメソッドが確立されており，世界レベルで定量的なモニタリングが進んでいる研究例をご紹介しよう。どこでも手に入るティー

バッグを使って植物の分解のすすみ方を全世界の共同研究で調べるという，TeaComposition Initiative という取り組みである。800 件以上の大規模なデータ解析より，暖かく湿潤な地域ほど茶葉の分解がはやいという一般則が見えており，ティーバッグの分解を指標として気候帯にわけた温暖化の進行度合いのモニタリングや予測が始まっている。調べ方は写真のとおりで，ティーバッグを土に埋め，数カ月後に回収した茶葉の観察や重量測定をして，分解のすすみ方を調べる。その簡易さから，欧米ではすでに環境学習のツールとしても取り入れらえている。また，その学習を通して市民科学も啓発されており，データ収集力が飛躍的に向上する上，市民の自然に対する愛着や理解の芽生えを通してサステナブル人材が創出される流れが期待されている。

　世界の温室効果ガス排出量半減に貢献するには，日本は 2050 年までに二酸化炭素排出量を 1990 年比で 60〜80％の削減が必要になる。これを達成するため，国立環境研究所が中心となり，中長期的な計画「脱温暖化 2050 プロジェクト」が 2004 年に発足した。バックキャスティングという手法で，まず，2050 年における日本のあるべき社会や経済状況の理想像を描き，実現に向けて国をあげて取り組むべき「12 の方策」を提言している。この計画では，2050 年にありうる日本の社会や経済状況の姿にむけてシナリオ A とシナリオ B の 2 つを設定している。シナリオ A は「活力，成長志向」がコンセプトで，シナリオ B は「ゆとり，足るを知る」をコンセプトとした社会である。それぞれに象徴されるビジョンを提示し，温室効果ガス 70％削減の可能性を検討している。

　シミュレーションモデルを使った検討により，この 2 つの社会に至るためには産業構造のサービス化，コンパクトな都市形成による徒歩や自転車利用への移行，公共交通へのモーダルシフト，建築物の断熱効率の向上，省エネ技術の開発，普及などにより，エネルギー需要を 2000 年

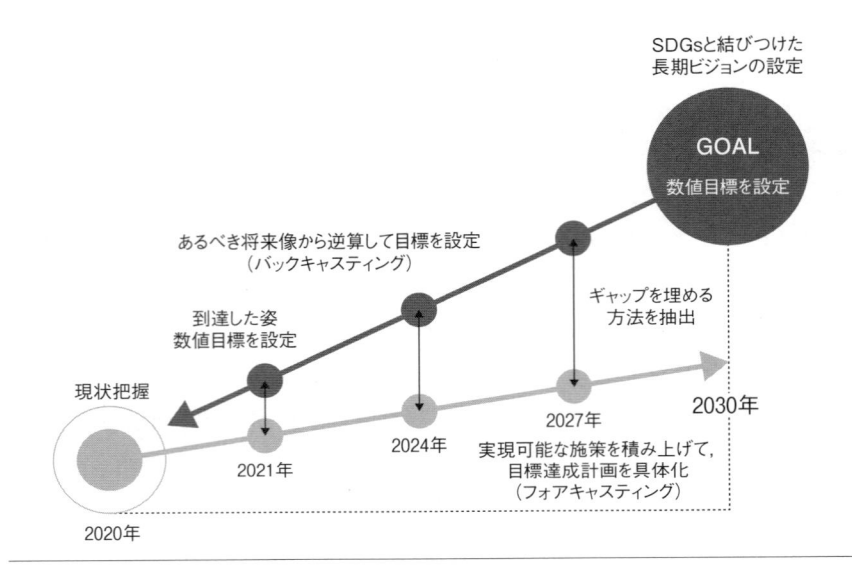

図 12-3　長期ビジョン実現にむけたシナリオの検討法：バックキャスティングによる目標設定×フォアキャスティングによる目標達成計画の具体化。

出典：住宅産業塾 HP，https://www.jyutakujuku.com/seminar/sdgs-strategy/

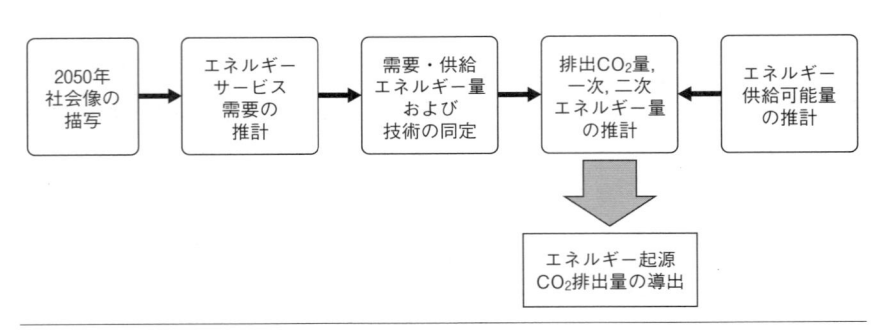

図 12-4　低炭素シナリオの検討手順

出典：環境省　地球環境研究総合推進費　戦略研究開発プロジェクト　低炭素社会の実現に向けた脱温暖化 2050 プロジェクト」における 2050 日本低炭素社会シナリオ　https://2050.nies.go.jp/press/070215/file/2050_LCS_Scenario_Japanese_080715.pdf，5 頁

比約 40％削減し，他方，発電などのエネルギー供給側では，再生可能エネルギーの導入や，安全な原子力発電の維持など，二酸化炭素を直接出さない低炭素エネルギーの拡大により，需要と供給側の対策を合わせて二酸化炭素排出 70％削減は可能になると結論づけている。近頃は，排出される二酸化炭素を回収し再利用する「カーボンリサイクル」の技術革新に注目が集まっており，カーボンリサイクル技術実装に向けて二酸化炭素の分離・回収技術は実証段階であり，今後は生産性の向上とコスト削減が課題となる。

　低炭素化の取り組みは日本だけで続けていても意味が無い。世界的に取り組みを広めるためには，努力した人が報われる仕組み作りも課題である。また，教育・啓発による社会全体の意識変容や行動変容にむけた

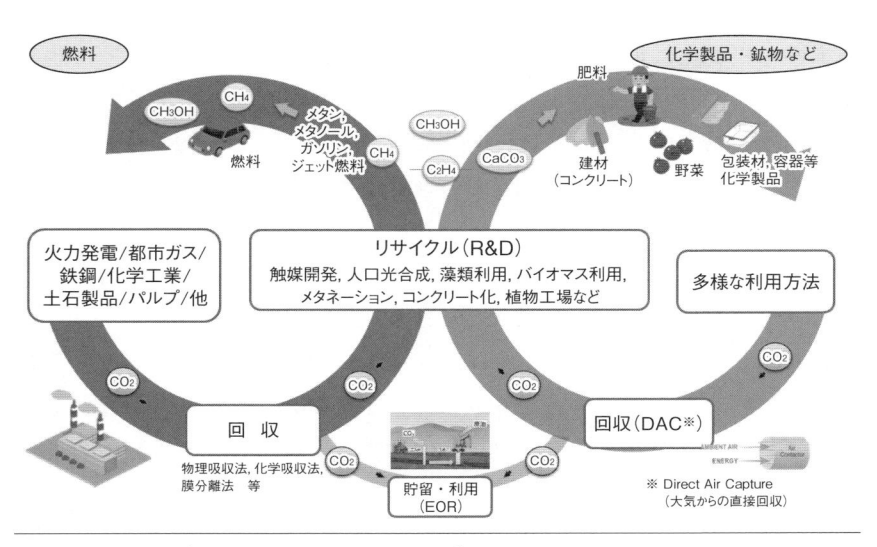

図 12-5　カーボンリサイクルのコンセプト
出典：経済産業省　資源エネルギー庁 HP, https://www.enecho.meti.go.jp/about/special/johoteikyo/carbon_recycling2021.html

対策を，今から適切に行う必要もあるだろう。

2. クラウドストレージやオンライン共有プラットフォームを使った情報開示

（1） 生態系ビッグデータの活用例

　クラウドストレージやオンライン共有プラットフォームの活用は，データ共有による情報交換を飛躍的に向上させる。これにより，さまざまな課題を含む SDGs 達成のために必要な多種多様なステークホルダーの連携も促進される。11 章でも触れたが，環境中に残存する生物の DNA を解析するという環境 DNA の調査データを蓄積した専用データベースが構築され，それがオープンデータ「ANEMONE DB[1]」として 2022 年から一般公開されている。環境 DNA ビッグデータによる生物多様性の視覚化は世界初の試みであり，このデータベースによって視覚化された生物多様性は，"生き物の天気図" として幅広い業界での利活用が期待されている。その具体的な活用例としては，生物の生息予測や環境の異常検知を行い，水産資源の管理や水質保全，生態系保全につながるシステムを目指している。

　大学・企業・行政・地域住民連携の生態系ビッグデータの活用の例として，市民が楽しくゲーム感覚で生物多様性の調査ができるアプリがいろいろ開発されている。たとえば，環境省はいきものコレクションアプリ「バイオーム」とタッグを組んで，「気候変動いきもの大調査」というミッションを作成し，地球温暖化の影響で分布が変化している可能性

---

1)　環境 DNA を利用した生物多様性観測ネットワーク ANEMONE（アネモネ）を主催する，東北大学の近藤倫生教授の統括のもとで開発・運用され，充分なデータが蓄積されたことから 2022 年 6 月 2 日からオープンデータとして一般に公開された。

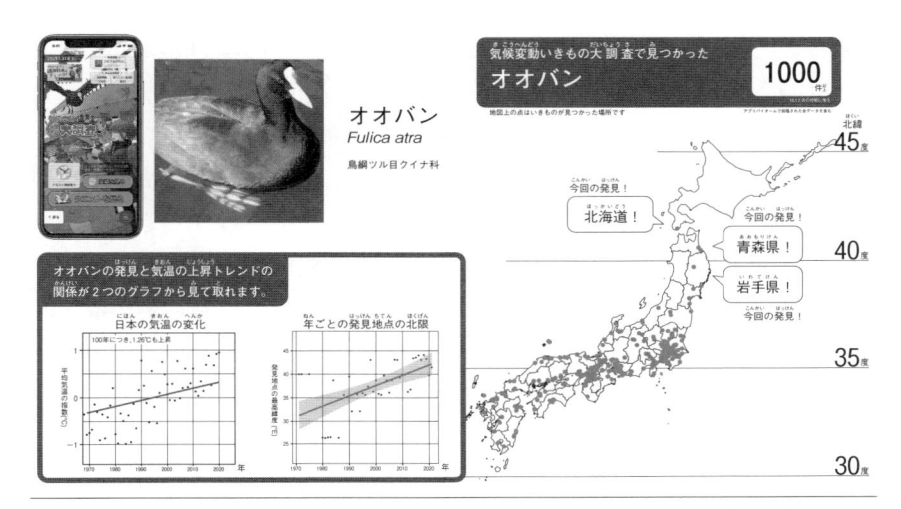

**図 12-6　いきものコレクションアプリ「バイオーム」を使った気候変動いき
もの調査**
出典：気候変動いきもの大調査　令和 2 年度結果　https://ccbio.jp/wp/wp-content/
uploads/2021/06/ccbio-r2-winter.pdf?ver=1.0

のある生物をアプリで記録し，地球温暖化の影響を明らかにする取り組
みを行っている。情報をシェアして全体をみることでわかることがポイ
ントで，そういう流れが社会のシステムに組み込まれると，地球温暖化
の対策にむけて社会全体で活動が活発になることが期待できる。

（2）　都市づくりへのデータ活用

　適切な生物指標を用いた生態データを活用することで，生物多様性に
配慮した都市づくりのための有効なアプローチ研究が出始めている。例
えば，遺伝的多様性から都市の在り方を考えるきっかけにつながる面白
い研究をご紹介したい。シロツメクサ，いわゆるクローバーを使った研
究で，人々の暮らす都市がまさに今，生命の進化のあり方をかえている

事実が示されている。世界中の科学者が160都市で同時調査を行い，地理空間情報等を駆使して行った国際共同研究プロジェクト Global Urban Evolution Project である。都市から郊外にかけて，共通のメソッドでシロツメクサをサンプリングし，同じ分析キットを使って食害防御物質となる毒の生成の有無を調べる簡易テストを行う。その結果，毒をつくらないシロツメクサが都市で多くなる傾向が出たのである。ゲノム分析では，都市部と郊外部での遺伝的分化は生じておらず，遺伝的多様性も都市と郊外で違いがなかったことから，都市部での遺伝的な断絶や遺伝的多様性の劣化，偶然によるものではなく，都市環境による自然選択によって毒をつくらないシロツメクサが都市で多くなる進化が促進されていたことが明らかとなったのである。また，このデータから，都市が地球規模で生物の進化に対して大きな影響を与えていることが示唆されたと同時に，都市環境の類似性によって，しばしば平行的に類似

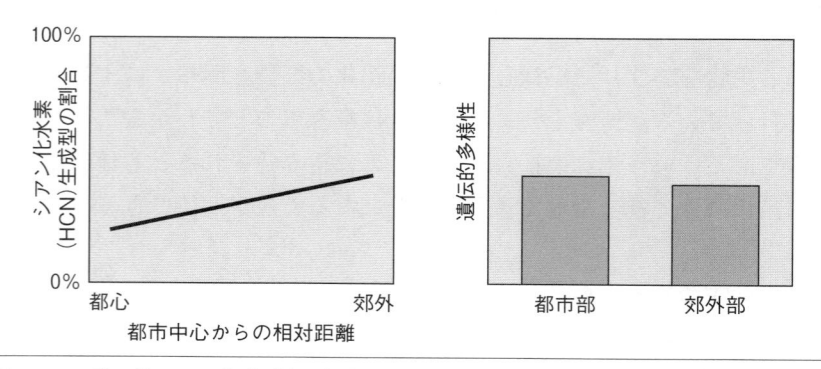

図 12-7　毒（シアン化水素）生成型のシロツメクサの割合。都市から郊外にいくほど平均して増加（左）。遺伝的多様性は都市部と郊外部で違いはみられない（右）。

出典：都市は地球規模で植物の進化を促す〜国際共同研究チームによる検証
https://www.hokudai.ac.jp/news/pdf/220318_pr.pdf，4頁。

した進化が世界中で促進されていることが見えてきたのである。

　都市化に対して生物種が急速に適応している証拠は，生物多様性を保持したレジリエントな都市を設計するために，遺伝的多様性のモニタリングが重要であることを示唆している。なぜなら，都市のさまざまな変化に適応できる形質を担保するためには，多様な遺伝子型が存在することが必要であるからなのである。石黒ら（2023）は札幌市内の 122 の個体群から 3299 のシロツメクサを調べたところ，食害環境，空の開放度，アスファルトやコンクリートなどの不浸透表面の被覆率が，シロツメクサの毒の有無に関連しており，公園や緑地など都市景観の異質性は遺伝的多様性の維持に重要であることを示唆している。このように，都市の遺伝的多様性の潜在的な含蓄能力を測定する手段として，シロツメクサを生物指標として用いることもできるかもしれない。

　自然に対する意識は対象や受け手，時勢などで簡単に変わってしまう。そのため，自然の価値を資本として社会経済に取りこみ，管理・運用する動きは大切である。ここで，南三陸町の例を紹介しよう。南三陸町は，まちづくりの指針である「南三陸町震災復興計画」のなかの 1 つ「エコタウンへの挑戦」を実現するため，バイオマス産業都市構想に挑戦している。地域で資源と経済が循環する地産地消のエコシステムが生まれており，持続可能な取り組みの証しとなる海・養殖場認証（ASC）と陸域では森林認証（FSC）を取得するなど環境に配慮した産業を推進し，地域資源の高付加価値化・ブランド化を進めている。一般市民や企業を含めた社会全体で取り組める包括的なシステムがうまくまわっており，南三陸町民の意識の高さは全国でも先進例として注目されている。

（3）　データ管理と解析の課題

　データの共有が進むと効率的なコラボレーションが進むため，市民科

学など市民を巻き込む活動に発展する例は多い。一方で，いくつかの
データ管理と解析の課題も浮かび上がる。

　セキュリティとプライバシーの問題は大変重要であるが，ここでは活
動推進に向けて留意すべきデータ管理や課題に焦点を当てることにす
る。まずは，データ共有の際，誰がどのデータにアクセスできるか，ま
たどのような権限を持つかを適切に管理する必要があるだろう。機密情
報やプライバシーに関連するデータは，アクセス制限が必要になるだろ
う。また，複数のユーザーがデータを共有できるだけでなく変更できる
場合，データの整合性や信頼性に影響する可能性がある。たとえば，
別々のユーザーが残した複数のバージョンが存在し，どれが最新である
かが不明確になることはよくあることである。そして，大量のデータが
共有される場合，適切な管理と組織化も重要であろう。データがばらば
らになり，見つけにくくなると，効率的な解析や活用が困難になるから
である。さらに，データ解析の一貫性も必要であろう。同じデータを使
用しても異なる解析を行った場合，結果が一貫しないことはよくある。
解析方法やツールも共有するための解析手順の標準化やドキュメンテー
ションの徹底化は必要であろう。これらの課題を解決するためには，適
切なポリシーと手順を策定し，組織内でデータを効果的に管理するため
の最適な方法や手順を採用するベストプラクティスを導入することが重
要である。

3.　社会的意義

（1）　環境に配慮した意識と行動の変容

　生物指標を用いた環境モニタリングは，そのとっつきやすさから，市
民参加型の環境保全活動を推進しうる。市民はその活動を通して，身近
な自然に目を向けるきっかけや環境保全の重要性について体験を通して

実感を得ることができる。

　自然界では，生産者である植物と，消費者である動物の間に，土壌中のミミズや微生物のような分解者が介在して物質循環が生じている。一方，都市生態系は自然生態系と比べるとかなり異質である。都市生態系では，生産者，消費者，分解者といった役割をほぼ人間が担っている。生産者は農業等にあたり，消費者も人間であり，分解者もごみ処理工場などによる人工的分解である。また，人間界では分解者が機能せず一方通行であり物質循環がほとんど行われていないことや消費者（人間）の多さとそれ以外の生物種の多様性の乏しさも自然生態系と大きく相違している。

　このような都市生態系に住む私たちは，普段の生活の中で自然の営みの中に自身も組み込まれてるという実感は自ずと少なくなる。そのため，人間社会と自然界で生じる出来事は切り離されて考えられがちである。しかし，身の回りに生息する生物の観察や生息地の調査は，地域の生態系や環境に目を向け，その重要性を理解し，環境保全に対する関心や責任感を醸成する。そして，それは次第に人（自分）と自然のつなが

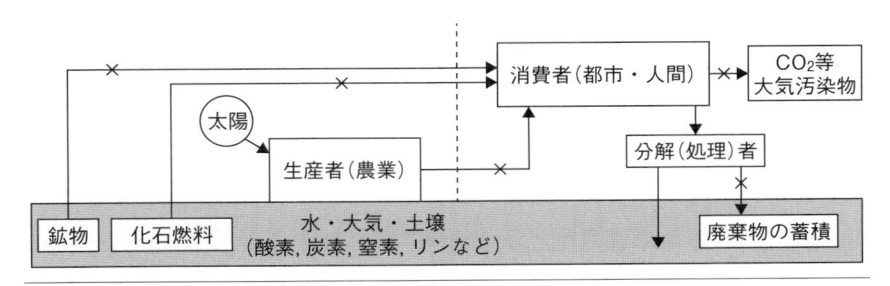

図 12-8　都市生態系のしくみ
出典：李燕，都市生態系の研究：到達点と課題，土木計画学会研究・講演集，4頁，2011.

りについての意識づけとなって，環境の変化を自分事としてとらえて活動する行動変容を促す。身近な場所で生物指標を観察し，データを収集することは，市民同士が地域の環境問題や課題を共有し，協力して解決策を模索するための土壌となるのである。

（2） その他の多面的な効果

　地域連携ですすむ活動と通して，老若男女さまざまな人間が関わりコミュニティが強化される。中高生など子どもたちの学習意欲調査によると，自己肯定感は家族や友人関係以上に，近所関係との相関が高く，少し離れた他人との関係が「自分が役立っている」「必要とされている」という感覚につながりやすいという結果になった。そしてネットワーク解析によると，大人の存在は子供たちの学習意欲を高める重要なカギを握っていることがわかったのである。したがって，市民参加型の環境保全活動に地域ぐるみで大人も子供も加わることは，未来を担う人材が育成される機会の創出にもつながる効果をもたらす可能性が高いのである。

　2024年2月に奈良教育大学でESD国際シンポジウムが開催され，筆者はオンラインで参加した。このシンポジウムでは，国内外の各分野の専門家を招き，持続可能な開発のための教育（ESD）に関する国際的な潮流と最新の動向を知ることができた。特に，UNESCO政府間海洋学委員会（IOC）議長である道田豊氏がESDの進め方について，自身が会長である漂着物学会の活動を例に話された内容は印象的であった。道田氏によると，漂着物というとプラスチックのゴミに話が行きがちだが，入りはそこではなく，どんなものが流れ着くか面白いものを見つけようというスタンスで活動に入ることが重要とのことであった。環境問題を押し付けるのではなく，体験を通じて人々が自ら気づき，考え，行

動することが重要なポイントであり，漂着物の収集や観察，研究を通じて，科学的な視点が養われるとのことであった。実際，活動を進める中で，プラスチックのゴミが多いことに気づき，自ずと海洋プラスチックの問題を考えるようになるようである。会員たちは地域での活動を通し，ゴミ収集，環境問題などいろいろな角度から取り組んでいる。これは，生物指標を用いた環境モニタリングに市民が参加するうちに，次第に対象となる生物に目を向けるようになって，科学的な視点を通して自ずと環境保全活動に進む流れに類似しているように思われる。

（3） 持続可能な未来への一歩

　モニタリングを通じて生態系の健全性を監視することは，生物多様性の維持に貢献する。生物多様性が高い環境では，様々な生物が共存し生態系の安定性が高まる。その結果，私たちは自然の恵みを享受し，飢餓や栄養不足の軽減，食料安全保障の実現，水資源の確保，気候変動の緩和，自然災害への耐性向上，生物多様性の保全など，多くの利益を得ることができるのである。

　また，自然環境を活用した産業の育成により，観光やレクリエーション，エコツーリズムなどが促進される。これにより，地域の雇用創出や経済の活性化が期待され，地域コミュニティの発展にも寄与するのである。

　以上より，環境モニタリングは，持続可能な未来への一歩として，環境保全や社会意識の向上，科学的根拠に基づく政策形成などに大きな貢献をしている。継続的な取り組みが不可欠であるが，自然の恵みを大切にし，未来の世代に豊かで健やかな環境を受け継ごうとする努力は，持続可能な地球の実現に向けた希望となるにちがいない。

参考文献

[1] 豊国秀夫. 環境の生物指標としての植物, 環境科学年報 12,（1990）.

[2] 李燕. 都市生態系の研究：到達点と課題, 土木計画学会研究・講演集,（2011）.

[3] Kafash ZH, ほか 3 名. Traffic noise induces oxidative stress and phytohormone imbalance in two urban plant species. Basic and Applied Ecology. (2022).

[4] 竹内やよい, ほか 10 名. 気候変動時代の生態学：陸域生態系における「自然を基盤とした解決策」にむけた課題, 日本生態学会誌,（2022）.

[5] 環境省. ネイチャーポジティブ経済に関する国内外の動向, 参考資料,（2023）.

[6] 石黒智基, M. ジョンソン, 内海俊介. Urban spatial heterogeneity shapes the evolution of an antiherbivore defense trait and its genes in white clover. Oikos. (2023).

[7] 古澤淳平, 小林真, 内海俊介. A large-scale field experiment of artificially caused landslides with replications revealed the response of the ground-dwelling beetle community to landslides. Ecology and evolution. (2023).

 学習の ヒント

1. 生物指標について説明してみよう。
2. TNFD について説明してみよう。
3. 脱温暖化にむけたバックキャスティングについて説明してみよう。
4. 生態系ビッグデータの活用例について挙げてみよう。
5. 環境モニタリングの社会的意義について説明してみよう。

13 | 位置情報と行動認識

| 川原靖弘

《目標＆ポイント》 生活空間における人間の行動を表現する方法として，位置を伴う事象をどのように扱い表現するか解説する。また，生活者を含む移動体の位置を無線技術やモバイルセンシング技術を用いて把握する技術を紹介し，その生活空間における応用について論ずる。
《キーワード》 位置情報，無線測位，屋内測位，自律航法，モバイルセンシング，行動認識

1. 位置を伴う事象の表現

（1） 位置情報の表現

　空間上の特定の地点や位置を示す情報，この情報に関連づけられた情報を多くのシーンで利用するために，位置を伴う情報を扱うためのデータフォーマットや加工方法，電子地図の整備などが進められている。位置を伴う情報には，店舗の情報や駅の時刻表情報も含まれる。

　ここでは，位置を伴う情報を地図上に表現する方法について考える。生活空間にある位置情報を持つものとして，建物や道路，川や電柱などがある。これらは地図上では，簡単な図形に置き換え，その地物の持つ属性情報とともに表現できる。例えば，図 13-1 の，右上にある電柱は，点で表され，地図上の位置に加え，属性情報である管理番号，管理会社，設置年などとともに地理上で表現ができる。光ケーブルは線，ビルは面の図形で表され，同様に位置情報と属性情報を紐づけることで，

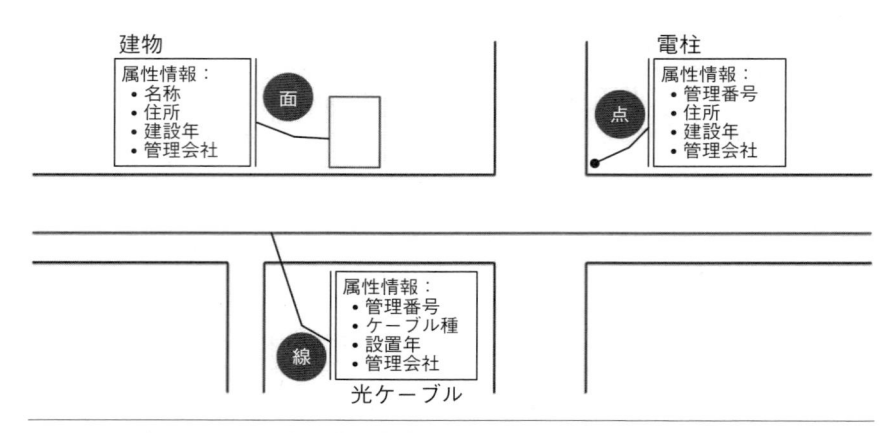

図 13-1　地図における生活空間情報の表現

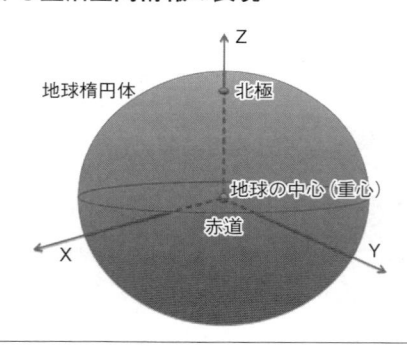

図 13-2　地球楕円体と地心直交座標系

表現が可能である。生活者の位置や移動軌跡なども，点や線といった図形を組み合わせることで表現ができる。

　地図上にこれらの図形を配置するときは，緯度経度などの地球の座標を用いる。緯度は赤道を 0 度とし，南北それぞれ 90 度に分け，北を北緯，南を南緯として数える。経度は本初子午線を 0 度とし，東西それぞれ 180 度に分け，東を東経，西を西経として数える。地球上の 3 次元の

位置を，緯度，経度，標高の3つの要素で表すための基準を定めた系を，「測地系」といい，日本では，2019年現在，日本測地系2011（Japanese Geodetic Datum 2011；JGD2011）が用いられている。この測地系は，GRS80という地球楕円体と，ITRF94，ITRF2008という地心直交座標を用いて構成されている。

（2）　地理情報システム（GIS）

　地図上で，位置情報を含むデータを作成・管理・加工し，視覚的に表示したり解析したりするシステムのことをGIS（Geographic Information System，地理情報システム）という。コンピュータを使って，さまざまな情報を位置情報に結びつけて管理するシステムで，位置

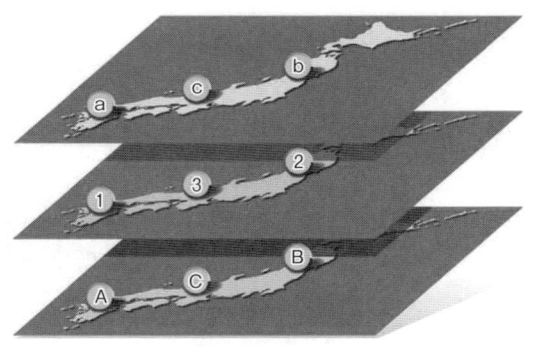

データ例：データX〔緯度，経度，日時，情報〕

緯度	経度	日時	情報
35.331254N	137.031548E	2014/9/12　15：23：00	A
35.615435N	137.031545E	2014/9/12　15：33：00	B
35.134580N	137.631548E	2014/9/12　15：43：00	C

図 13-3　GIS におけるデータ表現のイメージ

情報と紐づいたデータを地図上に配置したり，管理したりするために利用される。図 13-3 のように，情報を地図に埋め込んでいくイメージで活用する。特定の地点の降雨量を地図上で表したり，ある人が Twitter などでつぶやいたことをつぶやいた場所に表示したりすることなどもできる。別の主題の情報の地図を重ねると，さまざまな情報の関連性が一目でわかるようになり，見えていなかった新しい情報を表現し，発見することにもつながる。

　GIS で扱うデータは，位置や大きさ，形状の情報を含む幾何データと，幾何データと紐づけて扱われる属性データがあり，図 13-4 を用いて説明すると，緯度・経度や建物の形は幾何データで，それと紐づけられた建物の名称などの情報は属性データである。幾何データには，大きく分けて 2 つの種類があり，それぞれ点・線・面を扱うベクタ型データと画像を扱うラスタ型データと呼ぶ。この幾何データと属性データを組み合わせて位置を伴う事象が表現される。

　ベクタ型データとラスタ型データについて，もう少し説明すると，ベクタ型データの幾何情報は，図 13-5 に示すように，点（ポイント），線

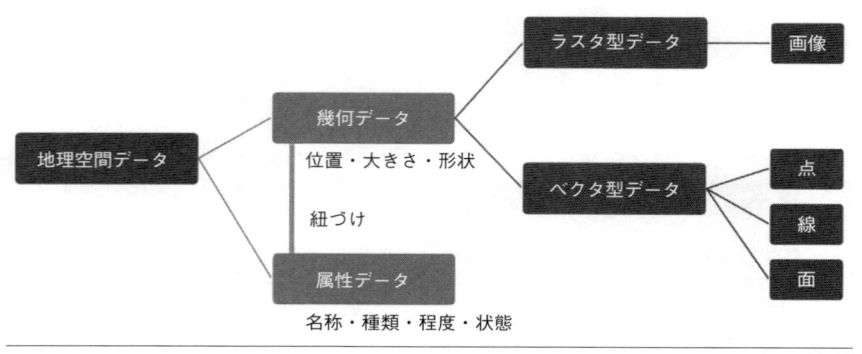

図 13-4　GIS で扱うデータ

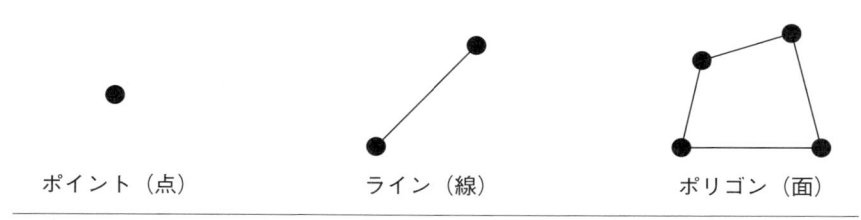

ポイント（点）　　　　ライン（線）　　　　ポリゴン（面）

図 13-5　ベクタ型データ

（ライン），面（ポリゴン）のどれかである。図 13-1 に示すような使われ方をする。ラスタ型データは，「ピクセル」，すなわち画素で区分されたデータとして表されているもので，衛星写真や航空写真など画像のようなデータがその代表例である。グリッド上に並べられたピクセルごとに付与された数値を用いて，空間情報の位置や属性が表現される。一つのピクセルが画像の最小単位なので，ある地理的エリアにおいて設定されるピクセルサイズが小さいほど，そのエリアにおける情報を精緻に表現できる。

　ベクタ型データの代表的なファイル形式は，一般的な GIS で広く使われている SHAPE ファイルをはじめ，「Google Earth」と呼ばれる 3 次元デジタル地球儀ソフトウェア等で一般的に用いられている KML ファイル，Web ブラウザ上やスマートフォンアプリケーション上でも地理空間情報を扱うソフトウェアも増えてきていることを背景に，GeoJSON と呼ばれるファイル形式もよく利用される。ラスタ型データの代表的なファイル形式には，一般的な GIS で広く利用されている GeoTIFF と呼ばれるティフ画像の拡張形式がある。データの解像度や表現する内容によって，PNG 形式や JPEG 形式も扱われるが，いずれもその画像が空間上でどの位置を表しているのかという座標データ，すなわち「ワールドファイル」というファイルと合わせて利用されること

が多い。

　空間情報の位置を文字や数値で伝える方法は複数あり，一般的なものとして住所，位置を表す具体的な座標値として，「緯度経度」や「平面直角座標系[1]」といった数値で表される。もしこれらの数値があらかじめデータに付与されていない場合は，住所から「ジオコーディング」という変換処理を行ったうえで GIS に読み込むことができる。また，仮に座標値が明確であっても，他種類のデータを GIS 上で統一的に表現するためには，座標の基準情報に基づいて地図上で表現する必要がある。このために，地理空間情報の各データには「座標参照系（CRS）[2]」と呼ばれるパラメータがあらかじめ保有されている。最も多い座標参照系は，緯度経度形式で表される「WGS84」と呼ばれる GPS（Global Positioning System）で扱う座標のコードである。日本国内で測量されたデータの場合は，より精密な座標参照系として，「JGD2011」などによって表され，国内の狭い範囲を精密に測量されたデータの場合は，「平面直角座標系」で表されることもある。

　地下街や屋内空間の情報も，測地系を拡張して GIS で扱えるようにする動きもあり，実現すると，1 つのナビゲーションサービスでさまざまな生活空間の案内が可能になる。

---

1)　日本を 19 のエリアに分割して横メルカトル図法で平面に投影して作成された座標系。各エリアに座標系原点があり，原点を通る子午線を X 軸，これに直交する線を Y 軸として表される。
2)　座標参照系（Coordinate Reference System, CRS）：GIS で扱う地図の位置座標の表し方を定義するもの。

2.　生活空間における測位方法

（1）　電波を用いた位置の把握

　人間の行動を測る方法として，人の位置を測定する方法が考案されている。位置を測定することは「測位」といい，古くは，方角を知る道具である羅針盤や緯度を測定するための六分儀が開発され，地形の目印を利用した地文航法，天体の逆行を利用した天文航法などとともに，自分のいる位置を知るための技術が考案された。18 世紀になると精密時計のクロノメータが開発され，経度の測定が可能になり，地図上で自分のいる位置を確認できるようになった。

　20 世紀になると，電波を利用した測位方法が考案され，航法に応用された。米国で開発された LORAN（Long Range Navigation）は，曲線航法を使った初めての本格的な長距離電波航法システムであった。人工衛星からの信号を利用した測位は，測定された信号のドップラ・シフトから観測者の位置を決定する方法が考案され，1960 年代に NNSS（Navy Navigation Satellite System）という航法システムに応用された。この測位方法が，現代社会において測位の代名詞となっている GPS（Global Positioning System）の前駆である。

　現代において，電波を利用した測位は，航法以外に屋内や陸上における測位に応用され，さまざまな分野において実用化されている。本節では，屋内外における人や物などの移動体に位置情報を付与するための技術とその応用例を紹介する。

　生活環境における電波を利用した測位手段は，屋外では主に GNSS[3]

---

3)　全地球航法衛星システム。人工衛星を利用して地球上の位置を計測するためのシステムで，例として GPS（アメリカ），Galileo（EU），GLONASS（ロシア）がある。

（Global Navigation Satellite System），携帯電話網などのシステムが利用されており，屋内では主に無線 LAN，ビーコンなどのシステムが利用されている。この中で，携帯電話網，無線 LAN を利用した測位は，屋内屋外の両方において測位が可能であり，RFID（Radio Frequency IDentification）も他の測位システムと組み合わせて利用され，人やモノなどの屋内と屋外とを移動する移動体の追跡に用いられている。

（2） 無線測位の種類

無線を用いた位置の推定方法には，大別すると，移動端末が通信に利用する近接する一局の基地局の位置を端末位置とする方法（Proximity），移動端末と基地局の距離レンジの推定に基づいた測位（Range-based），移動端末が受信する基地局電波の受信方向を利用する方法（AOA）がある。

Proximity は，移動端末が通信を行う，最も移動端末に近接していると思われる基地局の位置を移動端末の位置とする方法である。最もシンプルな方法だが，移動端末が通信している基地局が最も近接している基地局でない場合や基地局の設置間隔が大きい場合は，測位誤差が大きくなる。

Range-based 測位には，RSS（Received Signal Strength），TOA（Time of Arrival），TDOA（Time Differential of Arrival）という測位方法がある。RSS は，移動端末が測定する基地局発信電波の電界強度が，基地局からの距離に従って減衰する性質を利用し，移動端末から基地局までの距離を推定することにより位置を推定する方法である。

TOA は，基地局で，移動端末からの信号の受信時刻を測定し，複数の時刻から移動端末の位置を特定する方法で，一部の携帯電話を用いた

測位に使用されている。TDOA は，3 局以上の基地局で，移動端末からの電波の到達時間差を測定し，移動端末の位置を推定する方法である。TOA，TDOA においては，複数検知装置間の時刻同期と正確な時間測定を行うために，基地局および移動端末に時間測定用のハードウェ

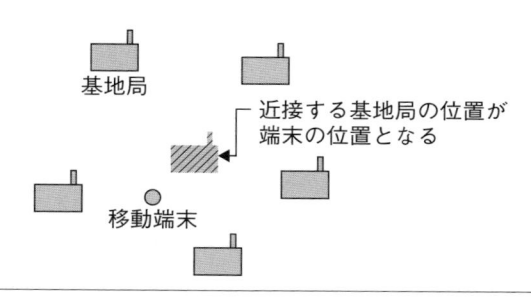

図 13-6　Proximity 測位

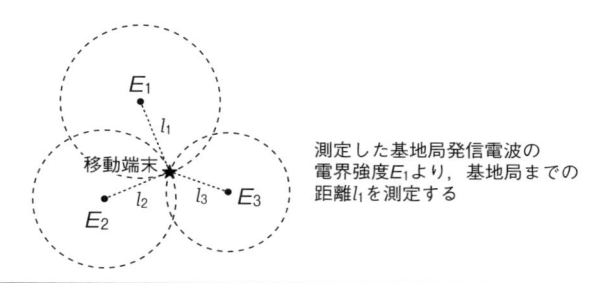

図 13-7　RSS 測位

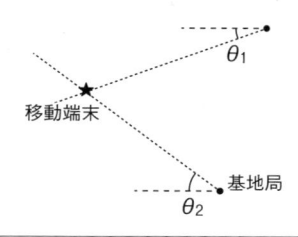

図 13-8　AOA 測位

アを設ける必要がある。

　AOA は，基地局までの移動端末からの電波の到来方向や，複数基地局から端末に向けたビームの角度で位置推定を行う方法で，最低 2 局により測位ができる。基地局のアンテナに指向性を持たせる必要があり，またマルチパス[4]の影響を大きく受けるので，生活環境における適用範囲は少ない。

（3）　無線測位の応用

　受信電波強度を用いた測位は，RSS 方式と呼ばれ，移動端末が測定する基地局発信電波の電界強度が，基地局からの距離に従って減衰する性質を利用し，移動端末から基地局までの距離を推定することにより位置を推定する。図 13-9 のように，すでに位置がわかっている地点の座標とそこから測位地点までの距離を使って測位地点の座標を求める方法

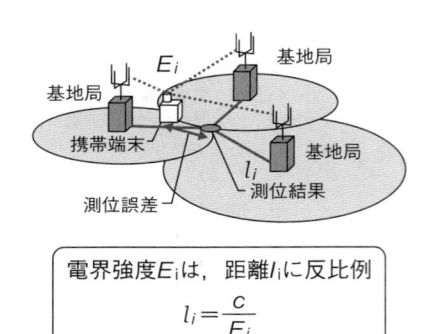

図 13-9　公衆電話網の基地局を用いた RSS 測位

---

[4]　直接到達する電波（直接波）に加え，建物や障害物で反射や回折した電波が混合している状態のこと。この状態で通信や電波強度の計測が行われるとき，電波の強度は直接波だけとは異なった強度で処理される。

で, 携帯電話網の基地局の位置はあらかじめわかっていて, 距離が遠い
ほど端末に届く電波が弱くなるので, 携帯端末と基地局の距離は電波の
強さから算出できる。室内や地下でも, 携帯電話が通じるところであれ
ば測位が可能だが, 精度は, 基地局の設置間隔に依存し, 1 km 間隔の
場所では, 精度は 300 m 程度である。これは, 基地局と移動端末の間
にある建物や地形などにより, 電波の反射や回折が起こり距離の推定に
誤差が生じることによるもので, この誤差を減少させるためのさまざま
な方法が試みられている。また, 携帯通信端末は, 通常のデータ通信や
通話において基地局と通信をする際に, RSS 値も測定しており, 携帯
電話の基地局電波を使用した RSS 測位は, 測位のためだけに電力を使
うことがなく低消費電力で行うことも可能である。屋内における RSS
測位では, 電波発信装置として, 無線 LAN アクセポイントや BLE
（Bluetooth Low Energy）仕様のビーコン[5]等を使用する。

　RF タグによる位置把握は, Proximity 方式により行われる。要所に
RF タグリーダを設置することで, RF タグリーダの位置が, 読み取っ
たモノ等のその時点での位置となる。図 13-9 のように, 商品や製品の
追跡管理, 流通経路, 輸送状況を把握することなどに用いられる。荷物
や商品の現在位置や, 遅延状況, 今後の予定を把握できれば, 顧客, 業
者ともに有益である。また, GNSS や携帯電話基地局の活用と組み合わ
せることで, よりきめ細かく位置情報を把握することも行われている。

　Fingerprinting は, あらかじめ, 測位エリアにおける基地局などの電
波発信局の位置とその場所の特徴的な電波伝搬状況, つまり fingerprint
をデータベース化しておき, 移動端末が測定した基地局電波強度とデー
タベースで利用可能な fingerprint の電波強度空間とを照合することに

---

5)　無線信号発生装置。もともとは, 狼煙（のろし）も含む, 航空・船舶のための
　　ナビゲーション信号のこと。

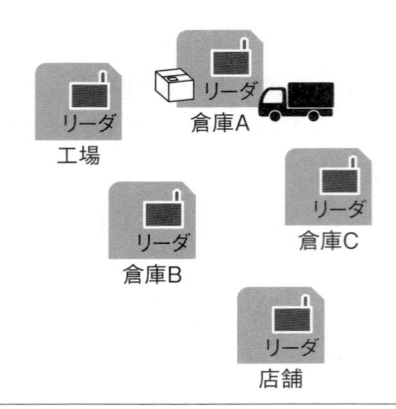

図 13-10　RF タグを用いたモノの流通管理

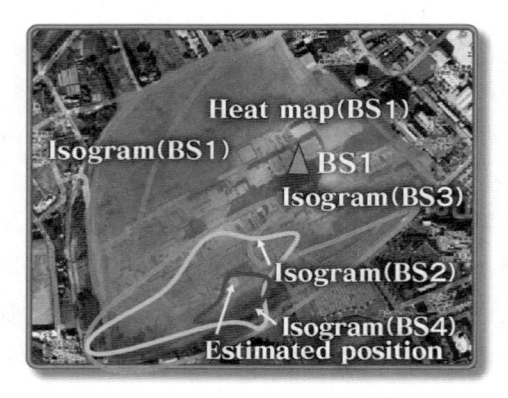

基地局：BS

図 13-11　等電位線推定による位置計算（口絵参照）

より測位をする方法である。図 13-11（口絵参照）は，fingerprint の状況を図示したもので，図中のヒートマップ（赤い部分が電波強度が強く，青い部分に向かって弱くなる）は，一つの基地局（BS1）からの電波の伝搬状況を描いたもので，あらかじめ測定してデータベースに保存

されている。データベースには，各基地局の電波伝搬のヒートマップがあり，移動端末で測定された各基地局の電波強度を各基地局のヒートマップを利用して，等値線で表すことが可能になる。この等値線が重なる部分を移動端末の位置とすることで，Fingerprinting による測位精度が向上することが確かめられている（参考文献 [1]）。RSS 測位におけるマルチパスなどの測位誤差要因の影響の軽減に効果がある方法である。

（4）　自律航法（Dead Reckoning）

　電波を用いない測位方法に，自律航法（Dead Reckoning）がある。現代における身近な例はカーナビで，自動車運行中にトンネルに入ったときに，カーナビゲーションシステムでの衛星測位ができなくなるが，トンネルの中でもカーナビに車の自己位置が示されるのは，走行データを用いて車の位置を相対的に測位する自律航法を用いているからである。走行データは，車載されたジャイロセンサや車速パルスセンサを用いて，取得される。スマートフォンが普及した現在においては，加速度センサやジャイロセンサ等各種センサを搭載したスマートフォンが採取する人の移動状態を利用し，歩行者用の自律航法による測位（PDR；Pedestrian Dead Reckoning）が開発されている。

　自律航法が示す位置は，初期位置からの相対的な位置である。センサによって算出される移動距離および方向の情報と初期位置を用いて，自己位置を推定する。したがって，初期位置以外は，環境にあるものを用いずに搭載されたセンサの計測値のみで測位が完結する方法であるが，センサの値を用いて推定する距離と方向の値の誤差が移動とともに累積されていくのが最大の弱点である。多くの実用事例においては，無線を用いた絶対位置の測位と併用し，測位精度を保っている。

（5）　屋内測位

　商用施設や，病院，倉庫などで需要のある，屋内測位の実用化が取り組まれている。屋内における無線測位では，基地局として，建物や建物内の設置物に取り付けが可能な WiFi アクセスポイントや RF タグなどが用いられる。それらの基地局の屋内位置を管理することにより，スマートフォン等で記録される各アクセスポイントの ID と RSS 値を用いて，自己位置を推定する手法が多く使われている。また，IMES（Indoor MEssaging System）[6]や UWB（Ultra-Wideband）[7]といった技術も屋内測位で利用されている。屋内測位においては，測位精度を上げるために，上記の手法を組み合わせて測位することが求められるシーンが多く，そのような測位のことをハイブリッド測位と呼ぶ。

　屋内測位においては，屋内の地図が整備されておらず，自己位置に意味を持たせるために測位と並行して屋内形状の計測を同時に行う必要がある場合もある。そのため，自己位置推定と環境地図作成を同時に行う技術（SLAM）が用いられる。SLAM では，LiDAR（レーザースキャナ）やカメラを用いて，周辺環境の形状が計測され，環境地図が作成される。屋内測位に限らず SLAM が有効利用できるシーンは多いが，身近な例としては，家庭用のロボット掃除機が挙げられる。

　屋内における位置を管理するために，屋内地図に座標を設けることで，汎用の電子地図の利用とシームレスに屋内地図の利用も可能になる。例えば，屋外地図に地理院地図，屋内地図に施設管理図を用い，双

---

6)　GPS 衛星と同じ電波を使用した送信機を屋内に設置して測位を行うシステムで，屋内外のシームレスな測位を可能にする日本独自の技術。

7)　超広帯域無線通信技術のことで，低い電力を非常に広い帯域に拡散させる通信方法が特徴である。8-9 GHz あたりの周波数帯域が測位に利用され，マルチパスの影響を受けにくいことと，他の無線通信との干渉が少ないことにより，精度数十 cm といった高精度な測位を可能にする。

方に存在するランドマークを複数選択し，双方の地図を GIS 上で重ねることにより，屋内地図に用いた施設管理図を地理座標系にのせることができる。国内でも，Google Maps や Apple のマップ，Yahoo! MAPなど，スマートフォンの電子地図に屋内の地図が存在する場所も増えてきている。屋内地図データの標準化も策定が進んでおり，例として，Apple の Indoor Mapping Data Format（IMDF）がある。

3.　生活空間における行動認識

（1）　モバイルセンシング

　移動体（動くもの；人や乗り物や動物など）にセンサを装着し，情報を移動しながらセンシングすることを，モバイルセンシング，あるいは移動体センシングという。人間にセンサを装着しモバイルセンシングを行うことで，人の行動や状態，周囲の状況などを把握することができる。測位技術と併用することで，人がどこで何をしていたのか推定することが可能になる。加速度計を持っていれば，その振動波形を解析することにより，歩数や活動量が推定できる。温度計をぶら下げていれば，

表 13-1　スマートフォン搭載センサと測定項目

センサ	測定対象	推定項目
加速度センサ	振動，傾き	活動量，姿勢
ジャイロセンサ	角速度	方向，向き
気圧センサ	気圧	高度の変化
電界強度センサ	公衆電波電界強度	自己位置，周囲の端末の有無
地磁気センサ	地磁気	方位
照度センサ	照度	周囲の明るさ
マイク	音	周囲の騒音，会話の量

周囲の温度が把握できる。日常的に身に付けている人が多いスマートフォンには，これらのセンサの一部は搭載されており，これを用いることにより，日常的なモバイルセンシングがまち空間でも可能である（表13-1）。また，前節で述べた測位方法の精度を補うセンシング手法として，ジャイロセンサと加速度センサを利用した歩行者自立航法（PDR, Pedestrian Dead Reckoning）がある。これらのセンサを使用すると，歩行者などの移動方向や移動距離が算出でき，電波を用いた測位において精度が悪い場所（電波が届かない場所など）において，精度を高めることができる。相対的な測位となるので測位開始時の絶対的な位置は，無線測位などで取得する必要がある。

　センサで取得できるデータの例として，図 13-12 に，モバイルセンサを所持し，商用ビル内を移動し，加速度，気圧を計測した例を示す。細かく振動している部分のある波形が加速度のグラフで，時間の経過とともに線形的に増加している部分のある太い線が気圧のグラフである。このようなデータを用いてまちなかでの行動を推測し，特定エリアの動線

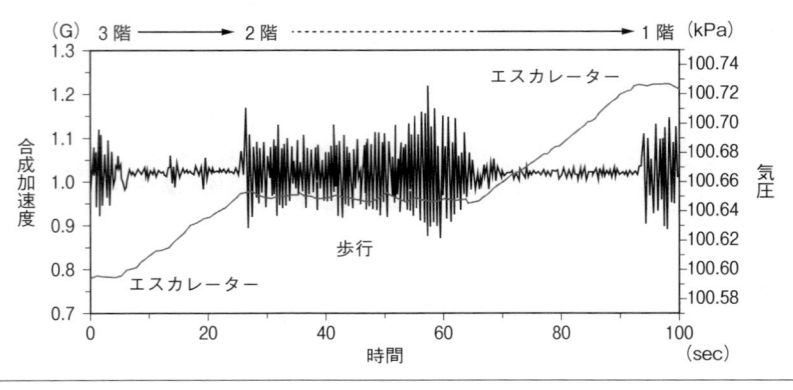

図 13-12　気圧と加速度を用いた行動認識

の把握や利用者への個別の情報提供を実現しようとする動きもある。スマートフォンに搭載されたセンサでもある，3軸の加速度と角速度を検出する装置は，IMU（Inertial measurement unit）と呼ばれ，前述の自律航法などを実現する。また，身体の特定の部位に装着するウェアラブル情報端末のセンサモジュールを利用することで，さらに幅広い生体情報のセンシングが可能になる。例えば，胸部に貼り付けた15 gのセンサで連続してセンシングした心電波形をもとに，心拍の間隔を算出し，自律神経活動状態を推定することも可能である。このように心身の健康管理に有用な情報も取得が可能であり，生活する人に有用な体験を，モバイルセンシングを通して提供したり，まちづくりにフィードバックしたりすることが望まれている。

参考文献

[1]　N. Yokoi, Y. Kawahara, H. Hosaka and K. Sakata, Precise Positioning Method for Logistics Tracking Systems Using Personal Handy-Phone System Based on Mahalanobis Distance, Journal of Advanced Mechanical Design, Systems and Manufacturing. 2010;Vol.4, No.1, :187-193.

1. GISで地図上にマッピングされることにより，より状況が把握しやすくなる身の回りの情報について考えてみよう。
2. 行動認識に活用できるデータにどのようなものがあるか考えてみよう。

14 | IoT と情報セキュリティ

飯塚重善

《目標＆ポイント》 IoT とその情報セキュリティについて概観し，IoT が現代社会に与える影響の大きさを鑑みて，その技術面におけるアプローチ手法や応用，課題について，幅広く解説する。
《キーワード》 データ収集と通信，IoT セキュリティリスク，認証と暗号化，ブロックチェーンとデータセキュリティ

1. IoT（Internet of Things）の概要

　この章では，急速に進化し続ける「IoT（Internet of Things）」について，その基本概念から背景，進化，そして具体的な応用例までを包括的に解説する。IoT の基本概念から始まり，その歴史的な背景，技術的な進化，そして広範囲に及ぶ応用例まで，IoT が我々の世界をどのように変えているかを学修する。IoT は，単なるデバイスのネットワークを超え，日々の生活やビジネスに革新的な変化をもたらす概念として理解されるべきである。

（1） IoT とは
　IoT は，物理的なデバイスがインターネットに接続され，データを収集し共有するシステムの総称である。本節では，IoT の主要な特徴として，接続性，自動化，インテリジェンス，インタラクティビティを取り上げ，これらがどのように統合されているかを説明する。

• IoT の基本概念

　「IoT」とは「Internet of Things」の略で，直訳すると「モノの
インターネット」となる。この概念は，インターネットに接続され
た様々なデバイスやセンサーが相互に通信し，情報を交換すること
を指す。IoT では，従来は単独で機能していた物理的なデバイスが
ネットワーク接続を通じてデータを収集，共有し，よりスマートな
操作や自動化が可能になる。

• IoT の特徴

　接続性：IoT デバイスはインターネットや他のネットワークを介
　　　　　して接続され，遠隔からのデータ収集や制御が可能であ
　　　　　る。

　データ収集と分析：IoT デバイスは，環境データや使用パターン
　　　　　などの情報を収集し，それを基に分析や学習をおこなう。

　自動化と効率性：IoT は多くのプロセスを自動化し，効率性を高
　　　　　める。これにより，エネルギーの使用最適化，コスト削
　　　　　減，作業の効率化などが実現される。

　ユーザー体験の向上：IoT デバイスはユーザーの行動や好みを学
　　　　　習し，パーソナライズされた体験を提供する。

• IoT の重要性

　IoT は現代社会において急速に重要性を増している。スマート
ホーム，産業自動化，ヘルスケア，環境モニタリングなど，様々な
分野での応用が進んでいる。IoT により，従来は不可能だったデー
タの収集や分析が可能になり，新たなサービスやビジネスモデルの
創出，生活の質の向上に大きく貢献している。

（２） IoT の背景と進化

　本節では，IoT の歴史的背景，技術的進化，社会的影響，そして未来への展望を包括的に解説する。IoT は，単なるテクノロジートレンドではなく，日常生活やビジネスに深く根差した革新的な変革をもたらす要素として理解されるべきである。

- IoT の歴史的背景

　　IoT の概念は，20 世紀末から 21 世紀初頭にかけて形成された。その起源は，インターネット技術の発展とセンサー技術の進化に根ざしている。1990 年代には既にインターネットに接続されたコカ・コーラの自動販売機が登場し，これが IoT の初期形態と見なされている。

- IoT の技術的進化

　　インターネットの普及：1990 年代のインターネットの普及が，IoT の発展の基盤を築いた。この時期に，デバイス間の通信プロトコルが標準化され，オンラインでのデータ交換が可能になった。

　　センサー技術と小型化：MEMS（Micro Electro Mechanical Systems）センサーの進化と低価格化が，IoT デバイスの小型化とコスト削減を実現した。これにより，さまざまな物理デバイスにセンサーを組み込むことが現実的になった。

　　ワイヤレス技術の進歩：Wi-Fi，Bluetooth，NFC（近距離無線通信）などのワイヤレス技術の発展が，IoT デバイスの柔軟な配置とネットワーク接続を可能にした。

- IoT の社会的影響

　　IoT の進化は社会に大きな影響を与えている。家庭では，スマー

トホームデバイスが日常生活を便利にし，エネルギー効率を向上さ
せている。産業分野では，製造プロセスの自動化や効率化に貢献
し，新たなビジネスモデルを生み出している。ヘルスケア分野で
は，ウェアラブルデバイスやリモートモニタリングシステムが患者
の健康管理を改善している。

- IoT の未来への展望

　IoT の将来は，さらなる技術革新と社会の変化によって形作られ
る。AI（Artificial Intelligence，人工知能）の統合，5G ネット
ワークの展開，エッジコンピューティングの進化などが，IoT の可
能性を拡げ，よりスマートで自律的なシステムの構築に寄与してい
る。これらの進歩は，IoT が我々の生活，仕事，環境に与える影響
をさらに深めることであろう。

（3）　IoT の主な応用例

　本節では，IoT の技術がどのようにして我々の日常生活，産業，都市
運営，さらには健康管理にまで革新をもたらしているかを解説する。こ
れらの応用例は，IoT が現代社会に不可欠な技術であることを示してお
り，これらの技術の進展は今後も多大な影響をもたらすことが期待され
る。

- IoT 技術の多様な応用

　IoT は，その柔軟性と多機能性により，多岐にわたる分野での応
用が可能である。以下では，IoT 技術のいくつかの主要な応用例を
示す。

①スマートホーム

　概要：スマートホーム技術は家庭内のデバイスをインターネット
　　　　に接続し，遠隔からの制御や自動化を可能にする。

応用例：スマートサーモスタット，セキュリティカメラ，照明制御システムなどがあり，これらは住環境の快適性を高め，エネルギー効率の向上に寄与する。

②産業オートメーション（産業 4.0）

概要：産業分野では，IoT 技術は製造プロセスの自動化と効率化に重要な役割を果たしている。

応用例：生産ラインのモニタリング，資材管理，機械のメンテナンス予知などがあり，これにより，生産コストの削減と品質の向上が実現される。

③スマートシティ

概要：スマートシティでは，IoT 技術を利用して都市の運営を最適化し，市民の生活の質を向上させることを目指している。

応用例：交通管理システム，公共スペースの環境モニタリング，エネルギー管理などがあり，これにより，交通渋滞の軽減，公共安全の向上，効率的なエネルギー使用が可能になる。

④ヘルスケア

概要：ヘルスケア分野では，IoT デバイスを通じて患者の健康状態をリアルタイムで監視し，より質の高い医療サービスを提供する。

応用例：ウェアラブル健康モニター，リモート医療コンサルテーション，医療機器の遠隔管理などがあり，これにより，個別化された医療ケアと早期の健康問題の検出が可能になる。

2.　IoT によるデータ収集

　この章では，IoT 環境におけるデータ収集の基本原則，プロセス，およびその応用について説明する。この章を通じて，IoT システムにおけるデータ収集のプロセスとその重要性について理解することができる。IoT デバイスからのデータの収集，蓄積，そしてそれを活用する方法に焦点を当て，IoT システムの基礎と機能を理解する。

（1）　センサー技術とデータ収集

　本節では，IoT システムにおけるセンサー技術の基本原則とデータ収集のプロセスについて説明する。センサーは，IoT デバイスが周囲の環境を理解し，有意義なデータを生成するための鍵となる。これらのデータは，さまざまな分野での意思決定と効率化に不可欠な要素である。

- IoT におけるセンサー技術の重要性

　　IoT システムの基盤となるのは，センサー技術である。これらのセンサーは，物理的または環境的なデータを収集し，それをデジタル情報に変換する役割を果たす。以下，センサー技術がどのようにして IoT デバイスを作動させ，データ駆動型の意思決定を可能にするかを概観する。

- センサーの種類と機能

　▸ 多様なセンサー：IoT デバイスには温度，湿度，光，音，動きなどを検出するさまざまなセンサーが組み込まれている。

　▸ データ収集のメカニズム：これらのセンサーは，連続的または特定のイベントに応じて，環境データを収集する。その後，このデータは処理のためにデバイス内またはクラウドベースのシステムへと送信される。

■IoT データ収集のプロセス

　▶ リアルタイムモニタリング：センサーは，リアルタイムで環境の
　　変化を捉え，それをデジタル信号に変換して記録する。

　▶ データの伝送：収集されたデータは，ワイヤレスまたは有線の
　　ネットワークを介して中央のデータ処理システムに送信される。
　　このプロセスは，即時の分析や長期的なデータ収集に利用され
　　る。

■センサー技術の応用

　▶ 多岐にわたる用途：IoT センサーは，スマートホーム，産業オー
　　トメーション，環境モニタリング，ヘルスケアなど，多様な分野
　　で応用されている。

　▶ データ分析と意思決定：収集されたデータは分析され，ビジネス
　　インサイトの生成，プロセス最適化，リスク管理などに活用され
　　る。

（2）　データの蓄積と活用

　本節では，IoT 環境におけるデータの蓄積と活用のプロセスを包括的
に説明する。データ蓄積の方法から，そのデータを分析し実用的な洞察
を得るプロセスまでを俯瞰する。IoT データの効果的な活用は，ビジネ
スの成長，効率化，さらにはより良い社会的成果を生み出すための鍵で
ある。

　• IoT におけるデータの重要性

　　　IoT システムにおいて，センサーから収集されるデータの蓄積と
　　活用は，システムの効率性と効果性を決定する重要な要素である。
　　以下，IoT デバイスによって収集されたデータがどのように蓄積さ
　　れ，分析され，活用されるかを示す。

- データ蓄積のプロセス
  - ▶ データストレージ：IoT デバイスから収集されたデータは，クラウドベースのストレージまたはオンプレミスのデータセンターに保存される。これにより，大量のデータを安全かつ効率的に管理できる。
  - ▶ アーキテクチャの重要性：効果的なデータ蓄積のためには，適切なデータベースアーキテクチャとストレージソリューションの選択が不可欠である。データの種類，容量，アクセス頻度に基づいて最適なソリューションが選ばれる。
- データ活用の手法
  - ▶ データ分析：蓄積されたデータは，パターン識別，異常検出，予測分析などのために分析される。これにより，より良い意思決定とプロセス最適化が可能になる。
  - ▶ ビジネスインサイトの抽出：IoT データの分析は，ビジネスプロセスの改善，新しいビジネスモデルの創出，顧客体験の向上に役立つ。
- データ活用の実例
  - ▶ スマートシティ：交通流，エネルギー使用，公共安全などの都市データを活用して，都市の運営を最適化する。
  - ▶ 産業オートメーション：生産ラインのデータを分析し，効率向上やメンテナンスの最適化に活用する。

（3）　IoT デバイス間の接続方法と主な通信プロトコル

　本節では，IoT デバイス間の接続方法とそのために使用される通信プロトコルについて説明する。IoT システムの効率的な運用には，適切な通信プロトコルの選択が不可欠であり，それぞれのプロトコルは特定の

ニーズと環境に合わせて設計されている。デバイス間の通信方法の選択
は，システムの性能，セキュリティ，およびエネルギー効率に大きく影
響を与える。

- IoT デバイスの接続の重要性

    IoT システムにおいて，デバイス間の効率的で安全な通信は極め
    て重要である。以下，IoT デバイス間の接続方法と，そのために使
    用される主な通信プロトコルについて示す。

- IoT デバイスの接続メカニズム

    ▶ ワイヤレス接続：多くの IoT デバイスは，Wi-Fi，Bluetooth，
    Zigbee，LoRaWAN などのワイヤレス技術を使用して通信をお
    こなう。これらは，距離，エネルギー効率，データ転送速度の要
    件に基づいて選択される。

    ▶ 有線接続：特定の産業用途やセキュリティが重視される環境で
    は，Ethernet やファイバーオプティックなどの有線接続が選ば
    れることもある。

- 主な通信プロトコル

    ▶ HTTP/HTTPS：インターネットの基盤となるプロトコルで，
    IoT デバイスからのデータのアップロードや，サーバーからの指
    令のダウンロードに広く使用される。

    ▶ MQTT（Message Queuing Telemetry Transport）：軽量で，低
    帯域幅のネットワークでの使用に最適化されたプロトコルであ
    る。エネルギー効率が重要なデバイスに適している。

    ▶ CoAP（Constrained Application Protocol）：リソース制約があ
    る環境向けに設計されたプロトコルで，HTTP の方法論を簡素
    化したものである。

- 通信プロトコルの選択基準
  - ▶ セキュリティ：IoT 通信にはセキュリティが不可欠で，データの暗号化や認証メカニズムが重要である。
  - ▶ スケーラビリティ：大量のデバイスが接続される場合，スケーラビリティと管理の容易さが考慮される。
  - ▶ エネルギー効率：バッテリー駆動のデバイスでは，エネルギー効率の高いプロトコルが好まれる。

3.　情報セキュリティの重要性

　この章では，IoT 環境における情報セキュリティの重要性に焦点を当てる。IoT デバイスのセキュリティリスク，認証技術，およびデータセキュリティの基本原則について詳しく述べ，IoT システムを保護するための重要なアプローチを示す。

（1）　IoT デバイスのセキュリティリスク

　本節では，IoT デバイスが直面する主要なセキュリティリスクについて解説する。デバイスの脆弱性とデータ漏洩のリスクは，IoT システムを設計し，運用する上で常に考慮すべき重要な要因である。これらのリスクに対処するためには，強固なセキュリティ対策と継続的なリスク管理が不可欠である。

- IoT デバイスのセキュリティの脆弱性

　IoT 環境におけるセキュリティリスクは多岐にわたるが，なかでもデバイスの脆弱性は特に重要な問題である。これは，IoT デバイスが多様な形態と機能を持ち，組み込まれたセキュリティ対策が不十分な場合が多いためである。

(1) デバイスの脆弱性

▶不十分なセキュリティ対策：IoT デバイスはしばしば最小限のセキュリティ機能しか組み込まれておらず，外部からの攻撃に対して脆弱である。これには，弱いパスワード，未更新のソフトウェア，セキュリティパッチの欠如などが含まれる。

▶攻撃の標的：デバイスの脆弱性を悪用することで，ハッカーはネットワークに侵入し，データを盗む，システムを乗っ取る，またはサービスを妨害することが可能となる。

(2) データ漏洩のリスク

▶機密情報の流出：IoT デバイスからのデータ漏洩は，個人のプライバシーや企業の機密情報が危険にさらされることを意味する。デバイスが不正にアクセスされた場合，保存されているデータが漏洩する可能性がある。

▶漏洩の影響：データ漏洩は，個人のプライバシー侵害，企業の信用失墜，重要なビジネス情報の損失など，深刻な結果を引き起こす可能性がある。

（2）　認証技術

本節では，IoT 環境における認証技術の基本原則，その必要性，さまざまな認証方法，そしてマルチファクター認証の利点について説明する。認証技術は，IoT デバイスとシステムのセキュリティを確保し，データ漏洩や不正アクセスから保護するために極めて重要である。適切な認証メカニズムの導入は，IoT 環境の信頼性とセキュリティを高めるための鍵となる。

●IoT における認証技術の重要性

IoT 環境では，デバイス間のセキュアな通信とアクセス制御を確

保するために認証技術が不可欠である。以下，認証の基本概念，その必要性，さまざまな認証方法，およびマルチファクター認証の利点について紹介する。

(1)　認証とは

▶ 定義：認証は，ユーザーまたはデバイスの身元を確認するプロセスである。これにより，システムへのアクセスを許可するか否かを判断する。

▶ プロセス：認証プロセスでは，通常，ユーザー名やパスワード，生体情報，セキュリティトークンなどが使用される。

(2)　認証の必要性

▶ セキュリティの確保：認証は，不正アクセスからシステムを守り，データの安全性を保証するために重要である。

▶ 信頼性の向上：正確な認証メカニズムにより，IoT デバイス間の信頼性が高まり，システム全体のセキュリティが強化される。

(3)　認証の種類と方法

▶ 一般的な方法：パスワード，PIN コード，セキュリティカード，生体認証（指紋，顔認識，虹彩認識）などがある。

▶ デバイス認証：IoT デバイスでは，デジタル証明書や特有のデバイス ID に基づく認証がおこなわれることがある。

(4)　マルチファクター認証

▶ 概念：マルチファクター認証は，複数の認証要素（知識，所有，生体情報）を組み合わせることで，セキュリティを強化する。

▶ 利点：単一の認証要素の弱点を補い，セキュリティを大幅に向上させる。例えば，パスワードと生体認証の組み合わせは，単独のパスワードよりもはるかに強固なセキュリティを実現する。

（3） データセキュリティの基礎

本節では，IoT 環境におけるデータセキュリティの基本原則，特に
データの保護の重要性，暗号化技術の種類，および公開鍵暗号と秘密鍵
暗号の使用法について説明する。これらの知識は，IoT システムにおい
てセキュリティを確保し，データのプライバシー，完全性，およびコン
プライアンスを保持するために不可欠である。

- IoT 環境におけるデータセキュリティの重要性

  IoT システムでは，膨大な量のデータが生成，収集，および伝送さ
  れるため，データセキュリティは極めて重要である。以下，データ
  の保護の必要性，データ暗号化の基本原則，および暗号化技術の種
  類について説明する。

  (1) データの保護がなぜ重要か

  ▶ プライバシーの保護：個人のプライバシーを守るためには，セン
    シティブなデータの漏洩を防ぐ必要がある。

  ▶ データの完全性：データの不正な改変を防ぐことで，システムの
    信頼性を維持する。

  ▶ コンプライアンス：法的要件や業界基準を満たすためには，適切
    なデータセキュリティ対策が不可欠である。

  (2) データの暗号化とその種類

  ▶ 暗号化の概要：暗号化は，データを読み取ることができる者を限
    定し，不正アクセスから保護するためのプロセスである。

  ▶ 対称鍵暗号化：同じ鍵を使用してデータを暗号化および復号化す
    る方法である。

  ▶ 非対称鍵暗号化：異なる二つの鍵（公開鍵と秘密鍵）を使用す
    る。一方で暗号化し，もう一方で復号する。

（3）公開鍵暗号と秘密鍵暗号

　公開鍵暗号と秘密鍵暗号のシステムは，IoT 環境におけるデータのセキュリティと信頼性を大幅に向上させることができる。これにより，データの安全な伝送と認証が保証され，IoT デバイス間での安全な通信が可能になる。

▶ 公開鍵暗号：公開鍵暗号システムは，二つの異なる鍵を使用する暗号化方法である。公開可能な鍵（公開鍵）を使用してデータを暗号化し，対応する秘密鍵でのみ復号化可能である。これは，データを安全に共有するための一般的な方法である。

▶ 秘密鍵暗号：秘密鍵は，データの所有者または指定された受信者のみが保持する。この鍵は，データの復号に使用され，最高レベルのセキュリティを実現する。

　　◆公開鍵：この鍵は公開され，誰でもアクセスできる。公開鍵を使用してデータを暗号化すると，そのデータは公開鍵に対応する秘密鍵を持つ人だけが復号できる。

　　◆秘密鍵：この鍵は個人的に保持され，他人には公開されない。公開鍵を使って暗号化されたデータは，対応する秘密鍵を使用してのみ復号できる。

　　✓秘密鍵暗号との違い

　　秘密鍵暗号では，暗号化と復号化のために同じ鍵が使用される。これに対し，公開鍵暗号では暗号化と復号化に異なる鍵が使用される。この特性により，公開鍵暗号は安全なデータの共有と通信に特に適している。

　　✓公開鍵暗号の使用例

　　　▶ データの暗号化と共有：公開鍵を使用して暗号化されたデータは，その公開鍵に関連付けられた秘密鍵を持つ受信

者のみがアクセスできる。

- ▶ デジタル署名：メッセージに対するデジタル署名を作成する際に，秘密鍵が使用される。受信者は公開鍵を使用して署名を検証し，メッセージの真正性と完全性を確認できる。

✓ 公開鍵暗号の利点と課題

利点：安全な通信チャネルの確立が容易であり，秘密鍵を共有する必要がないため，安全性が高い。

課題：計算処理が複雑であり，対称鍵暗号に比べると処理速度が遅いことがある。

《参考》

▶ 共通鍵暗号（対称鍵暗号）

共通鍵暗号（別名 対称鍵暗号）は，暗号化と復号化の両プロセスに同じ鍵を使用する暗号化方式である。この方式の主な特徴と使用法を以下に示す。

■共通鍵暗号の基本概念

- ▶ 一つの鍵：暗号化（データを安全な形式に変換するプロセス）と復号（暗号化されたデータを元の形式に戻すプロセス）に同じ鍵が使用される。
- ▶ 鍵の共有：通信する両者は，安全な方法でこの鍵を共有しなければならない。鍵の配布は，共通鍵暗号システムの最大の課題の一つである。

• 共通鍵暗号の使用例

- ▶ データの暗号化：データを送信する前に，送信者は共通鍵を使用してデータを暗号化する。
- ▶ データの復号：受信者は，同じ共通鍵を使用して暗号化された

データを復号し，元の形式に戻す。

- 共通鍵暗号の利点と課題
  - ▶利点：処理が高速で，大量のデータを迅速に暗号化・復号できる。そのため，リアルタイムの通信や大規模なデータ転送に適している。
  - ▶課題：安全な鍵の配布と管理が困難である。鍵が漏洩すると，セキュリティが損なわれる。

共通鍵暗号は，その効率性と実装の容易さから，多くのセキュリティシステムで広く使用されている。しかし，鍵の安全な配布と管理は，特に分散環境や大規模なネットワークにおいて重要な課題である。このため，多くのシステムでは，共通鍵暗号と公開鍵暗号を組み合わせたハイブリッド方式が採用されている。

- 共通鍵暗号と公開鍵暗号のハイブリッド方式

ハイブリッド暗号方式は，共通鍵暗号（対称鍵暗号）と公開鍵暗号（非対称鍵暗号）の両方の利点を組み合わせた暗号化方式である。この方式は，セキュリティの強度を高めると同時に，効率性も保持するため，広く採用されている。

■ハイブリッド暗号化のプロセス

1. 共通鍵の生成：送信者はランダムな共通鍵（セッション鍵）を生成する。これは，その通信セッションでのみ使用される一時的な鍵である。
2. 公開鍵による暗号化：生成された共通鍵は，受信者の公開鍵を使用して暗号化される。これにより，共通鍵を安全に受信者に送ることができる。
3. データの暗号化：実際のデータは，生成された共通鍵を使っ

て暗号化される。共通鍵暗号方式は速度が速いため，データの暗号化には効率的である。

4. 受信者による復号：受信者は自分の秘密鍵を使用して共通鍵を復号し，その共通鍵を使って暗号化されたデータを復号する。

- ハイブリッド方式の利点
  - ▶ セキュリティ：公開鍵暗号により，共通鍵の安全な配布が保証される。これにより，共通鍵暗号の主な課題である鍵配布の問題が解決される。
  - ▶ 効率性：データの暗号化と復号には共通鍵暗号を使用するため，プロセスが高速になる。公開鍵暗号は鍵の配布のみに使用されるため，その計算コストの高さの影響を最小限に抑えることができる。

ハイブリッド暗号方式は，公開鍵暗号の安全性と共通鍵暗号の効率性を兼ね備えており，現代の多くのセキュリティシステムで採用されている。この方式は，インターネット上でのセキュアな通信や，大規模なデータ転送に特に適しており，暗号化技術の中でも特に重要な役割を果たしている。

4. ブロックチェーンとセキュリティ

ブロックチェーンは，データの透明性，不変性，分散化を通じて，IoT 環境におけるデータセキュリティと信頼性を大幅に向上させる可能性を持っている。この章では，ブロックチェーンの基本的な理解から，そのセキュリティ特性，さらには IoT データとの統合に至るまでの包括的に説明する。

（1）　ブロックチェーンの概要

　ブロックチェーンは，その革新的な特性により，セキュリティとデータ管理の分野で注目を集めている。本節では，ブロックチェーンの基本概念から，その特徴，トランザクションの処理方法，コンセンサスアルゴリズムに至るまでを説明する。

　(1)　ブロックチェーンとは何か

- ▶ 定義：ブロックチェーンは，デジタルトランザクション（取引）を連続した「ブロック」に記録し，それを「チェーン」でつなげた，分散型のデジタルレジャー（記録帳）である。
- ▶ 特徴：これらのブロックは暗号技術によって保護されており，ネットワーク上の多数のコンピューターに分散して保存される。

　(2)　ブロックチェーンの特徴とメリット

- ▶ 透明性：トランザクションはネットワーク上のすべての参加者によって確認され，追跡可能である。
- ▶ 不変性：一度ブロックチェーンに記録された情報は，改ざんが非常に困難である。
- ▶ 分散化：中央集権型のデータベースに依存せず，多数のノード（コンピューター）に分散してデータを保存する。

　(3)　トランザクションとブロックの生成

- ▶ トランザクションの処理：ユーザー間で発生する各トランザクションは，ネットワークにブロードキャストされ，参加者によって検証される。
- ▶ ブロックの生成：検証されたトランザクションはブロックに組み込まれ，ブロックチェーンに追加される。各ブロックは前のブロックに暗号学的にリンクされている。

（4）コンセンサスアルゴリズム

▶目的：新しいブロックの追加に際して，ネットワーク全体でその有効性について合意を形成するためのメカニズムである。

▶種類：プルーフ・オブ・ワーク（採掘による合意形成），プルーフ・オブ・ステーク（所有割合に基づく合意形成）などがある。

（2）　ブロックチェーンのセキュリティ特性

　ブロックチェーン技術は，その独特のセキュリティ特性により，多くの産業で革新をもたらしている。ここでは，ブロックチェーンのデータ改ざんへの耐性と，潜在的なセキュリティリスク及び対策について説明する。

　（1）データ改ざんへの耐性

　　ブロックチェーンは，その設計上，データ改ざんに対して非常に高い耐性を持っている。

▶暗号学的リンク：各ブロックは，前のブロックのハッシュ値を含んでおり，これによりブロック間の連鎖が形成される。この連鎖は，ブロック内のデータが改ざんされると破られ，改ざんが容易に検出される。

▶分散型ネットワーク：ブロックチェーンは複数のノード（参加者のコンピューター）によって管理されているため，一箇所のデータを変更しても，他のノードのデータと一致しなければ無効とされる。

　（2）ブロックチェーンのセキュリティリスクと対策

　　ブロックチェーンは高いセキュリティを提供するが，完全にリスクがないわけではない。

▶51％攻撃：ネットワークの過半数を支配することでトランザク

ションの承認をコントロールし，不正な取引をおこなう攻撃である。これは特に，小規模なブロックチェーンネットワークでリスクがある。

▸ 対策：ネットワークの分散化と透明性を高めることで，一部のノードによる過度の影響力を防ぐ。また，異なるコンセンサスアルゴリズム（例えば，プルーフ・オブ・ステーク）を採用することで，この種の攻撃をより困難にすることができる。

　ブロックチェーンのセキュリティメカニズムは，データの完全性と透明性を保証する上で極めて効果的だが，システム設計と運用の両面で注意深く管理する必要がある。

（3）　データの標準化と正規化

　ブロックチェーン技術は，IoT データの管理に革命的な影響を与える可能性を持っている。ブロックチェーンの透明性，不変性，分散化された性質は，IoT データ管理において新たな可能性を開き，データの信頼性とセキュリティを高める上で重要な役割を果たしている。本節では，IoT データとブロックチェーンの統合がもたらすメリットと，この組み合わせが実世界でどのように利用されているかについて説明する。

　（1）IoT データのブロックチェーンへの統合のメリット

▸ 透明性と追跡可能性：ブロックチェーンにより，IoT デバイスから生成されるデータは透明に記録され，追跡が容易になる。これにより，データの信頼性と検証可能性が向上する。

▸ セキュリティの強化：ブロックチェーンの不変性により，IoT データは改ざんから保護され，データのセキュリティが強化される。

▸ 効率的なデータ管理：分散型の特性により，中央集権型のデータ

ベースに依存することなく，効率的なデータ管理が可能になる。

(2) 応用例

▶ サプライチェーン管理：IoT デバイスを通じて収集される製品の位置情報や状態データをブロックチェーンに記録することで，サプライチェーンの透明性が向上し，偽造や紛失のリスクが低減される。

▶ スマートコントラクト：IoT デバイスが特定の条件を満たしたときに自動的にトリガーされるスマートコントラクトを実装することで，自動化された取引やプロセスが可能になる。

◆実際の応用

➤ 例1：スマート農業

▶ 概要：IoT デバイス（土壌センサー，気象ステーション，ドローンなど）が農場のデータを収集し，ブロックチェーンに記録する。

▶ 実装：農場の土壌の水分レベル，pH 値，栄養素のレベル，天候の状況などのデータがリアルタイムでモニタリングされ，ブロックチェーンに記録される。

▶ メリット：データの透明性と信頼性が高まり，農作物の生産効率が向上する。また，消費者は，製品の生産履歴や品質を確認できるようになる。

➤ 例2：スマートエネルギーグリッド

▶ 概要：IoT デバイスを活用してエネルギー使用量を監視し，ブロックチェーンでこれらのデータを管理する。

▶ 実装：家庭やビルのエネルギー消費データが IoT センサーから収集され，ブロックチェーンで安全に記録される。これにより，エネルギー消費の最適化や，必要に応じた電力供給

　　が可能になる。

　　▶ メリット：エネルギーの透明性と効率が向上し，過剰なエネルギー消費や不正使用のリスクが軽減される。また，分散型エネルギーグリッドの管理が容易になる。

◇これらの実例は，ブロックチェーンと IoT の統合がもたらす具体的な利点を示しており，データの透明性，信頼性，セキュリティの強化を通じて，より効率的で持続可能なシステムの実現を支援している。

参考文献

［1］　松井俊浩，『IoT セキュリティ技術入門』（日刊工業新聞社，2020）．

［2］　IoT 検定ユーザー教育推進ワーキンググループ，『図解即戦力 IoT のしくみと技術がこれ 1 冊でしっかりわかる教科書』（技術評論社，2020）．

［3］　松尾真一郎他，『ブロックチェーン技術の未解決問題』（日経 BP，2018）．

学習の ヒント

1. IoT の基本概念を理解した上で，それがどのように日常生活や産業に応用されているか，具体例を挙げて考えてみよう。

2. IoT デバイスのセキュリティリスクを理解し，それらのリスクを軽減するための方法について，技術的・非技術的な側面から考察しよう。

3. ブロックチェーン技術が IoT のセキュリティにどのように貢献できるか，その可能性と限界について批判的に考えてみよう。

15 | 情報倫理と AI

飯塚重善・片桐祥雅

《目標＆ポイント》 インターネットを介してデータ・情報が活用されようとしている。ここではデータ・情報を活用するために遵守すべき倫理について学ぶとともに、情報を活用するシステムが未来社会に与える影響をシミュレーションしながら科学技術としての IoX の倫理的課題についての考えを深化させることを本章の目標とする。

《キーワード》 倫理，個人情報，GDPR，AI，アクセサビリティ，人権，道徳

1. データと倫理の関係性

　本節では、情報時代におけるデータの価値と、それに伴う倫理的課題の背景を概観し、データ収集・利用における倫理的視点の重要性について説明する。

（1）　倫理的課題の登場背景

　データの適切な管理と倫理的な利用は、個人のプライバシーを保護し、社会の信頼を維持するために不可欠である。ここでは、情報時代におけるデータ利用の増加に伴い生じる倫理的課題の背景について掘り下げる。そして、デジタル技術の進展がもたらす利益とともに、新たな倫理的問題が浮上していることを説明する。

　①デジタル化の進展による影響
　　・データ収集の増加：現代社会においては、個人情報、消費者行

動，公共データなど，あらゆる種類のデータが大規模に収集され
ている。このデータ収集の増加は，プライバシーの侵害や個人情
報の不正利用といった新たな倫理的問題を引き起こしている。
- 技術の進化と倫理の遅れ：技術の進化速度に対して，倫理的ガイ
ドラインや規制の更新が追いついていないことが問題となってい
る。

②社会的責任と倫理的取り組み
- データの倫理的管理：データを倫理的に管理することは，企業や
政府機関の社会的責任としてますます重要視されている。
- 透明性とアカウンタビリティ（責任）の強化：データの使用にお
いて透明性を高め，アカウンタビリティを明確にすることが求め
られている。

（2）　データ収集・利用における倫理的視点の必要性

①データ利用の倫理的課題
- 透明性の確保：データ収集・利用においては，プロセスの透明性
を保ち，関係者がその方法と目的を理解しやすくすることが重要
である。
- コンセント（同意）の尊重：個人データを扱う際には，データ主
体の同意が必要である。これは，プライバシーの尊重と自己決定
権の観点から不可欠である。

②倫理的なデータ管理
- データの公正な使用：データは公正に，差別を生じさせない方法
で使用されるべきである。これには，AI やアルゴリズムにおけ
るバイアスの認識と対処が含まれる。
- 個人情報保護：個人情報の保護は，データを扱うすべての組織に

とって最優先事項であるべきである。セキュリティの強化ととも
に，データ漏洩時の透明な対応が求められる。

③社会的影響の考慮

- データ使用の長期的影響：データ利用による社会的な不平等の増
大やプライバシー侵害のリスク評価を含め，データ利用が個人や
社会に与える長期的な影響を考慮することが重要である。

④倫理的なガイドラインの策定

- 倫理ガイドラインの策定と遵守：組織は，データ収集・利用のた
めの明確な倫理ガイドラインを策定し，これを徹底する必要があ
る。これには，従業員のトレーニングや倫理的な問題への意識向
上が含まれる。

2. データの権利と所有

この節では，データの権利と所有に関する現代的な課題と，それに対
処するための重要な法的枠組みについての理解を深めることを目的とし
ている。世界中のデータ保護の基準を高め，個人の権利を強化すること
に影響を与えたヨーロッパのプライバシー法規である一般データ保護規
則（GDPR）の概要とその影響について説明する。

（1） GDPR とは：ヨーロッパのプライバシー法規の概要

本項では，ヨーロッパ連合（European Union：EU）によって制定され
た一般データ保護規則（General Data Protection Regulation：GDPR）
について解説する。GDPR は，個人データの保護とプライバシー権の
強化に関する包括的な規則であり，個人データの処理に関するグローバ
ルな標準を設定し，個人のプライバシー保護を強化するための重要なス
テップである。GDPR の基本概念，その適用範囲，主要な要件，およ

びデータ主体の権利について詳しく解説し，ヨーロッパにおけるデータ
保護の最新の法的枠組みについて理解する。

①GDPR の基本概念
- 目的と原則：GDPR の主な目的は，個人データの処理に関する
透明性を高め，EU 市民のプライバシー権を強化することであ
る。これには，データ保護の法的枠組みの統一と，個人データの
自由な流通とともに，その安全性を確保することが含まれる。
- 個人データの定義：GDPR では，「個人データ」とは，特定また
は特定可能な個人に関連するあらゆる情報を指す。これには，名
前，写真，メールアドレス，SNS の投稿，医療情報，コン
ピュータの IP アドレスなどが含まれる。

②GDPR の適用範囲と要件
- 適用範囲：GDPR は EU 内にある全ての組織に適用されるほか，
EU 市民のデータを処理する非 EU 国の組織にも適用される。
- データ保護責任者：特定の条件下で，組織はデータ保護責任者
（Data Protection Officer：DPO）を任命する必要がある。DPO
は，GDPR の遵守を確実にするための主要な役割を担う。
- データ主体の権利：GDPR は，アクセス権，修正権，忘れられ
る権利，データの移植性の権利などデータ主体に多くの権利を与
える。

③GDPR のデータ保護に対する影響
- データ保護の強化：GDPR は，企業や組織による個人データの
保護に対する意識を高めた。これには，データの収集，処理，保
存におけるセキュリティ対策の強化が含まれる。
- 透明性の要求：GDPR は，データ処理に関する透明性を要求し
ている。企業はデータ処理の方法，目的，保持期間を明確に伝

え，ユーザーの同意を得る必要がある。

④個人の権利の拡張

- アクセス権と修正権：GDPR により，個人は自分のデータにアクセスし，不正確なデータを修正する権利を持つ。
- データの削除権（「忘れられる権利」）：個人は，特定の条件下で自分に関するデータの削除を要求することができる。
- データの移植性：個人は，一つのサービス提供者から別のサービス提供者へ自分のデータを移動させる権利を有する。

3.　AI の透明性と倫理的課題

　AI の倫理的な課題に対処することは，技術の健全な進展と社会へのポジティブな影響を確保するために不可欠である。この節では，AI 技術の倫理的な利用に関して概観し，AI の透明性，バイアスと公平性，自律性と人間の責任という三つの重要な側面について考察する。

①AI 決定プロセスの理解

- 複雑性の認識：AI の決定プロセスはしばしば複雑であり，特に深層学習や機械学習アルゴリズムを用いる場合，その内部動作は直感的には理解しにくいものである。
- 決定メカニズムの解明：AI システムの決定メカニズムを明らかにすることは，ユーザーが AI の出力を信頼し，理解するために重要である。これには，アルゴリズムの設計，使用されるデータセット，学習プロセスの透明性が含まれる。

②透明性の確保

- 説明可能性の重要性：説明可能な AI（Explainable AI）は，AI がどのように特定の結論や推薦に至ったかをユーザーに説明できる能力を指す。これは，AI の決定を透明にし，ユーザーにその

プロセスを理解させるために不可欠である。
- 透明性の促進方法：AI システムの開発において，開発者はアルゴリズムの決定基準を明確にし，ユーザーが理解しやすい方法で結果を表示する必要がある。

③社会的・倫理的意義
- 信頼の構築：AI の決定プロセスの透明性は，ユーザーと社会全体の AI に対する信頼を構築する上で重要である。
- 倫理的責任：透明性は，AI の決定が倫理的かつ公正であることを保証するためにも重要である。特に，重大な結果をもたらす可能性がある分野（例えば，医療診断や司法判断）においては，その重要性が増す。

（1） バイアスと公平性の問題

　バイアスの排除と公平性の確保は，AI 技術が社会にポジティブな影響を与えるために不可欠である。AI の倫理的な利用は，技術の健全な発展と社会全体の福祉の向上を目指すことに貢献する。本項では，AI システムにおけるバイアスの存在と公平性の確保について深く掘り下げ，これらの問題にどのように対処するかを解説する。

①AI におけるバイアスの特定
- バイアスの源泉：AI におけるバイアスは，使用されるデータセットの偏り，アルゴリズムの設計，あるいは学習プロセスの不備から生じることがある。これらのバイアスは，AI の出力に偏見をもたらす原因となる。
- バイアスの影響：AI による判断が社会的に重要な決定（例えば，雇用，融資，刑事司法）に用いられる場合，バイアスは深刻な不公平や差別を引き起こす可能性がある。

②公平性の確保

- バイアスの識別と排除：AIシステムの開発者は，データ収集からモデルの設計，テストに至るまでの各段階で潜在的なバイアスを識別し，排除するための措置を講じる必要がある。
- 多様なデータセットの利用：データセットの多様性を確保し，異なる背景を持つ個人群が公平に代表されるよう努めることが重要である。

③倫理的アプローチと規制

- 倫理的指針の導入：AIの公平性を確保するためには，倫理的な指針やガイドラインが必要である。これには，AIシステムの設計と実装における透明性と公正性の確保が含まれる。
- 規制と監督：政府や規制機関による適切な規制と監督が，AIにおけるバイアスと不公平を減少させる上で役立つ。

（2） AIの自律性の錯誤と人間の責任：誰がコントロールするのか？

　AIのコントロールと責任の問題は，技術の進歩と社会の安全・福祉を保証するために不可欠である。社会的な合意形成と適切な規制は，AI技術の健全な発展を支える基盤となる。本項では，AIの自律性と，それに伴う人間の責任とコントロールの問題について深く掘り下げるとともに，AIの高度な自律性がもたらす潜在的なリスクと，その管理における人間の役割に焦点を当てる。

①自律性とは

- 自律性の定義：AIの自律性とは，他者の介入なしに独立してタスクを遂行できる能力を指す。これは，学習能力，判断能力，環境への適応能力によって実現される。
- リスクと課題：高度に自律的なAIシステムは，誤った判断や予

期せぬ行動を起こすリスクを持つ。これは倫理的，法的，安全上の問題を引き起こす可能性がある。

②人間のコントロールと責任

- コントロールの必要性：AI システムへの依存度が高まるにつれ，人間による適切な監督とコントロールの必要性が強調される。
- 責任の所在：AI によって引き起こされる問題に対する責任の所在を明確にすることが重要である。AI の開発者，利用者，関連する法的・倫理的枠組みの整備が必要とされる。

③社会的な対話と規制

- 社会的な合意形成：AI への依存度に関する社会的な対話を促進し，その利用に関する合意形成を図ることが重要である。
- 適切な規制の導入：AI 技術の安全な使用を保証するために，適切な規制とガイドラインの導入が求められる。これには，AI の自律性の範囲と人間のコントロールのバランスを考慮する必要がある。

4.　サイバーフィジカル融合時代における情報倫理

　情報活用を基盤とする社会を実現するためには，技術の進歩のみならず，新たに構築しようとする社会像をイメージし，新たなサービスをどのように受け入れていくかというコンセンサスを形成していくことが重要である。そのためにはサービス運用のルール化（法規制）ではカバーしきれない問題を AI ではなく人間自身が解決していかなければならない。

　本節ではこのような問題として，情報活用に関する公平性，透明性，安全性を担保するアクセサビリティ，故人を再生するといった生成 AI の活用で求められるモラル，個人情報の収集と活用で求められる倫理を

取り上げる。

（1） アクセサビリティ（情報保証）

IoX を基盤とする社会を担保するためには，だれでも情報に自由にアクセスできること権利（知る権利）を保証する必要がある。特に情報リテラシーが問題となる高齢者や障碍者に対する情報保証を担保することが求められる。

例えば，聴覚障碍を有する人に対しては手話通訳サービスを人間が行っていた。このサービスを AI により拡張しようというこころみがある（図 15-1）。スマートフォンをインタフェイスとして利用することが可能となれば，手話通訳サービスを利用する機会が大幅に向上し，情報保証が促進されるものと期待される。

一方，生成 AI の技術を使って音声の自動認識やコンテンツの自動読み上げはすでに実現されている。また点字ディスプレイはスマートフォンのみならず PC に接続可能な状況にあり，さらに，音声による入出力

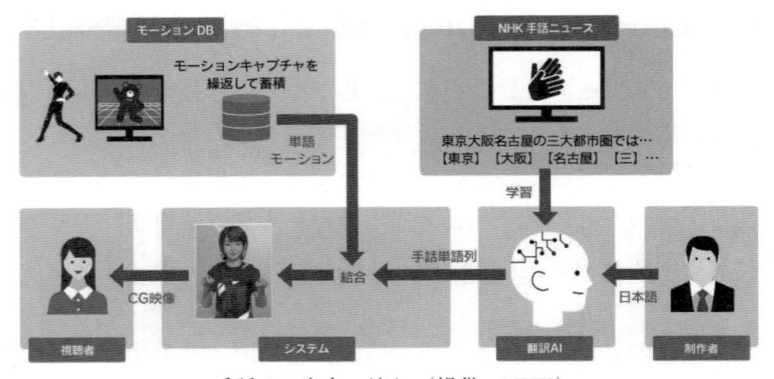

手話 CG 出力の流れ（提供：NHK）

図 15-1　AI による手話 CG 生成システム（口絵参照）

機能を有する生成 AI（ChatGPT 等）の利用も可能である。このように視覚障碍者の情報環境は急速に向上しつつある。情報機器を駆使することで聴覚障碍者の社会参加は Society 5.0 でもおおいに促進されると期待される。

　また，視覚障害を持つ人に対する生活支援サービスもある。スマートフォンの画像情報転送機能を利用し，食品の消費期限の確認，食品の選択，衣装（着付け）のチェックなどがその実例である。依頼に対してボランティアが答えるというサービス（Be my eyes），さらに生成 AI（ChatGPT）によるバーチャルボランティアサービスも実現している。

　障碍とは「妨げになるもの」と定義されている。情報を活用することに対する「妨げ」には，リテラシーから生理的機能まで様々な原因がある。しかし，すべての人が情報を公平に活用することが DX 化では求められている。この視点で，あらゆる「妨げ」は除去されなければならない。これは，情報活用の権利でもあり義務でもある。21 世紀の四半期にさしかかり，あらゆる分野で DX 化が進展している。その一方で，情報リテラシーがややなおざりにされているのではないか，という疑念は払拭されない。社会の DX の進展において，改めて情報保証推進の重要性を認識していく必要がある。

（2）　AI による実在人間の再生：情報倫理と道徳

　生成 AI を活用する上で利用者自身のモラルが問題となる事例として，AI による故人アバターの生成に係る問題がある。多くの人間情報を基に生成 AI を使ってアバターを生成するサイバネティック・アバターが進展すると，特定の人間のアバターを生成することが可能となる。アバターを活用しようとすると様々な問題が生じる。その一つが故人を対象としたサイバネティック・アバターである。

　2019 年に日本では有名な歌手（個人）のアバターが生成され公開された。生成アバターはアーカイブや人々の記憶に残されている歌声と遜色のない歌声を再生するものであった。しかしながら，故人再生することについては，「故人の冒涜である」という意見に対し，「遺族の同意を得て AI で再生を行い，故人を誹謗中傷はしていない」という意見も呈され，生成アバターの評価は賛否両論に分かれた。

　ここで，生成されたアバターは故人の情報を使っているものの厳密には AI は故人を生物学的に再生したわけではないことに留意する必要がある。技術の進歩とともに再生アバターは限りなく人間に近づいていくと予想される。しかしながら，故人を再生できる，あるいは人間を創造できるという科学的根拠は現時点で存在しない。アバターの反応は"人間らしい"が，人間ではない。ましてや再生されたアバターは決して故人の生き返りではない。我々はこの技術の限界について十分に理解しておかなければならない。

　とはいえ，アバターがあたかも故人の再生であるかの錯覚を与え，その影響は故人の親族に大きな影響を及ぼす。この影響は，故人と再会し会話するという異次元の体験を与える反面，時には複雑性悲嘆（死別による悲しみが長期にわたって続く症状）を悪化させるリスクがある。また，親族以外の人々が AI による個人の再生に対して拒否反応を示した背景には，従来の死生観を個人 AI は覆すことに対する反発があると考えられる。

　生成 AI を基盤とし故人を再生するサービス（Grief tech）はすでに米国をはじめ各国で始められている。故人が生前に音声，画像，行動などのデータを提供し，死後に生成 AI によりアバターを作って遺族がインタラクティブに故人とサイバー空間で会話するというのがサービスの内容である。

　生成 AI 技術を駆使して親族が故人のアバターを生成し個々人が利用することに関する法規制は今のところない。従って，利用者には，利用する自由と利用により生じた結果の責任が生じる。それゆえ，利用者は，故人の仮想的再生によるメリットとデメリットを十分把握する必要がある。一方，故人再生のサービスの提供者は，倫理上の問題のみならず故人再生による神経心理学的効果を議論し，故人 AI の活用に関する社会的コンセンサスを確立させていく必要がある。いずれにせよ，現時点での生成 AI による故人再生サービスの是非は，利用者と技術提供者のモラルに委ねられている。

（3）　情報活用の主体と客体

　個人が持つ様々な情報（医療，購買，嗜好，思想など）が統合されたデータを分析することによりビジネス上きわめて有用な情報を抽出することができる。この情報を基盤にマイクロターゲティングにより個別適合した広告に情報提供者を暴露させることで販売を促進することが可能となる。個人情報の活用はビジネス分野に止まらず，政治分野にも及ぶ。個人データから思想信条の分析を行い，候補者を定めきれない浮動票層であると判断した場合，特定の候補者への投票を誘導する情報を頻繁に提供することで選挙結果を操作することも可能となる。

　個人情報を巨大企業が独占することは社会を危うくするとの認識から，欧州において個人情報の取り扱いに関する法令として General Data Protection Regulation（GDPR）が 2018 年に施行された。一方日本でもプライバシー保護の法令化の検討が進んでおり，2005 年に個人情報保護法が施行された。さらに欧州で GDPR が施行されたこともあり 2022 年に情報取り扱いをより厳しく制限した改正個人情報保護法が施行された。

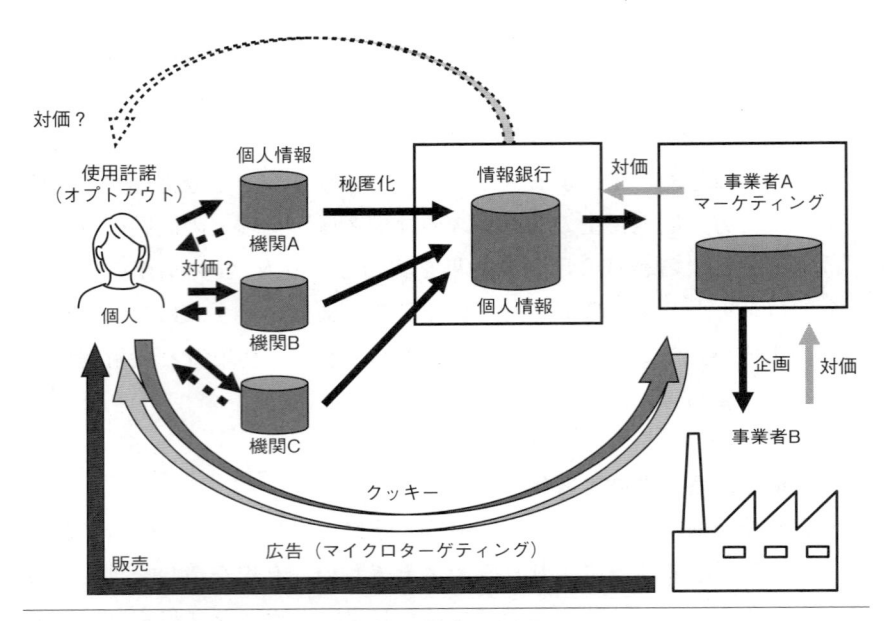

図 15-2　情報銀行を中心とする個人情報の活用

　個人情報を活用することでビジネス，医療，教育など様々な分野での産業を活性化することを狙いに，情報銀行という仕組みが考案された。情報銀行とは図 15-2 に示すように，個々人が保有するデータを預かり，そのデータを活用しようとする事業者に提供する情報流通の仕組みである。個人情報を保護するため，データは個人が特定できないように秘匿加工して提供される。ここで情報を取集するにあたっては個人の同意が必要となるが，秘匿加工されたデータであれば同意なしに提供できるというオプトアウト方式が改正個人情報保護法では認められ，事業者が情報を活用しやすい環境が提供されることとなった。

　しかしながら，個人情報の取り扱いは許認可制であり，認可を受けるための条件は厳しくビジネスモデルとしては成立しにくいものであっ

た。このため，情報銀行を中心とするビジネスモデルは未だ困難な状況にある。この背景には，ブラウザのクッキーの機能を使うことによりインターネット上のサイトへのアクセス履歴を簡便に収集できる仕組みがある。インターネットの使用者の情報は情報を収集する事業者には流れない。しかしながら，インターネット閲覧の様々な情報や，さらにはスマートフォンとの連携による位置情報を組み合わせることで個人を特定できる可能性がでてくる。

　Society 5.0 において統合された様々な個人情報は，分析次第では個々人の罹患している疾患を推定することができる。時間と位置情報の履歴から医療機関と担当医を推定するとともに，当該エリア全体の処方薬消費動向と突合させることにより，処方薬が推定できるからである。該当する疾患がまれであればあるほど特定が容易になる。また，クライアントが特定の疾患（例えば高血圧症や糖尿病）に罹患していて食事指導を受けている場合，食品情報からも病態制御の個別的適合化が可能となる。このようにデータをあらゆる角度から分析することにより有用な情報を個々人毎にプロファイリングすることが新たな医療サービス，すなわち医療 DX に繋がる。

　こうした個々人への情報フィードバックによる結果の蓄積により，健康を維持するための知見の集積は，世代を超えて人類の健康増進に資すると考えられる。

　個人情報に係る問題は，「個人の情報は個人が所有し管理する」という個人情報の帰属問題に帰着する。金融における個人資産の管理と同様に個人情報を自分で管理し活用するという意識が成熟した DX 社会では益々重要になる。情報銀行はこうした DX 化に必須のインフラストラクチャーとして位置づけられる。

　情報銀行を介して，情報所有者の個人と個人情報を活用しようとする

事業者の健全な関係の構築が必要である。未来社会の実現に向け，情報活用の主体と客体をフレキシブルに制御するシステムを今一度考えていくことが望まれる。

参考文献

[1] 久木田水生，神崎宣次，佐々木拓，『ロボットからの倫理学入門』（名古屋大学出版会，2017）．

[2] 山本龍彦（編集），市川芳治（著），『AIと憲法』（日本経済新聞出版社，2018）．

[3] 福岡真之介，『AI・データ倫理の教科書』（弘文堂，2022）．

[4] 髙橋慈子・原田隆史・佐藤翔・岡部晋典，『【改訂3版】情報倫理 ネット時代のソーシャル・リテラシー』（技術評論社，2023）．

[5] 電子情報通信学会情報保障ワーキンググループ（編集）：会議・プレゼンテーションのバリアフリー："だれでも参加"を目指す実践マニュアル：電子情報通信学会（2010）．

[6] しみずよりお，『聴覚障害者が見たアメリカ社会：障害者法と情報保障』（現代書館，2004）．

[7] 石黒浩，『アバターと共生する未来社会』（集英社，2023）．

1. データ倫理とAIの倫理的課題について考える際は，技術の利点だけでなく，潜在的なリスクや社会的影響も常に念頭に置こう。

2. GDPRや個人情報保護法などの法規制と，それらが目指す個人の権利保護の重要性を理解し，現代社会におけるデータ管理の複雑さを認識しよう。

3. AIやデータ活用がもたらす倫理的問題に対して，単純な是非ではなく，多角的な視点から考察し，バランスの取れた判断ができるよう心がけよう。

4. ネット検索ででてくる情報が真実であるか否かを確かめる方法を考え

　　てみよう。

5. 生成 AI が作る文章が自分の言いたいことを真に伝えることができる
   か考えてみよう（言いたいことはすべて AI がつくってくれるのだろ
   うか？　余計なことを作り話していないだろうか？）。

6. 話相手が AI の生成する文章を理解できない場合（例えば高次脳機能
   障害に罹患している人），どのように AI を活用すれば意思疎通できる
   のか考えてみよう。

索引

●配列は五十音順と ABC 順。

分担執筆者紹介

飯塚　重善（いいづか・しげよし）

・執筆章→2・4・14・15

1967 年	静岡県に生まれる
1990 年	静岡大学理学部数学科卒業
1990 年	日本電信電話株式会社（NTT）入社
2006 年	京都大学大学院情報学研究科社会情報学専攻　博士後期課程修了，博士（情報学）
2009 年	神奈川大学経営学部国際経営学科准教授
現在	静岡英和学院大学人間社会学部コミュニティ福祉学科教授
専攻	コミュニケーションデザイン，UX デザイン，人間中心設計
主な著書	患者は今あなたを見ている（単訳　丸善出版）2021 SF 映画で学ぶインタフェースデザイン（共訳　丸善出版）2014

竹ノ谷　文子（たけのや・ふみこ）

・執筆章→6・7・8

1967 年	栃木県に生まれる
1990 年	日本体育大学体育学部卒業
1990 年	星薬科大学体育研究室助手
2006 年	博士（医学）を昭和大学にて取得
2007 年	星薬科大学体育学研究室講師
2010 年	星薬科大学運動生理学教室准教授
2017 年	大東文化大学スポーツ科学科非常勤講師
2018 年	星薬科大学基幹教育研究部門（運動生理学）准教授
現在	星薬科大学運動科学教室准教授
専攻	スポーツ科学，アロマセラピー
主な著書	「植物の香り」のサイエンス ―なぜ心と体がととのうのか―（NHK出版）2024 スポーツアナトミー解剖生理学（丸善出版）2014

安東 義乃 （あんどう・よしの） ・執筆章 → 11・12

1976 年	京都府に生まれる
2000 年	京都工芸繊維大学繊維学部応用生物学科卒
2008 年	京都大学理学研究科生命科学専攻博士後期課程修了
	京都大学生態学研究センターgCOE 研究員
2013 年	北海道大学北方生物圏 FSC 学術研究員　現在に至る
2023 年	合同会社エゾリンク代表社員　現在に至る
専攻	群集生態学，侵入生態学，都市進化生態学
主な著書	外来生物—生物多様性と人間生活への影響（共著　裳華房）2011

編著者紹介

川原　靖弘（かわはら・やすひろ）

・執筆章→1・9・10・13

1974 年	群馬県に生まれる
2000 年	京都工芸繊維大学繊維学部応用生物学科卒業
2005 年	東京大学大学院新領域創成科学研究科環境学専攻博士後期課程修了，博士（環境学）
	同年　東京大学大学院新領域創成科学研究科助手
2010 年	神戸大学大学院システム情報学研究科特命講師
2010 年	東京理科大学総合研究機構各員准教授（2012 年まで）
2011 年	放送大学教養学部，大学院文化科学研究科准教授，現在に至る
2019 年	Université Jean Monnet, Laboratoire Hubert Curien, Visiting researcher（2022 年まで）
専攻	環境生理学，システム情報工学，認知科学，健康工学，移動体センシング
主な著書	Kawahara, Y., Saito, S., and Suzuki, J. (eds.), The Social City: Space as Collaborative Media to Enhance the Value of the City, Springer; 2023.
	『地理空間情報の基礎と活用』（共著，放送大学教育振興会）2022
	『人間環境学の創る世界（シリーズ・環境の世界）』（共著，朝倉書店）2015

片桐　祥雅 (かたぎり・よしただ)　　・執筆章→ 1・3・5・6・9・15

1959 年	東京都に生まれる
1985 年	東京工業大学総合理工学研究科博士前期課程修了
1999 年	博士（工学）（東京大学）
現在	公益財団法人応用生化学研究所　研究副所長
	東京大学大学院医学系研究科客員研究員
	放送大学客員研究員
専攻	認知情報科学，生命機能工学

主な著書・論文

『マイクロオプトメカトロニクスハンドブック』（共著，朝倉書店）1997

『光マイクロメカトロニクス（先端光エレクトロニクスシーズ 9』（共著，共立出版）1999

『Opto-Mechatronic Systems Handbook』（共著，CRC Press）2003

『Micro-Optomechatronics』（共著　Marcel Dekker, New York）2004

『クラウド時代のヘルスケアモニタリングシステム構築と応用』（共著，シーエムシー出版）2012

『パーソナル・ヘルスケア』（共著　エヌ・ティー・エス）2013

『Dorsal Anterior Cingulate Cortex Coordinates Contextual Mental Imagery for Single-Beat Manipulation during Rhythmic Sensorimotor Synchronization』（共著，Brain Sci. 2024; 14(8), 757.）

『Action-rule-based cognitive control enables efficient execution of stimulus-response conflict tasks: a model validation of Simon task performance』（共著，Front Hum Neurosci. 2023; 17: 1239207.）

『A method for evaluating the risks of glucose dysregulation in daily life by continuous measurement of glucose excursions under reduced glycemic load: a pilot study』（共著，Front. Sens., 07 May 2024; Sec. Chemical Sensors, Volume 5-2024）

放送大学教材　1519522-1-2511（テレビ）

人間・環境情報と DX

発　行　　2025年3月20日　第1刷

編著者　　川原靖弘・片桐祥雅

発行所　　一般財団法人　放送大学教育振興会

　　　　　〒105-0001　東京都港区虎ノ門1-14-1　郵政福祉琴平ビル

　　　　　電話　03（3502）2750

Printed in Japan　ISBN978-4-595-32507-6　C1336